W0069302

Guido Schmidt – Der Cafard

GUIDO SCHMIDT

Der Cafard

Als Fallschirmjäger bei der Fremdenlegion

Motor
buch
Verlag

Einbandgestaltung: Nicole Lechner unter Verwendung eines Fotos aus dem Archiv des Verfassers. Es zeigt ihn und Legionäre seines Zuges bei der Verleihung des weissen *Képis* und des Regimentsabzeichens durch den Kompaniechef.

Die farbigen Aufnahmen entstanden mit einer Taschenkamera. Die teilweise geminderte Bildqualität ist auf die Umstände ihres Entstehens zurückzuführen.

Die Schwarz-weiss-Illustrationen fertigte die Hildesheimer Grafikerin Barbara Kunofski an.

ISBN 3-613-01795-4

1. Auflage 1997
Copyright © by Motorbuch Verlag, Postfach 103743, 70032 Stuttgart.
Ein Unternehmen der Paul Pietsch-Verlage GmbH & Co.

Nachdruck, auch einzelner Teile, ist verboten. Das Urheberrecht und sämtliche weiteren Rechte sind dem Verlag vorbehalten. Übersetzung, Speicherung, Vervielfältigung und Verbreitung einschließlich Übernahme auf elektronische Medien wie Bildschirmtext, Internet usw. ist ohne vorherige schriftliche Genehmigung des Verlags unzulässig und strafbar.

Lektor: Martin Benz M.A.
Herstellung: Katharina Jüssen
Druck: Maisch+Queck, 70839 Gerlingen
Bindung: Josef Spinner, 77833 Ottersweier
Printed in Germany

Wo Heerhaufen lagern, gehen Disteln und Dornen auf.

(Lao Tse)

Für Simone, die viel Geduld mit mir bewiesen hat.

Le Cafard

Der *Cafard*: ein Käfer, dessen Name ich zum ersten Mal aus dem Text eines Marschliedes aufschnappte. Der *Cafard* aber schien mehr als einfach nur ein mythisches Insekt...

In den Gründungstagen der Fremdenlegion muß der *Cafard*, den Freiwilligen aus aller Welt die nach Algerien zogen, als das Boshafteste vorgekommen sein, was die unerforschten Lebensumstände in der Wüste gegen sie aufzubieten hatten. Viele glaubten damals an seine Existenz. Diesem Glauben nach lebte der schwarze Käfer im glühend heißen Sand; er wartete dort geduldig auf eine leichte Beute. Wo sich dem Insekt ein schwacher und ermüdeter Krieger bot, da kroch es mit dem Staub Nordafrikas in dessen Kehle. Und hatte der *Cafard* eimal die richtige Stelle der empfindlichen Eingeweide erreicht, so konnte er – ähnlich fürchterlichen Kriegserlebnissen – bis in tiefe Windungen des Gehirns vordringen. An solch sensiblen Stellen vermochte er sogar den Wahnsinn herbeizuführen!

Viel später dann, als die Legion nach Indochina gerufen wurde, glaubte sicherlich keiner der Freiwilligen mehr an das gefürchtete Fabelwesen. Aber immer noch hielt sich die Formel *den hat der Cafard gepackt!* Meist war dies unkompliziertes Idiom für den Ausbruch kriegsmüder Legionäre in den Selbstmord oder irrationales Verhalten von ähnlicher Art. Und noch viel später, zu einer Zeit, in der ich die Fremdenlegion erlebte, hielt sich dieser Käfer weiterhin hartnäckig im Sprachgebrauch dieser Armee. In jenen Jahren galt Frankreichs Fremdenheer längst als liberalisiert. Lediglich das Liedgut vermochte uns jungen Legionären einen Hauch der Glorie vergangener Legionärs-Generationen spüren lassen. Der Schlag Mensch, welcher den Begriff einst prägte, ja... vermutlich nicht einmal der existierte mehr wirklich.

Noch Jahre nach den Erfahrungen in Frankreich erkannte ich wiederholt solche Vokabeln, die auch für mich Verbindung zu bestimmten Reaktionen geworden waren. Viele, für Außenstehende einfach klingende Worte, enthüllten sich als Schlüssel zu verriegelten Türen in meinem Innersten. Nachdem ich erste Gedanken zu ordnen begann und nach einem alles umfassenden Begriff für eine schriftliche Zusammenfassung suchte, da sprang mich dieser überlieferte Begriff Cafard förmlich aus dem Unterbewußtsein an. Damit schien mir jenes unkomplizierte Idiom gefunden. Jener überlieferte Begriff, der die Summe der Ereignisse so gebührend wie treffend umschrieb.

Guido Schmidt
Im Februar 1997

6

Inhaltsverzeichnis

Dank

Mein Dank gilt gleichsam allen, die meiner Arbeit uneigennützig und mit einer bemerkenswerten Selbstverständlichkeit ihre Aufmerksamkeit entgegenbrachten. In zeitlicher Abfolge gebührt dieser Dank Simone, die mich bewegt hat, meine Geschichte in einem Buch niederzuschreiben; Birgit Wiedemann, welche die treffenden Worte fand, um (m)einen Verleger zu interessieren; Barbara Kunofski, die mir ihr Talent und ihre Illustrationen zur Verfügung stellte; meinen Freunden und Familienangehörigen, die endlose Gespräche mit mir ausstanden und deren Kritik meinen schriftlichen Erzählungen Profil und Ausdruck verlieh; Yers Keller, der als ehemaliger Ausbilder mit fachlichem Rat nicht geizte, und dessen Anregungen – als Literat und Freund – den motivativen Vorschub lieferten, der die schnelle Fertigstellung des Manuskriptes entscheidend beeinflußte; schließlich Martin Benz, der als Lektor dieses Projekt gewiß über das berufliche Muß hinaus unterstützt hat, und meinem Verleger, der mir als Debütant eine Chance eröffnete.

Vorwort

Das Echo klang von weither. Seit ich die Legion im Mai 1994 verließ, kamen mir während der anschließend unternommenen Weltreise mit unsagbarer Deutlichkeit all die verloren geglaubten Erinnerungen – und nicht ohne eine gewisse Eindringlichkeit – gleich in meterhohen Sturmwellen entgegengeschwemmt. Erst in Peking fiel mir wieder ein, daß doch Dieser oder Jener im Verlaufe meiner Dienstzeit zu den unvergeßlichen Begegnungen zählte, doch gerade aber jene Kameraden durch einschneidende Zufälle, Entscheidungen oder anderen unbegründeten Orientierungen nundann unerreichbar schienen. Erst zwei Jahre später ergab sich der Zufall, daß Guido Schmidt und ich nicht nur an einer äquivalenten Sache arbeiteten, sondern daß wir unsere Recherchen nach einem geeigneten Verleger ungefähr zum gleichen Zeitraum unternahmen – und abschlossen. Kurz darauf bekam ich das Manuskript, da Guido Schmidt von einer etwaigen Offenkundigkeit meinerseits überzeugt war. Der Cafard half mir, den gerissenen Film wieder neu aufzuspulen. Schmidt hat, von dieser selbsterlebten Einheit aus, die Geschichte der Fremdenlegion als Ganzes zu durchleuchten gesucht. Auch wenn sein Weg durch diesen Müßiggang aller persönlichen Entbehrungen freiwillig – vor Ablauf der vereinbarten und mit Unterschrift geleisteten Dienstzeit – endete, bezeugt seine literarische Darstellung den Hang zum Objektiven. Den richtigen Aufhänger konnte Schmidt erst dann herauskristallisieren, als ihm bewußt wurde, inwiefern eine autobiografische Tätigkeit zum Maßstab aller Erfahrung wird, ohne dabei das Bild der Fremdenlegion unnötig zu verzerren. Tiefgründigere »Ich-Entscheidungen« werden geschickt offen gelassen, was den Leser unweigerlich in eine Handlungsposition drängt, und ihm die Frage erlaubt, ab welchem Ursprung der psychologische Nerventanz den Anstoß zum Aufbruch in die Fremdenlegion gibt. Aufgeführte Zeiträume während der Grundausbildung, oder später im Zweiten Fallschirmjägerregiment, verziehen, überschneiden und verdichten sich, was man anhand dieser lebendigen Beschreibung miterleben kann – wobei hier nur ein relativ kurzer Lebensabschnitt aufgeführt wird. Irgendwann hörte ich einmal eine Unteroffiziersstimme raunen, daß wohl ein Jahr Fremdenlegion im Schnitt zehn Jahre Zivilleben ausmachen würden. Sollte dieser Darstellung wirklich eine größere Aufmerksamkeit gewidmet werden, so hätte man mich bereits zu Grabe getragen. Ich halte daher nicht sehr viel von Stammtischtheorien.

Sehen wir diesen Bericht daher als eine Art Streifzug durch unbekanntes, gesellschaftliches »Niemandsland«; einen Spaziergang durch komprimierte, vorzeitig gealterte Inkenntnisnahme eines Mannes, der mit flüssiger Feder jenen Mythos Fremdenlegion zu enthüllen sucht.

Paris im November 1996
Yers Keller

Einleitung

Bilder

Tel Aviv, Januar 1991. In der Nacht vom 17. auf den 18. hatte der Irak mit den Angriffen begonnen. Verfluchte Sirenen. Ich war diesmal allein unterwegs – entgegen aller Vorsätze. Dieses verdammte Geheul der Sirenen füllte die Straßen; Menschen gab es scheinbar keine. Drei Minuten hatte ich bis zur ersten Bombe. Ich sah auf die Uhr. Vier Uhr, fünf Minuten. Eine Überdosis Adrenalin füllte mein Gehirn mit Bildern, die zu schnell abliefen, um sie wirklich erfassen zu können. Horror–Szenarien wechselten sich ab mit Momenten gigantischer Konzentration. Pfffffschhhhhhht ... kam es von links – wo war das verdammte Ding? Ich folgte der Rauchsäule in den Himmel über mir. Eine Patriot– Abwehrrakete bahnte sich den Weg durch die geschlossene Wolkendecke. Eine, nur eine? Ausdauernd unterdrückte ich das Verlangen, meinen Wagen zu stoppen. Ich wollte doch um jeden Preis Zuschauer sein ... Preis? Welcher Preis! Dein Leben? Ich kurbelte das Fenster runter. Ich fuhr, sah kaum auf die Straße und beobachtete das Geschehen in den Wolken – mein Kleinwagen kannte ja die Straßen von Tel Aviv. Immer in Bewegung bleiben ... Ich entdeckte bei mir das Festklammern an abergläubischen Grundsätzen, angeblich lebensrettende Weisheiten erfahrener Vietnam-Veteranen – in meiner Situation so nützlich wie zwei Paar linke Schuhe. Noch einmal, wieder dieses schneidende pfffffschhhhhhht. Na also. Die Zweite. Dicht links von mir. Konnte ja nichts mehr schiefgehen.»Wow, that was close«, klangen Roberts Worte nach. Und ich fühlte mich nie so dicht am Geschehen wie heute, wo ich allein unterwegs war. Rob arbeitete ebenfalls als freischaffender Fotograf und war seit Wochen mein ständiger Begleiter. Heute Nacht aber war der Kanadier ausnahmsweise auf der anderen Seite der Stadt unterwegs. Und er hatte das beste, was er dem Krieg zu bieten hatte, mitgenommen: seinen grenzenlosen, beißenden Zynismus. Noch war ich ruhig. Ich wartete. Auf 300 kg irakischer Grüße. Das Empfangskomitee hatte sich vor drei Sekunden vom Boden gelöst, um sie willkommen zu heißen. Mir blieb nur das Warten.

Robert – wie er mir später sagte – hörte ES, alle hörten ES. Ich selbst war dichter dran. Zu dicht. Zu spät um den Mund zu öffnen. Kein Druckausgleich. Zzzzzschhhhhhh ... booouuuum. Kopf und Gedanken für Sekunden zwischen zwei aufeinanderprallenden 40-Tonnern eingequetscht.»*Wow, that was close*«! Ein Mal zu dicht? Hunderte Stimmen stritten lauthals an meinen Ohren.

Immer in Bewegung bleiben... Der Wagen stoppte. Meine Ohren suchten nach einem Hinweis für den Ort des Einschlags. Mein geöffneter Mund empfing eine unsichtbare Wolke ... Gas. GAS! Nicht so, nicht ... hier. Pfundweise Sand im Hals ... und dann der Film ... Bundeswehrlehrfilm ... 70er, vielleicht älter... US–Soldat durchläuft Testgebiet, kriegt im Nu faustgroße Blasen, kriegt Gegengift, kein Problem... Gegengift... die Atropinspritze! Meine Finger sind viel zu groß. Viel zu feucht für das Bleistiftgroße Wundermittel ...»Dann bekommen sie Muskelkrämpfe... bis Ihre Knochen bersten... Lähmung der Atemwege, unschöne Sache... Geben sie die Spritze erst, wenn sie gaaaanz sicher sind!« vernehme ich die Stimme des Ausbilders. Sicher? Tabun, Sarin, Senfgas... Was weiß ich... die Nadel schwebte über meinem Oberschenkel. War ich denn sicher?

Vorbei. Nichts passierte.

Ich roch vertrauten Duft! Unverkennbar: es war Pulverqualm. Herrlicher, scheißblöder Pulverqualm! Wunderbare 300 Kilo von Saddams Scud-Sprengstoff und eine Prise Patriot-Triebwerksqualm. Die Atropinspritze legte sich zur Gasmaske, meine Hände konnten das Lenkrad kaum mehr greifen. Ich öffnete die Tür des Wagens, setzte den wackeligen Fuß auf festen Boden und stieg aus – mein Körper kam irgendwie nach. Das Hemd klebte knittrig am Rücken, wie eine feuchte, zusammengeschobene Tischdecke. Ich sah auf die Uhr. Vier Uhr, fünf Minuten.

»Wie spät ist es... Andrea?« »Ich weiß nicht, vier Uhr vielleicht.« Die nächtlichen Bombardements lagen mittlerweile Wochen zurück. Tel Aviv war 3000 Kilometer weit weg. Aber diese verfluchten Sirenen... Sirenen – in Hildesheim? »Andrea, spinn ich oder was ... ANDREA!«»Mmmgnnn... was haste denn?« Ich sprang aus dem Bett ans geöffnete Fenster. Ich stand da und lauschte. Sie richtete sich auf und starrte mich verständnislos an. »Hör doch mal. . . das sind doch scheiß Sirenen oder was?« »Guido«, erst ermahnend und dann ruhiger, fast mitleidig »Guido... Na und? Komm ins Bett. Da brennt es mal wieder, das ist wegen der Feuerwehr... Komm jetzt ins Bett«. Ich wollte etwas Klärendes vorbringen, aber ihr »Na und« verwandelte all meine erdachten Entschuldigungen in einen Brechreiz, den ich nur mühsam im Hals unterdrückte. Meine Hände waren feucht. Beschwerlich, fast umständlich, vollzog ich die drei Schritte zum Bett – die Entfernung zwischen uns blieb. Einige der Bilder, die ich mitgebracht hatte, konnte ich nicht so einfach mit Untertiteln versehen, sie archivieren und in das Regal stellen. Diese waren unverkäuflich und wahrscheinlich hätte sie auch niemand haben wollen – nicht einmal geschenkt. Einige der Bilder waren mir täglich vor Augen, obwohl sie in den Medien kaum noch gezeigt wurden. Für einen Tag war ich ebenfalls im Blickpunkt dieser Berichterstattung, war für einen Tag in der Zeitung. Man las sie beim Frühstück, dachte vielleicht: Oh, interessante Geschichte, und am nächsten Tag war ich schon wieder abgehandelt – genau wie die Gazette, die ihre Aktualität längst verloren hatte.

Innerhalb der folgenden zwei Monate bearbeitete ich diese – für andere überholte – Affäre mit dem Krieg. Ich berichtete Freunden und Bekannten intensiv von Dingen, über welche sie eigentlich schon genug aus der Zeitung von vorvorgestern erfahren hatten. Niemand sagte: »Du mußt jetzt mal die Füße auf den Boden kriegen!« oder: »Hör mal, es gibt auch noch andere Themen«. Die Überzahl kommentierte: »Oh, interessante Geschichte« oder ähnlich und legte die Reportage beiseite. Das sicherste war, man vermied den Konflikt mit solch barscher Realität – die fand weit weg statt, und sollte auch dort bleiben. An den Orten eben, wo man das Fremde mit Abstand betrachten konnte; im Fernsehen, der Zeitung oder sonstwo. Diese ließen sich abschalten oder zuklappen – noch bevor die Betroffenheit einsetzte.

Für mich wäre es sicher das Sinnvollste gewesen, ebenfalls abzuschalten und wieder einen Platz in der Gesellschaft zu finden. Das mit dem Abschalten jedoch war nicht so einfach und es war noch subtiler, an einer Gemeinschaft festzuhalten, die ich in ihren Lebensansichten nicht mehr akzeptierte. Der Ausstieg drängte sich auf.

Ich blickte auf die zurückliegenden vier Jahre. Denn die geistigen Wurzeln wurden zweifellos schon Jahre zuvor ständig gewässert und waren gut verwachsen: Zunächst wurde ich zur Bundeswehr einberufen. Hier wollte ich mich erst einmal umsehen; nach sechs Monaten verpflichtete ich mich, unterschrieb einen Vierjahresvertrag. Es dauerte nicht lange, bis mir klar wurde, daß es dieser Armee an Ernsthaftigkeit fehlte. Ich lernte von Ausbildern, die wiederum nur aus Büchern lehrten. Ich diente häufig unter Dienstvorgesetzten, die allein im Dienst – und nur dort – als Vorgesetzte akzeptiert wurden und pünktlich ab vier Uhr ihrem Feierabend entgegenfieberten; man war eben Bürger in Uniform. Es war wie in einer Fahrschule, in welcher der Fahrlehrer nie in einem Auto gesessen hatte, und sobald er die Unterrichtsräume verließ, war er eben wieder der Herr Müller von nebenan. Sicher hatte ich Interesse, Berufssoldat zu werden – nicht aber in dieser Armee. Also sah ich mich nach einer Alternative um.

Söldner schien – nach Berichten zu urteilen – der einzige Weg zu sein. Der einzige Pfad, der nicht von Papierwellen deutscher Bürokraten überflutet war, gepflastert mit so trivialen Überflüssigkeiten wie Formularen, Beziehungseinerlei oder gar täglicher Hausarbeit. Ich wollte mehr vom Leben – war bereit, meines dafür aufs Spiel zu setzen. Dies war auf jeden Fall ein Preis, der augenscheinlich kaum mehr verlangte als persönlichen Einsatz und – um auch heil wieder raus zu kommen – eine ähnlich große Portion Erfahrung. Erfahrung . . . genau die wollte ich. Und wenn es ein Leben vor dem Tode gab dann nicht zu knapp, bitteschön. Ich analysierte die Legenden einschlägig bekannter Größen, etwa die von Charles Masy. Sie hatte schon Redaktionsvertreter von *Soldier of Fortune* nach Belgien gelockt. Dort hatte sich der Veteran vom *Kommando Junge Leoparden* nach seiner Jagd im Kongo zur Ruhe gesetzt. Seine Bar »La Renaissance« verlieh der Rue Marche au Charbon einen Bekanntheitsgrad, der weit über die Grenzen Brüssels hinausreichte. *Dem* amerikanischen Journal für professionelle Abenteurer war er gleich mehrere Berichte wert – für mich Grund genug, ebenfalls in die belgische Hauptstadt zu pilgern.

Charly war mittlerweile mit seiner Simba-Bar wohl ein paar Hausnummern weiter gerückt, anders als in *Soldier of Fortune* angegeben. »Klasse . . .«, drehte ich mich entnervt zu meinem Mitreisenden Oliver, als hätte er uns in die falsche Straße manövriert. »Schmidt, du Blindfisch«, bölkte Olivers Zwei-Meter-Gestalt von der anderen Straßenseite, alle Blicke auf sich ziehend. »Da isse doch«, setzte er zu meiner Erleichterung nach. Die Bar lag etwas versteckt, einige Hausnummern von der ursprünglichen Asresse entfernt.

Unser Gespräch mit der lebenden Legende verlief kurz und – ungleich seiner Vergangenheit – wenig spektakulär. Umständlich ließ sich *Monsieur* Masy an den Tisch bitten, nachdem er sich von seiner betrunkenen Partnerin gelöst hatte. Die machte ein Gesicht, als hätte der Großvater gerade zu einer Geschichte angesetzt, die sie selbst schon in- und auswendig kannte. Schuldbewußt blickte Masy hinter den Tresen; seinen Wanst klemmte er schwerfällig zwischen sich und die Tischkante. Dunkle Tränensäcke gaben den Blick auf müde, wäßrige Augen frei.»Also, was kann ich für euch tun?« Wir teilten ihm unser Ansinnen mit.»Nooo...«, entgegnete er müde. Arbeit könne er im Moment keine vermitteln. Beinahe so, als sei er selbst etwas enttäuscht, uns keine andere Auskunft geben zu können. Er hätte gerade erst furchtbaren Ärger deswegen gehabt. (Ahh, wohl mit dem Geheimdienst ..)»Ärger?« versuchte ich meinen Wissensdurst zu befriedigen.»Na ja ...«. Er schielte wieder zur Bardame, so als würden ihm Kopfbewegungen Schmerzen bereiten.»Da waren vor ein paar Wochen schon mal so`n paar Jungs und fragten nach einem Job. Also hab ich denen was in Surinam besorgt. Sind auch gefahren. Eine der Ehefrauen hat davon Wind bekommen. Richtige Furie. Hat Himmel und Hölle in Bewegung gesetzt. Besuche von der Kripo und den ganzen Scheiß. Bin vorsichtig geworden. Ihr müßt das verstehen. Kann da im Moment nichts machen«.

Ich verstand nicht.»Sicher«, wandte ich mich an Oliver in der Hoffnung, er wüßte vielleicht, wie man das Gespräch mit einer Legende vorzeitig beendet. Ein Anstands-Bier rettete unsere Situation – und beschwichtigte die Barfrau. Der Mann, der einst seinen Jeep mit abgeschlagenen Feindesköpfen schmückte, verabschiedete sich von uns und ging nach oben – um ein Schläfchen zu halten, wie er sagte.

Ein Besuch bei George Baker in Amsterdam verlief ähnlich fruchtlos. George zeigte, gänzlich Innungs-unüblich, keine sonderlich ausgeprägte Medienscheu. Somit blieb es auch nicht lange ein Geheimnis, daß er für den Rebellenführer Ronny Brunswijk um personelle und materielle Unterstützung für die südamerikanische Republik Surinam warb. Um die Regierung des Desi Bouterse in der ehemaligen niederländischen Kolonie zu stürzen, war er stets auf Besuche wie den unsrigen vorbereitet. Nach meiner eröffnenden Erklärung über den Grund unserer Reise verschwand er kurz nach hinten. Minuten später legten seine gichtgeplagten Finger Fotos von Patrouillenbooten auf dem Tisch aus. Als wären es wichtige Überlieferungen, die im Schuhkarton von Generation zu Generation weitergereicht würden, unterstrich er die Bedeutung eines jeden mit:»...und das hier ist ein soundso-Boot ... und dies hier wäre unser erstes Ziel...«

»Ziel?« blickte Oliver irritiert durch den schmuddeligen Coffee-shop.»Sprengen. Unter Wasser anbringen, antauchen und sprengen«, beschwörte uns George in einem Ton, der den Worten wohl den grotesken Anstrich nehmen sollte.

Die Tatsache, daß wir vom Tauchen so viel verstanden wie eine Hauskatze von der Antilopenjagd, schreckte George weniger. Eher waren es unsere Bedenken gegenüber seiner anschließenden Forderung. Sein Ansinnen – wir sollen bitte eigenen Sprengstoff mitbringen –, ließ das Gespräch so schnell enden, wie es begonnen hatte.

Hartnäckig sträubte ich mich zu akzeptieren, daß der Name George Baker offensichtlich austauschbar war. Diese neuzeitliche Art der Anwerbung deckte sich so überhaupt nicht mit Novellen aus Kongo-Zeiten. In den Geschichten über Jean Schramme, Kongo-Müller und anderen sagenhaften Gestalten fand sich über so etwas kein Wort. Auch in *Soldier of Fortune* entdeckte ich nach intensiver Suche keinen Artikel, der da etwa hieß: Schweinebucht meiner Arbeitsuche, oder Top Angebot von leidgeprüftem Lokalwirt.

Selbstdarsteller aller Herren Länder hatten bis dahin einen faszinierten Zuhörer in mir gefunden. Händler altbackener Informationen forderten als Tribut mein Geld und meine Zeit dafür, daß mein Anliegen vorher wie nachher als krankhafte Sucht erschien. Dinge, die sich für mich als so packend darstellten, standen wie Säulen der Geringschätzung im Licht des öffentlichen Ansehens. Diese warfen lange Schatten auf den Bereich, in dem ich seit Jahren agierte.

Zwei Jahre später war ich immer noch keinen Schritt weiter. Ich hatte die Bundeswehr hinter mich gebracht und gleichsam die Besuche in Brüssel und Amsterdam als wertlose Erinnerungen abgeheftet.

Ohne entsprechende Erfahrung in Krisengebieten würde ich nie die Aufmerksamkeit eines Arbeitgebers auf mich ziehen können, dessen war ich mir nun sicher.

Angeregt durch *Soldier of Fortune* schlug ich einen neuen Pfad ein.

Das Redaktionsinteresse des Magazins konzentrierte sich seit Ende der 80er Jahre schwerpunktmäßig auf die Berichterstattung aus aktuellen Krisengebieten. Kriegsberichterstattung und Hintergrundinformation in Wort und Bild waren gefragt – damit kam auch Bewegung in meine neuen beruflichen Planungen.

Als Amateurfotograf sammelte ich schon seit zehn Jahren Erfahrungen; durch die Abfindung der Bundeswehr leistete ich mir eine neue Kamera, damit besaß ich das nötige Arbeitsgerät. Meine neue Nikon war in Reporterkreisen als robustes Werkzeug geschätzt.

Als 1990 Kuwait in die Schlagzeilen der Weltpresse geriet, begann ich sofort, gedanklichen Vorkehrungen für meinen nächsten Schritt zu treffen. Ich saß über der Landkarte: Israel, Irak und Saudi Arabien nahmen den gesamten Platz auf meinem Wohnzimmertisch ein. Bis zum Ablauf des UN–Ultimatums, im Januar, blieben mir fünf Monate Vorbereitungszeit. In anfänglich zaghaften Telefonaten mit Redakteuren deutscher Zeitungen entdeckte ich einen neuen Wirkungskreis. Kriegsberichterstattung war anerkannter Bestandteil des Journalismus. Hemmungslose Offenbarung meiner Vorhaben schien hier niemanden zu schrecken. Fragen konzentrierten sich auf nüchterne Dinge wie Finanzierung, Referenzen oder Organisatorisches. Mein ursprüngliches Bestreben in Richtung Söldner war stets mit einem Gebot der Rechtfertigung verbunden gewesen. Alles mußte hinter vorgehaltener Hand erledigt werden, während ich gleichzeitig meine lauwarme Tagessuppe auslöffelte. Hier aber konnte ich mich frei bewegen und es bestand die Aussicht auf abwechslungsreiche Kost.

Im Dezember schließlich fand sich eine kleine Bildagentur, die mir ihre Unterstützung vertraglich zusicherte. Für alle Fälle besorgte ich mir einen zweiten Reisepaß. In Anbetracht meiner Begründung – ich wolle von Israel nach Jordanien reisen – wurde mir dieser widerspruchslos ausgestellt. Stempel der israelischen Einreisebehörden waren in dem verfeindeten Nachbarstaat nicht gern gesehen, diese konnten auch Bundesbürgern Unannehmlichkeiten bringen. Ich war erstaunt; nicht einmal deutsche Behörden stellten sich mir in den Weg.

Erste Station sollte Daran sein, von hier aus wollte ich an die Brennpunkte des Geschehens gelangen. Mit dem Flugticket in der Tasche fuhr ich nach Bonn, um im Konsulat meine Einlaßkarte entgegenzunehmen. In der Godesberger Allee wartete bereits ein übel gelauntes Kamerateam des deutschen Fernsehens am Eingang. »Kannste gleich vergessen«, beantwortete einer meinen fragenden Gesichtsausdruck. »Wir haben das schon seit Wochen über die Redaktion vorbereitet ...is Essig mit Visum. Die lassen keinen mehr rein«.

Alle meine Energien hatten sich bis hierher auf das Wie konzentriert – daß ich an den Golf reiste, war entschieden. An dieser Stelle alles hinzuschmeißen, stand außer Frage. Ohne Zeit zu verlieren, rief ich noch am selben Tag einen Freund an, der in Israel lebte. »Klar kannst du herkommen, geht hier bestimmt auch bald los«. Ich informierte die Bildagentur über die neue Entwicklung und buchte um. Den Rest des Tages nutzte ich zur Planung einer neuen Einreiseroute: Von Israel über Jordanien in den Irak. Erklärungen waren im Freundeskreis schnell mit den Worten »wirkliche Chance« abgegeben. Moralische Ideale bot der Freibrief Journalismus ja ausreichend – anwendbare Verhaltensregeln für Andrea hingegen nicht.

Als ich Deutschland verließ, war es noch ekelhaft kalt. Diese frostige Jahreszeit machte mir zu schaffen; die nasse Kühle kroch überall hinein, am Ende sogar ins Hirn – nach dem Abheben von meinem Ausgangsort sah ich mich wenigstens schon einmal davon befreit. Wenigstens klimatisch hatte ich erste Fortschritte zu verzeichnen: ich befand mich auf neutralem Boden. Für einige Stunden war ich Inhalt eines kleinen, glänzenden Punktes am Himmel. Verschwindend klein. Einzige Spur meiner Existenz war ein feiner Kondensstreifen, der sich in den Wolken verlief.

Nach der Landung entriegelte eine Stewardess mit freundlichem Lächeln die Öffnung zu einem anderen Punkt der Erde. Israel begrüßte mich mit drückender Hitze.

Der erste Eindruck bei der Einreise in ein fremdes Land – insbesondere über die riesigen Drehscheiben des Flugverkehrs –, war immer eine Herausforderung an alle meine Sinne. Auch am Flughafen »Ben Gurion« war dies nicht anders; ich war vernarrt in diese Form der Reizüberflutung. Nach außen wirkte ich wohl eher wie ein Pendler, der alles zum wiederholten Male möglichst schnell hinter sich bringen wollte. Nach den Formalitäten am Zoll bekam ich, wie alle einreisenden Ausländer, von der Zivilschutzbehörde einen Karton ausgehändigt. In der Pappschachtel mit dem überlangem Tragriemen befanden sich eine Gasmaske, Puder, mehrere Tupfer und eine Atropinspritze ...

Ein Grund, warum mich Hawaii nie als Urlaubsziel reizte, waren die Bilder von Touristen, die sich – zur Begrüßung über und über mit Blumenkränzen behangen – ulkig über den Flughafen schleppten. Die Passagiere meines Fluges ergossen sich, angesichts dieses ungeplant zusätzlichen Gepäcks, ebenso unbeholfen in die Ankunftshalle. Unfähig in der Menschenmasse zu verschwinden, nahm ich mir vor, diesen Makel der Neuankömmlinge so schnell als möglich abzuschütteln.

Die folgenden zwei Tage waren ausgefüllt mit dem Organisieren eines israelischen Presseausweises und verschiedenen Einkäufen. Es stellte sich als schwierig heraus, Folie und breites Klebeband zu bekommen. Ganz Tel Aviv schien damit beschäftigt zu sein, Fenster und Türen der Häuser abzukleben, um sie gegen das Eindringen chemischer Kampfstoffe zu schützen. Straßenhändler verdienten sich ordentlich etwas nebenbei. Obwohl ich den Karton mit Gasmaske und Atropinspritze in der Wohnung ließ, fragte man mich mehr als einmal: »Wohl heute erst angekommen, was?« An einer Straßenecke blieb ich vor einem der Gelegenheits–Großverdiener stehen, zeigte auf die Reste einer Rolle mit Abdeckplane und fragte auf englisch: »Haben sie in der Art noch etwas stabileres?« Er antwortete mit einem mitleidigen Gesichtsausdruck, als hätte ich im August einen Schokoladen-Weihnachtsmann haben wollen, und wandte sich dem nächsten Kunden zu.

Als in der Nacht meines dritten Tages in Tel Aviv die ersten Bomben fielen, saß ich im oberen Stockwerk eines Wohnhauses. Ich betrachtete die Szene überwiegend schweigend. Als sei ich weit entfernt, ließ ich das Geschehen auf mich wirken. Die Gasmasken ließen ohnehin keine ausgedehnten Gespräche zu. Dem durchdringenden Sirenengehäul folgte eine gespenstische Ruhe – dann die mächtigen Raketeneinschläge. Die Explosionen waren, eine nach der anderen, merklich lauter zu hören, so daß ich annahm, die nächste lande wahrscheinlich im Vorgarten. Während der folgenden Wochen beobachtete ich keinen einzigen Angriff mehr in geschlossenen Räumen.

Fünf Wochen später kehrte ich nach Deutschland zurück. Ein Bericht in der regionalen Tageszeitung folgte. Die Tage und Wochen darauf vergingen mit dem Anbieten des Bildmaterials und unzähligen Diskussionen – meist mit Gegnern des amerikanischen Vorgehens am Golf. Klärende Diskussionen mit Andrea blieben aus.

Die Abende verbrachte ich vor dem Fernseher, verfolgte die Nachrichten und war nur noch ...Zuschauer. Ich konzentrierte mich auf die Berichterstattung auf dem CNN-Kanal oder sonstwo ...betrachtete die Bilder eines Spiels, das mich fesselte. Eines, in dem ich immer noch mitmischen wollte, das aber nur noch als Aufzeichnung lebendig war.

Robert rief mich aus Kanada an: »Guido, altes Haus – wie laufen die Dinge?« Er hatte bereits einen Fotoband über einen Indianer-Aufstand veröffentlicht. Dadurch war sein Name bereits über Montreal hinaus bekannt und der Verleger kümmerte sich, wie Rob mir einmal sagte, energisch um weitere Projekte zum Zwecke seiner Vermarktung. »Was machst du jetzt mit dem ganzen Material?« wollte ich wissen. »Stell dir vor, ich komme aus Tel Aviv zurück, und mein Verleger hat einen Job besorgt. Ich soll gleich wieder an die Front«. »Retour nach Tel Aviv?« wunderte ich mich. »Nein – direkt an die Front. Bodenkrieg«. »Etwa auf eigene Faust?« Robert war schon etwas absonderlich, aber nicht ...dumm. »Quatsch Guido. Nicht einmal Journalisten lassen sie nach vorne. Ich soll die kanadische Armee begleiten. Feldhospital. Ganz vorne. Exklusiv, fürs Verteidigungs-Ministerium sozusagen«. »*Wow! That's close*«, überwand ich meine Sprachlosigkeit. Wir einigten uns darauf, daß er *das* Ding gelandet hatte. Mir blieb nur ...das Warten. Abend für Abend saß ich vor dem Fernseher. Begriffe wie *amerikanische Veteranen* ...*post-traumatisches Streß-Syndrom* ...hallten lange nach. Ich verglich das Gesagte mit Anzeichen, die ich an mir selbst beobachtete, betrachtete aber mein Problem weniger tiefenpsychologisch. Denn der Speiseplan der vergangenen Wochen hatte Dinge für meinem Geschmack geboten. Ich hatte mir zwar ein wenig die Zunge verbrannt, aber was soll's – das verging wieder.

Viel unerträglicher war der Gedanke, daß ich nun wieder brav auf meinen bürgerlichen Platz zurück sollte. Dort konnte ich allenfalls von außergewöhnlichen Speisen berichten, nach welchen andere ohnehin nie verlangen würden.

Ich war noch gar nicht richtig wieder zuhause, da wollte ich bereits wieder fort – wenn möglich für länger. In Deutschland war es immer noch bitterkalt. Und dies gab – sozusagen als Tüpfelchen auf dem »i« – den letzten Anstoß. Mein Entschluß zum Ausstieg stand unwiderruflich fest. Acht Jahre hatte ich darüber gesprochen, hatte über Aussteiger gelesen, hatte gezögert.

Innerhalb eines Nachmittags war nun die Entscheidung gefallen: Ich will zur Fremdenlegion.

Ich erzählte nur zwei Menschen davon. Dann packte ich eine kleine Tasche und brach am nächsten Morgen auf – nach Straßburg, zur nächstgelegenen Anwerbestelle.

1 Anwerbung

Der Schritt und die Last der Jahre

Bis zum Zeitpunkt, an dem sich alles ändern sollte, ließ mich das sonnige Wetter einen Moment mein ursprüngliches Vorhaben vergessen. Ich war versucht, hier in Straßburg kurzerhand Urlaub zu machen. Bei früheren Besuchen in Frankreich hatte der Frühling immer schon eine faszinierende Wirkung auf mein Gemüt gehabt; das Werbeschild in der Bahnhofshalle unterbrach meine Schwärmereien. Légion Etrangère prangte es mir entgegen; Adresse; Telefon. Die letztmögliche Entschuldigung – ich habe die Kaserne nicht finden können – war mir genommen. Ich suchte nach Reflektoren auf meinen Entschluß in der unmittelbaren Umgebung. Irgendein Hinweis mußte doch diese Menschen erkennen lassen, daß ich mich zu jenem fundamentalen Schritt entschieden hatte. Zentnerschwere Gewichte hinderten mich jetzt aber, diesen Schritt auch zu tun – ich selbst hatte mich über Jahre mit dieser Last gefüttert. Alle Geschichten hatte ich gelesen und gehört, nur meine eigene konnte ich nicht erzählen.

Die Fremdenlegion: ich kannte sie als Söldnerheer, als Überbleibsel aus Kolonialzeiten – mit ebenso überholten Sitten und Gebräuchen –, als Zufluchtsstätte für allerlei zwielichtiges Volk, oder einfach nur als Berufsarmee im Dienste Frankreichs. Die Zweifel kaufte ich bereits mit der Fahrkarte in Deutschland – mit Bier hielt ich entsprechende Bedenken aber auf einem erträglichen Niveau. Auf dem Weg zur Kaserne machte ich die ersten Erfahrungen eines intensiven Gefühls, mit dem ich später unbefangener umzugehen lernte. Einfach nichts von all den Dingen um mich herum wurde der Bedeutung des Augenblicks gerecht. Ich tobte innerlich; brüllte aus dem Fenster des Taxis; packte die letzte Person die mich abhalten konnte – den teilnahmslosen Taxifahrer – am Kragen …

Meine Gedanken schweiften acht Jahre zurück: Im Alter von 17 Jahren war ich das erste Mal mit der Fremdenlegion in Berührung gekommen. Damals war ich kurzentschlossen mit drei Freunden nach Korsika getrampt und zwei Wochen in dem Küstenstädtchen Calvi geblieben. Wir wußten, daß hier, im Westen der Insel, die angebliche Elite – das Zweite Fallschirmjägerregiment stationiert war (siehe Anlage Seite 185 ff).

In jenem April war die Saison noch nicht angebrochen. Touristisch interessante Angebote gab es nur wenige und ebenso waren unsere finanziellen Mittel auf das Nötigste beschränkt. Die Kaserne lag etwas außerhalb des Ortes, also rechneten wir uns die besten Chancen während nächtlicher Barbesuche aus, um mit eigenen Augen zu sehen, was noch elitärer sein könnte als die Legion es ohnehin schon war. Mit dem festen Vorsatz, nicht betrunken in einer schmuddeligen Bar irgend etwas zu unterschreiben, wachten wir gegenseitig übereinander. Einmal wurde einer von uns von einem Legionär zum Billardspiel aufgefordert; mit aufgesetztem Humor warnten wir unseren Freund davor, auf keinen Fall zu gewinnen (ein Billardmatch war es einfach nicht wert, eine glückliche Heimreise aufs Spiel zu setzen). Obwohl es an Gelegenheiten nicht mangelte, scheiterten unsere Annäherungsversuche aber mit schöner Regelmäßigkeit – meist mit dem Auftauchen irgendwelcher Frauen. Wuchs unsere Forschheit auch zunehmend, so fand diese doch ein jähes Ende, als wir eines Abends Zeugen eines unschönen Vorfalls wurden. Aus einem Schnellimbiß heraus beobachteten wir, wie drei Legionäre mit einem Zivilisten lautstark argumentierten. Das Auftreten und die imposante Statur eines etwa zwei Meter großen Kanadiers bewegte den Zivilisten zwar zum Rückzug, aber die drei hatten immerhin eine Beule in seinen VW Käfer geschlagen. Also alarmierte der Zivilist in seiner Ohnmacht die regimentseigene Militärpolizei. Der Grund, warum die Rowdys plötzlich gar nicht mehr so selbstbewußt auftraten, kam wenig später im Jeep angebraust. Noch im Fahren sprang ein kräftiger *Sergent* (Unteroffizier) aus dem Fahrzeug. Ohne den aufgebrachten Zivilisten zu beachten, setzte er den Übeltätern nach. Wir standen wie angewurzelt und spürten seine schweren Schritte auf dem Kopfsteinpflaster. Der mächtige Kanadier sackte als erster auf das Pflaster – der bullige Militärpolizist hatte ihn von hinten angesprungen und ihm mit der Stirn einen gewaltigen Kopfstoß verabreicht. Reih um verteilte der *Sergent* dann Schläge und Fußtritte. Die am Boden liegenden Legionäre versuchten sich mit den Armen zu schützen – die schweren Stiefel des in Rage geratenen *Sergent* durchbrachen aber jede Deckung. Nachdem er sich ausgetobt hatte, pferchte er alle drei auf die Rückbank des Jeeps; unter normalen Umständen hätte der Platz vielleicht gerade für den hünenhaften Kanadier gereicht.

Dieses Ereignis blieb mir noch lange lebhaft vor Augen. Wir verbrachten den Rest des Abends am Strand und klärten den Vorfall lückenlos, indem jeder das Gesehene wieder und wieder beschrieb. Für die Nacht legten wir später unsere Schlafsäcke unter den acht Holzbooten aus, die jemand kieloben am Strand aufgereiht hatte. In den frühen Morgenstunden wurde ich vom Geräusch einer splitternden Scheibe geweckt. Ich lugte durch einen Spalt unter dem Boot hervor. Alles was ich sah, waren ein Paar Turnschuhe vor dem ersten Boot. Und dann flog die »Nuß-Schale« plötzlich im hohen Bogen auf die Seite. Ich erinnerte mich, wie sich diese nur mit Mühe hatte bewegen lassen; selbst zu zweit hatte uns das Anheben der »Nuß-Schalen« einige Anstrengung bereitet.

Im selben Moment hörte ich die beiden Kameraden flüchten, welche eben noch unter jenen Booten gelegen hatten. Ich robbte in die Nacht hinaus und traf auf den letzten unseres Quartetts. Nichts war zu sehen oder zu hören. Im gleichen Moment löste sich aus dem Schatten eines Schuppens unvermittelt eine Gestalt und bewegte sich katzenhaft auf uns zu. Das helle Mondlicht blitzte in der Klinge auf, die er in seiner rechten Hand hielt. Mein Schlaf-Nachbar stand nun als einziger Kamerad noch neben mir, riß mich am Ärmel und redete hastig auf mich ein, wir sollten uns doch davonmachen. Innerhalb von Sekunden fielen mir alle Geschichten über das ungeklärte Verschwinden von Touristen ein (so begann es also, wenn man später als Fischfutter unter einem Felsen in der Bucht von Calvi endete). Es gab zwar schlimmere Orte an denen man enden konnte, aber im Angesicht des Todes unternahm ich einen letzten Versuch und sagte auf englisch: »Hey, pack das Messer weg!« Und danach, selbst ganz überrascht von mir, etwas zögernd, »Okay?«

Die Lage war gerettet. Es stellte sich heraus, daß der Legionär von unserem Auftauchen nicht minder überrascht worden war. Sozusagen als Revanche für den Schreck, den er uns eingejagt hatte, lud uns der Südafrikaner zum Frühstück in sein Apartment ein. Wir saßen Stunden auf dem Balkon, tranken Kronenbourg–Bier und lauschten seinen Geschichten. Trotz der Selbstverständlichkeit die sich entwickelte, blieb Jeamteau (wie er sich nannte) doch ein einziges Fragezeichen. So antwortete er auf die Frage, was er denn nachts am Strand gesucht hätte, mit: »Ich hatte einen Auftrag!« Und auf die Frage, wie es denn in der Legion wäre, entgegnete er knapp: »Anders eben«. Es mußte sehr viel anders sein, im Fallschirmjäger-Regiment . . .

Die Frage des Taxifahrers riß mich aus meinen Erinnerungen. Er verlangte nach dem Fahrgeld.

Der Anblick des unscheinbaren Kasernengebäudes holte mich endgültig in die Gegenwart zurück. Ich drückte den schlichten Klingelknopf am Eingang und kam mir vor, als hätte ich am Tor zur Hölle geklopft. Die folgenden Geschehnisse standen aber in keiner Relation zu meiner Aufregung. Nach unendlicher Wartezeit öffnete sich endlich die schwere Pforte. »Ja?« Ich war sprachlos – ja, was ja? Der *Caporal* (Korporal, entspricht dem deutschen Obergefreiten) stand mit regungsloser Mine vor mir. Er machte gar keine Anstalten, mir die folgenschweren Worte abzunehmen. Sollte es tatsächlich Menschen geben, die an dieser Tür klingeln und etwas anderes wollen, als mit ihrem bisherigen Leben abzuschließen? Das Wort *Engagé* mußte aus meinem französischen Gestammel heraus zu hören gewesen sein – er trat zur Seite und sagte teilnahmslos: »Komm rein!«

Etwas verlegen setzte ich mich neben einem zweiten Bewerber auf ein Sofa. In dem kleinen Vorraum sah ich mir, neben verschiedenen Ausgaben der Zeitschrift *Képi blanc*, einen Werbefilm der Fremdenlegion an. Man widmete mir keine besondere Aufmerksamkeit, alles lief routiniert ab. »Du kannst jetzt erst einmal deine Dusche nehmen. Deine Sachen gibst du vorn ab«. Ich erhielt Bettzeug.

»Laß ihn rein. Guten Tag«, begrüßte mich der Offizier von seinem Schreibtisch in akzentuiertem Deutsch. »Sprechen sie französisch . . .? Woher kommen sie . . .? Wie haben sie unsere Adresse erfahren. . .? Haben sie irgend etwas bei der Justiz anhängig . . .? Sie werden nicht gesucht . . .? Drogen . . .? Rauchen sie? Zeigen sie mir ihren Unterarm!« Das reichte ihm offensichtlich fürs erste.

Den Vorvertrag – über fünf Jahre Dienstzeit – unterschrieb ich bereits hier.

Im allgemeinen bremsten die ersten Tage aber meine Geht's-jetzt-endlich-los-Stimmung. Zwischen einigen ärztlichen Untersuchungen, fand man in mir und den restlichen zehn Freiwilligen hilfreiche Handlanger für allerlei Putzdienste. Informationsgespräche und Materialempfang durchbrachen dabei das Einerlei der Reinigungsarbeiten. Es bot sich mir keine Gelegenheit zu zeigen, daß ich gefügiger Soldat im Dienste Frankreichs werden wollte. Man schien keine Eile mit unserer Abfertigung zu haben; kein In-Reihe-Aufstellen, Im-Laufschritt-nach-Aubagne oder ähnliches. Straßburg schien noch nicht der Vorhof zur ewigen Finsternis zu sein. Niemand baute sich breitbeinig vor uns auf und erklärte uns zu Kanonenfutter; kein hartgesottener Offizier ließ sich blicken, der uns zu den »großen Feldern des Sterbens« hätte führen wollen . . .

Seit das Hauptquartier 1962 von Algerien nach Aubagne bei Marseille verlegt wurde, war wohl auch so bald keine lange Fahrt in einen abgelegenen Winkel der Erde zu erwarten gewesen. Wollte man aber den heroischen Geschichten glauben schenken, so hätte an dieser Stelle zumindest eine Prozedur folgen müssen, die uns Freiwilligen das Nachdenken unmöglich machte. Die Legion konnte doch unmöglich Interesse daran haben, daß Zweifel am Entschluß die Oberhand gewannen und ein Bewerber sich dann doch noch für ein ziviles Leben entschied. Später bestätigte sich aber die Vermutung, daß die Energie, welche zum Rücktritt bewegte, bei vielen weitaus schwächer war als jene, die sie zur Anwerbung veranlaßt hatte. Bis aber solche Gedanken im Kameradenkreise auch offen ausgesprochen werden konnten, sollten noch Monate vergehen.

Es war eine Begegnung der Generationen. Nach fünf öden Tagen im Quartier Lecourbe saß ich endlich im Zug nach Aubagne, mir gegenüber ein *Sergent*.»Na ja, weißt du, die Legion ernährt dich, sie gibt dir Unterkunft und sorgt auch für dich.« Ich war sicher, mein deutscher Kamerad wollte an dieser Stelle etwas anderes aus dem Mund des gefechtserfahrenen *Sergent* hören. Der deutsche Mitbewerber zeigte sich in Anbetracht der unspektakulären Aussagen unseres Begleiters sichtlich enttäuscht. Äußerungen, wonach wir ab sofort der härtesten Elitetruppen der Welt angehören würden, oder daß es in Aubagne richtig losgehen würde, blieben aus. Nichts dergleichen – nichts, das auch nur ansatzweise die Sensationslust der Anwesenden hätte befriedigen können. Mir wurde eher die Gegensätzlichkeit der Situation bewußt: Straßburg, das unser aller Anfang darstellte, war für den *Sergent* – mit mehr als zehn Jahren Dienstzeit auf dem Buckel – die Endstation.

Sein Gesicht und die Statur machten einen dynamischen, fast jugendlichen Eindruck; seine Augen bildeten aber einen klaren Kontrast. In den Falten um seine Augen suchte ich nach Antworten auf das, was er erlebt haben könnte – meine Fantasien schweiften durch zehn Jahre Legionsgeschichte (»Sagen Sie *Sergent*, kannten Sie vielleicht noch einen der fünf Legionäre, die nicht von dem Einsatz im Libanon zurückkamen?« Nein – auf seine Reaktion war ich nicht unbedingt gespannt). Mein deutschsprachiger Mitbewerber dagegen stellte unermüdlich bohrende Fragen. Der *Sergent* ließ diese geduldig über sich ergehen und bremste die Euphorie mit knappen Antworten.

Ich hoffte insgeheim, der schweigsame Begleiter würde bemerken, daß ich nicht ununterbrochen Fragen stellte. Denn wenigstens zwei Dinge wußte ich, auch ohne daß es hätte ausgesprochen werden müssen. Erstens: Einschmeicheln bei Vorgesetzten war selbst in der Bundeswehr verpönt gewesen; zweitens: für den kommenden Zeitraum gab es wohl kaum pauschale Ratschläge. Allerdings gab es da in den Antworten etwas, das mich wiederholt irritierte – bei diesem *Sergent* ebenso wie bei dem Treffen mit Jeamteau, oder auch in Gesprächen mit altgedienten Legionären: sie alle zitierten, wie vom Band, phrasenhafte Texte.

Fand da etwa eine Gehirnwäsche statt, der man sich fünf Jahre lang nicht entziehen konnte? War es überhaupt möglich, weit abseits gesellschaftlicher Normen, zu bestehen, ohne daß gewisse Dinge sich im Unterbewußtsein unwiderbringlich festsetzten?

Bei jenen zumindest, die ich kennengelernt hatte, saß es wie Patina auf den Stimmbändern – polieren nutzlos. »Na ja, weißt du, die Legion ernährt dich . . .« Ich hörte die Texte nun schon, seitdem ich begann, mich mit dem Thema zu beschäftigen – seit beinahe zehn Jahren. *Legio patria nostra* – verdammt, ja, und meine Heimat ist Hildesheim. Was hieß das schon für jemanden, der wirkliche Informationen ergattern wollte. Meine Mutter gab mir auch Unterkunft und sorgte für mich – trotzdem macht sich bei ihrem Anblick sicher kein Gegner in die Hosen. Und überhaupt: einen Ruf, wie er der Fremdenlegion vorausgeht, hat sie sich bis heute nicht erworben . . .

Ein Jahr vor dieser Zugfahrt hatte ich als Tourist die Camerone–Feierlichkeiten besucht. Die nichtssagenden Floskeln hatten mich damals dazu gebracht, mit einem angefreundeten *Caporal* etwas forscher umzuspringen. »Ach komm«, stichelte ich, »sooo viel anders kann es bei euch auch nicht zugehen!« Solche Provokationen verursachten zwar den spontanen Wunsch nach Entschuldigung im meinem Inneren (etwa, als hätte ich gerade einem Formel-Eins-Fahrer gesagt, ich könne ihn jederzeit mit meinem Golf abhängen). Um Informationen zu bekommen, war ich jedoch bereit, Wagnisse einzugehen. Trotz aller Sticheleien ließ er sich selbst nach der zweiten und dritten Flasche Rosé zu keiner tiefergehenden Information bewegen. Schließlich erlöste ihn meine mangelnde Trinkfestigkeit.

Da existierte einerseits dieses Bild von Draufgängern, geformt von unzähligen Gerüchten und auch eigenen Erlebnissen. Ich suchte nach Ursachen, suchte nach dem Punkt, der alles erklärte.

Dieser hätte beispielsweise klären können, welche höhere Macht Jeamteau mitten in der Nacht einen Auftrag erteilt und an den Strand getrieben hatte. Wo waren die Wurzeln für ein derartiges Verhalten zu suchen?

War es im Falle Jeamteau die gleiche Triebfeder, die zwei betrunkene Legionäre dazu getrieben hatte, einen Araber aus dem fahrenden Zug zu werfen, nachdem es zum Streit gekommen war?

Antworten auf all dies blieben aus. Und genau diese offenen Fragen, gepaart mit dem Wunsch in einer wirklich professionellen Armee Dienst zu tun, bildete in mir ein explosives Gemisch.

Den Funken lieferte die Tatsache, daß sich für meinen Berufswunsch Kriegsberichterstatter – sieht man von dem kurzen Gastspiel in Israel ab – wenig Perspektiven boten.

So hatte ich acht Jahren Ruhelosigkeit ein Ende bereitet, eine Entscheidung gefällt und mich am nächsten Tag in den Zug gesetzt.

Nun saß ich ein weiteres Mal im Zug. Diesmal in Begleitung, auf dem Weg nach Aubagne. Andere Fahrgäste nahmen wenig Notiz von uns, auch für den Schaffner schien die Situation nichts Außergewöhnliches zu haben. Routiniert kontrollierte er die Fahrkarten und gab sie an unserem wortkargen Begleiter zurück.

Zweimal wöchentlich begleiteten altgediente Legionäre Freiwillige von 16 Annahmestellen in ganz Frankreich nach Aubagne. Zeitweise schien der *Sergent* gedanklich weit entfernt. Wie oft hatte er wohl schon ähnlich träumerisch–euphorische Geschichten ertragen müssen? Wie oft wird er sich dabei wohl schon gedacht haben, daß der junge Wirrkopf ihm gegenüber wahrscheinlich nach den ersten drei Testwochen wieder auf dem Rückweg sein würde; noch perspektivloser als er ankam, desillusioniert und kurzgeschoren? Was mochte er wohl empfinden, er, der Woche um Woche gescheiterte Existenzen zur »Endstation Legion« begleitete und im voraus wußte, daß einigen von ihnen auch dieser Rettungsanker verweigert werden würde?

Wie gehabt vollzog sich zwischen Neuling und Veteran das klassische Fragespiel; wie gewohnt folgten als Antworten kurz und knapp leere Worthülsen.

2 Aubagne

Abschied vom Individualismus

Verglichen mit der Straßburger Kaserne wirkte der Eingang des Hauptquartiers Viénot bedeutend moderner. Der am Tor stehende Wachhabende verfolgte – die Hände in den Hüften abgestützt – mit mürrischem Gesichtsausdruck die Einfahrt unseres Busses. Die linke Seite des zweigeteilten Eisentors war geöffnet; ein steinerner Schriftzug auf der angrenzenden Mauer war neben der symbolischen Handgranate jedoch das einzige, was auf die Andersartigkeit der Kaserne hinwies. Unser Fahrer manövrierte das dunkelgrüne Gefährt um fünf in den Boden eingelassene Eisenträger herum – jedes Fahrzeug, das hätte hier durchbrechen wollen, wäre zwangläufig aufgespießt worden. Eine exakt geschnittene Hecke trennte den Parkplatz von der Straße; das davor liegende Stück Rasen und der gesamte Eingangsbereich befanden sich in einem blitzsauberen Zustand. Hohe Bäume verwehrten den Blick auf das dahinter liegende Gelände.

Es war das zweite Mal innerhalb einer Woche, nach der Fahrt im Taxi, daß ich diese eigenartige Verblüffung empfand: Meine Umgebung reflektierte nur Belanglosigkeit; sie reagierte gar nicht oder mit einer fast lächerlichen Unbekümmertheit auf dieses, für mich doch so bedeutende Ereignis. Jedermann schien hier mit sich selbst beschäftigt. Ich hatte unweigerlich den Eindruck, diese Blicke wären nicht die gleichen, wie sie Grünschnäbel anderer Armeen ernteten. Ohne Ergebnis hatte ich die Blicke einiger Uniformierter zu deuten versucht, während unser Bus durch den Kasernenbereich fuhr.

Gleich nach der Ankunft wurden wir kommentarlos in der Aufnahmestelle abgeliefert. Der *Sergent* überließ uns ohne Abschiedsworte einer völlig neuen, ungewissen Situation.

Die Einstellungsformalitäten lenkten meine Gedanken ab. Die Kleidung wurde mit einem Anhänger versehen und in einem Regal verstaut. Hatte ich bereits durch den räumlichen Abstand die Brücken zum Zivilleben abgebrochen, so gab ich mit den Habseligkeiten auch den letzten Berührungspunkt zur Vergangenheit auf: Das letzte Stück Individualität lag jetzt im Regal. »Die bekommst Du später zurück«, informierte man mich. Mit *später* war wohl das Ende der fünfjährigen Dienstzeit gemeint. Ich hatte ohnehin nicht viel mitgebracht: Waschbeutel, Unterwäsche, Walkman und die Kleidung, die ich am Körper trug.

Später erfuhr ich, daß die persönlichen Dinge bis zum Ende der Grundausbildung aufbewahrt wurden um dann versteigert oder an das Rote Kreuz

Das letzte Stück Individualität lag jetzt im Regal.

abgegeben zu werden – es kursierte sogar das Gerücht von ungewöhnlich gut ausgestatteten Unteroffizieren, welche in dieser Kleiderkammer arbeiteten.

Seitdem ich die Bundeswehr verlassen hatte, war fast genau ein Jahr vergangen. Die Erfahrung aus vier Jahren Dienst in einer deutschen Fallschirmjägerkompanie war keine große Hilfe. Eher wurde sie zur Belastung, denn wie alle anderen auch fing ich hier als gewöhnlicher »Gelber« an. Die Erinnerungen an den militärischen Alltag waren noch recht frisch, nur meine Rekrutenzeit lag schon einige Zeit zurück – die Sicht aus dieser Anfängerperspektive war etwas getrübt. Mit dem Dienstgrad eines Stabsunteroffiziers war ich im letzten Dienstjahr in den Genuß einiger Bequemlichkeiten gekommen, die augenblicklich weit zurück, oder vielmehr in ferner Zukunft lagen. Der Verzicht auf eben diese Annehmlichkeiten stand mir nun eher im Weg: hier ging ich nicht *'mal eben einen Kaffee holen*. Noch weniger interessierte sich irgend jemand dafür, ob ich irgend etwas bereits beherrschte.

Nachdem man uns in Trainingsanzüge gesteckt hatte, ging es zum Mittagessen – ab diesem Zeitpunkt taten wir keinen Schritt mehr unbeaufsichtigt. Unser bunt gemischter Haufen versuchte sich mehr schlecht als recht in das Kasernenbild einzufügen. Der begleitende *Sergent* stieß auf dem Weg zum

Speisesaal fortwährend Flüche aus, die von seinen Befehlen kaum zu unterscheiden waren. Er gab uns deutlich zu verstehen, daß wir äußerlich mit Soldaten nicht viel gemein haben konnten.

Im Speisesaal war meine Gruppe die einzige, welche gemächlich zu Mittag aß. Die anderen Rekruten stopften ihre Mahlzeit buchstäblich in sich hinein. Sie trugen bereits olivfarbene Uniformen und warfen uns teilweise neidvolle, teilweise aber auch mitleidige Blicke zu. Auf mehreren Jacken erspähte ich Namensschilder, welche die Träger als Deutsche kennzeichneten. Der kleine dunkelhäutige *Sergent* scheuchte uns wieder vor die Tür und brachte mich um die Gelegenheit, mit einem der Landsleute ins Gespräch zu kommen.

Im Gebäude herrschte ein furchtbares Durcheinander. Fetzen wildfremder Sprachen mischten sich mit dem Getrampel einer Unmenge von Freiwilligen – Unteroffiziere versuchten den Tumult mit französischen Kommandos zu übertönen.

Der *Sergent* lief mit kampfbereiter Miene mitten durch den Flur. Er fischte aus dem nicht enden wollenden Strom einen nach dem anderen seiner Gruppe heraus und stellte sie nebeneinander auf dem Gang auf. Die Zimmer wurden uns zugewiesen. Kleine Kärtchen aus Pappe kennzeichneten die Belegung der Stuben, die farbige Unterteilung wies auf die *Section* (Zug) hin, der wir zugeteilt waren. Diejenigen, welche den *Sergent-chef* (Feldwebel) verstanden hatten, begannen unverzüglich mit dem Bau der Betten und räumten ihre Utensilien in die Spinde.

Ich hielt es für sinnvoll, zunächst keine Fragen zu stellen und es meinem französischen Nachbarn gleichzutun. Einige der 18 Zimmergenossen liefen immer noch hektisch schnatternd durch die Bettenreihen; der Auftritt des Ausbilders – vor allem das momentane Treiben – erinnerten unweigerlich an den berühmten Fuchs im Hühnerstall.

Wie angewurzelt stand ich am zweiten Tag mit einsichtiger Miene im Durcheinander der Stube – dicht vor mir die kaffeebraune Furie von *Sergent.* Mit einer militärischen Haltung versuchte ich auszudrücken, daß ich voll und ganz mit der Maßregelung einverstanden war. Mein Französisch reichte zumindest soweit, daß ich den Sinn der Flüche begriff, die mir der *Sergent-chef* entgegenschleuderte. Er hatte mich unsanft aus einem Kurzschlaf gerissen: meine Schlafstätte befand sich etwa in Kopfhöhe: was lag unter diesen Umständen also näher, als mich – den Verbrecher – gleich mitsamt Matratze auf den Stubenboden zu befördern. Auslöser war die Schandtat, daß ich mich nach dem Frühstück auf das Bett zu legen gewagt hatte – die personifizierte Rache stand nun vor mir.

Niemand hatte mich vor ihm gewarnt; was mich umso mehr ärgerte, als ich aus dem Augenwinkel ein Schmunzeln auf manchen Gesichtern erkannte. Mein Vorsprung im Bettenbau war zunichte. Nachdem er mit mir fertig war, bekam ich gleich neue Probleme: bis zum Appell reichte die Zeit nicht für einen neuen Bettenbau, und als die Furie mich vom Bett schmiß, war mein Kopf ge-

Diejenigen, die verstanden hatten, begannen gleich mit dem Bau der Bettten.

gen den Stahlspind geschlagen. Das Dröhnen im Schädel übertönte fast den Pfiff zum Antreten – Vollzähligkeit wurde festgestellt.

Der Tag verstrich ereignislos; Wachen für die Nacht wurden eingeteilt. *Wachen*, dachte ich bei mir. Das konnte doch wohl nur ein Witz sein! Was hätte dieser hektische, milchgesichtige Finne – mit zwei Tagen Diensterfahrung – denn wohl bewachen sollen?

Vielleicht verwarf aber diese wirkungslos scheinende Maßnahme gerade in diesem Moment irgendwelche Gedanken an eine mögliche Desertion.

»*Engagé Volontaire Schmidt?*« »*Présente Sergent!*« »Du von 23 bis 24 Uhr, hol dir eine Jacke – los!« »*Oui, Sergent!*«. Mehr Anweisungen folgten nicht – alle weiteren Absprachen trafen wir untereinander: *Wer hat wo sein Bett*, oder: *Seid bloß leise*. Trotz der Verständigungsschwierigkeiten wußte anscheinend jeder, worum es ging.

Kurz vor elf wurde ich leise geweckt. »*Toi guarde*«, flüsterte jemand in gebrochenem Französisch. Leise schlüpfte ich in den Trainingsanzug und griff schlaftrunken meinen Parka.

Die Nachtluft war angenehm mild, ich genoß die erste ruhige Stunde dieser Woche. Nach einigen Runden um das Gebäude war ich hinlänglich vertraut mit den Dingen, die es zu wissen galt: Der Bereich, wo die Fenster der *Engagés Volontaires* (freiwillige Bewerber) im Erdgeschoß lagen; Eingänge und unbeleuchtete Ecken – sie wollte ich besonders im Auge behalten. Keinen Moment glaubte ich daran, daß der Wachauftrag zu unseren Schutz erteilt worden war. Ich erachtete es für wichtiger, daß mir nicht entging, wenn jemand ausbüchsen wollte. Dennoch wußte ich, daß ich jeden gehen lassen würde, der abhauen wollte. Aber nicht ohne vorher mit mir gesprochen zu haben. So erhielt ich wenigstens Gelegenheit, meine eigene Loyalität zu prüfen. Denn die Gegend war mir bekannt und der Zaun – und damit die Freiheit – waren wirklich greifbar nahe. Mehrere Stunden Vorsprung waren nicht zu verachten. Wer wußte schon, ob sich eine solche Gelegenheit noch einmal bot?

Meine Neugier trieb mich wieder und wieder dazu, im Schutz unbeleuchteter Winkel umherzuschleichen; es war geradezu klassisch, daß man während solcher Nachtwachen im allgemeinen das Gras wachsen hörte. Als ich aber plötzlich die Umrisse einer Person sah, die sich geschickt im Schatten der Bäume bewegte, glaubte ich meinen Augen nicht zu trauen. Ich erkannte Kadde, einen großen blonden Typ, der mir am Nachmittag aufgefallen war. Er sprach mich auf englisch an: »Hast mich nicht bemerkt, hä?« »Sicher«. Ich wußte nicht, woran ich mit ihm war. »Was willst Du?« Er könne nicht schlafen, murmelte er. »Hab die Wache nach Dir. Dachtest wohl ich will abhaun, wa?«

Etwa eine halbe Stunde unterhielten wir uns über Gott und die Welt. Später fragte ich: »Dein Akzent hört sich russisch an – woher bist Du?« »Bin kein scheiß Russe«. Er war sichtlich genervt. Ob ich eine Ahnung hätte, wo Estland wäre. Ich wußte es, ja. Trotz seiner mehr als ausführlichen Erklärungen bemerkte er, daß es wohl für einen Mitteleuropäer nicht möglich sei, innerhalb von Minuten zu begreifen, wo die gewichtigen kulturellen Unterschiede zwischen den Baltik–Staaten und Rußland lagen.

Meine Frage lenkte schließlich davon ab: »Was hast Du vorher gemacht, beruflich meine ich?« Seine Augen verengten sich zu kleinen Schlitzen und blickten vielsagend in die Nacht, als stünde dort die Antwort. Pause. »Zuhälter. Hab `ne Menge verdient«. Das paßte durchaus zu seinem gesamten Gehabe. »Warum bist du dann hier, wegen des Geldes wohl nicht?«, entgegnete ich. »Hab Ärger gehabt, mußte mich eine Zeit absetzen«.

Ausholend erzählte er seine Geschichte, sprach von Ärger mit der örtlichen Mafia und wie er von einem Tag auf den anderen die Zelte abbrechen mußte. Dabei blickte er immer wieder über das dunkle Areal, als wäre er selbst hier nicht ganz sicher vor seinen Verfolgern.

Ich war froh, daß es endlich zwölf Uhr geworden war. Meine Wache war um. Schnell hatte ich mich meiner Kleidung entledigt, bis zum Wecken wollte ich mir noch eine Mütze Schlaf holen.

Am nächsten Morgen war das Chaos komplett. Wer nicht schnell genug aus dem Bett kam, mußte um eine Waschgelegenheit anstehen. 18 Leute drängelten sich um fünf Waschbecken. Immer wieder stürmte der *Sergent* herein, es hagelte Befehle. Wer an den Waschbecken auch nur eine Sekunde trödelte, lief obendrein Gefahr, den Zorn der anderen auf sich zu ziehen. Rosli hatte sich zuvor wohl kaum öfter als einmal wöchentlich rasieren müssen und er machte ein wahres Ritual daraus. »Andere warten auch noch. *Putain de merde*«. Rosli war angesprochen. Er setzte verwirrt den Rasierer ab. Mit angsterfülltem Blick drehte er sich um. Das brachte ihm geradewegs noch mehr Ärger ein – wieder kam es von hinten: »Verfluchte Scheiße. Beeil Dich verdammt. Und glotz nicht so blöd!«

Nicht minder hektisch wurden die Betten gebaut. Diskussionen über die Einheitlichkeit entfachten. Kurz darauf: auf dem Flur antreten, Kontrolle der Stuben. Erbost rief der *Sergent* den Verantwortlichen wieder zurück. »*Dégueulasse!* Wem gehört das? Los, alle einrücken!« Wir drängten uns durch die Tür. Dann stockte alles. Diejenigen, welche in vorderster Reihe standen, wollten der braunen Furie auf keinen Fall zu dicht auf die Pelle rücken. »Also ...?« Der Ausdruck in seinen Augen ließ mich angestrengt nachdenken. Ich war ihm schon einmal aufgefallen. Offenbar war ich aber nicht gemeint. Rosli drängte sich nach vorn. »*Engagé Volontaire Rrrroosli - à vos ordres, Sergent!*«, stammelte er. »Bring das in Ordnung, verdammt. Zwei Minuten!« befahl der kleine garstige Marokkaner, schob uns barsch beiseite und nahm sich die nächste Stube vor.

Selbst noch nach zwei Wochen spielte sich der Nachmittag vorrangig im Hof ab. Wir langweilten uns in der Sonne. Bereits nach dem Tag meiner Ankunft war mir der scheinbar nicht versiegende Strom an Freiwilligen aufgefallen. Etwa 1500 – so hatte man uns gesagt – wurden pro Jahr aufgenommen. Gerade ein Fünftel derer, die es insgesamt versuchten. Diese Zahl von Bewerbern und die Tatsache, daß hier Angehörige von über 100 verschiedenen Nationen aufeinandertreffen, bot – wie ich fand – eine einmalige Gelegenheit zum Vergleich: Zum Vergleich zwischen gängigen Erzählungen und den Tatsachen. Man konnte hier aus erster Hand erfahren, was die Geschichten über die angebliche Zufluchtsstätte für Verbrecher tatsächlich auf sich hatten.

Nach und nach lernte ich neben den wenigen Deutschen auch einige Engländer kennen. Mit fortschreitender Zeit bildeten sich kleine Grüppchen – nicht etwa aus Sympathie. Denn mindestens zwei Wochen Untätigkeit hatte bereits jeder von uns hinter sich gebracht und noch wenigstens eine lag vor uns. Jeden Tag war also von neuem ausreichend Zeit, sich über das Bevorstehende (oder was man davon hörte) klar zu werden.

Als besonders motivierend empfand ich das Gammeln auch nicht, bald aber formierten sich jene, welche genug hatten von den schwarzseherischen Geschichten. Der Engländer Lockett stand neben mir, in einem Kreis von Landsleuten. Wir hatten Spaß an den Erzählungen eines Schotten. Nachdem die Lacher verhallt waren, kam das Gespräch wieder einmal auf die unterschiedlichsten Erwartungen.

»Und jetzt ...« begann einer, »sie behandeln uns wie Kinder. Nicht einmal scheißen gehen kannst Du hier in Ruhe«, frotzelte er. Ein anderer äffte: »Dööö

Nicht minder hektisch wurden die Betten gebaut.

menüt, döööö minüt«. Lockett und ich schlenderten in stillem Einverständnis über den Kasernenhof und suchten nach neuem *Smalltalk*. Überhaupt grassierte eine Art Distanzierungs-Virus: Wer auch immer negativ behaftet war, den hielten wir uns vom Leib. Bekanntschaften waren gleichsam ein zweischneidiges Schwert. Wir haßten es, wenn eine Bekanntschaft ohne Ankündigung verschwand und mit melancholischem Blick aus der Kaserne gefahren wurde. Täglich fuhren die Busse an unseren Unterkünften vorbei, also mied auch ich eine Verbindung zu Bewerbern, die offensichtlich chancenlos waren. Ich ertappte mich dabei, daß ich Sorgenkinder wie Rosli in ihrer Verwirrung beließ. Wer hier schon nicht mit sich selbst zurecht kam, den wollte erst recht niemand später an seiner Seite haben – so trug auch ich unbewußt meinen Teil zum Auswahlverfahren bei.

Für rund 7500 Freiwillige jährlich war Aubagne Durchgangs- oder Endstation. Entgegen meiner Erwartung, etwa ein Drittel der Angenommenen seien Deutsche, machte der statistische Anteil der Deutschsprachigen lediglich um die vier Prozent aus.

31

Im Laufe der Zeit hatte ich beobachtet, daß viele Bewerber auch – oder gerade aufgrund – ihrer kriminellen Vergangenheit abgelehnt wurden: Eines Tages warteten wir in einem Aufenthaltsraum, um das erste Mal bei Major Roos vorzusprechen, einem deutschen Unteroffizier mit über 40 Jahren Legions-Dienstzeit (*Major* entspricht dem deutschen Oberstabsfeldwebel; während der deutsche Dienstgrad Major dem französischen *Commandant* entspricht). Der Großteil von uns hatte schon die zweite Woche passiert, als ein Farbiger, der deutsch redete, überraschend zu uns stieß. Er gab sich sehr wichtig. Ich gab mich nicht als Deutscher zu erkennen, beobachtete die Szene mit einigem Abstand.

Ein anderer kam mit ihm ins Gespräch: »Wie lange mußt Du noch?« fragte er. Gemeint war damit die verbleibende Zeit, bis zum Abtransport nach Castelnaudary. »Scheiße. Ich sollte übermorgen hier verschwinden«. Wie ein gehetztes Tier lief er dabei den Raum auf und ab, ohne aber schlecht gelaunt zu wirken. »Heute morgen haben sie mich noch mal herausgeholt . . . Ich dachte alles wäre klar«.

Es war tatsächlich ungewöhnlich, daß jemand, den wir zudem noch nie zu Gesicht bekommen hatten, plötzlich in unserer Gruppe auftauchte. Wahrscheinlich war aber gerade dies der Grund dafür, daß ich nun weiter bohrte: »Wie, du warst schon mit allem durch?« »Ja, verdammt. Weiß auch nicht, was die wollen! Vielleicht wegen meiner Sache da . . .« »Welcher Sache?«, hakte ich nach. »Na ich hab einem Raub gemacht und ein Auto geklaut«. Er kokettierte jetzt etwas mit seiner Erzählung. Es schien, als sei er nachträglich selbst ganz beeindruckt von der Tat.

»Die Karre habe ich an der deutsch–französischen Grenze zurückgelassen und bin nach Straßburg. Denen hab ich dann meine 45er auf den Tisch gelegt. Riiiesen Koffer – hättest mal deren Augen sehen sollen! Danach haben sie mich hierher gebracht«.

Im selben Augenblick ging die Tür auf und es wurde still im Raum. Alle Augen richteten sich auf den Eingang. Sein Name wurde aufgerufen. Er antwortete: »*Présente, Sergent!*«, als er den Raum verließ.

Jemand behauptete später, er hätte gesehen, wie eben dieser Mensch in Handschellen abtransportiert wurde.

Für andere jedoch bot die Fremdenlegion immer noch einen gewissen Schutz. Später fand ich heraus: solange man sich nicht als Gewohnheitstäter entpuppte oder gar von Interpol gesucht wurde, hatte man nichts zu befürchten.

Nach dem Gespräch mit einem Offizier des *Bureau des Statistiques de la Légion Etrangère* (Statistisches Büro der Fremdenlegion), kurz BSLE genannt, bekam ich auf eigenen Wunsch eine neue Legende.

Mein Rufname war hier ohnehin *Engagé Volontaire* oder später dann Legionär, was machte die Namensänderung also noch für einen Unterschied? Außerdem übte es einen gewissen Reiz auf mich aus, für die nächsten fünf Jahre vor eventuellen Nachforschungen sicher zu sein. Bevor ich allerdings des Schutzes würdig war, hatte ich zunächst detailliert meinen Lebenslauf offenzulegen.

Vor dem *Adjudant-chef* (Stabsfeldwebel) lag jetzt mein Reisepaß, den man mir bereits in Straßburg abgenommen hatte. Besonders schienen Ihn die Reisestempel zu interessieren: »Dein Paß, Schmidt?« Pause. »Du warst viel unterwegs. Was hast Du in Israel gemacht?« »Ich war während des Golfkrieges als freier Reporter in Tel Aviv«. Er schaute nicht auf und blätterte weiter. »Du hast also fotografiert«. »Ja, während der Bombenangriffe«. »Aha. Schon mal Drogen genommen?« Die Frage kam etwas überraschend ...Vor Jahren hatte ich einmal von Gesprächen dieser Art gehört. Damals hatte mir ein Deserteur gesagt: »Bloß nicht lügen! Du kannst ihnen alles sagen, die bekommen es sowieso heraus. Wenn Du ihnen Scheiße erzählst, siehst du alt aus«.

Also sagte ich es ihm. Wie lange das her sei und welche Gewohnheiten ich dabei gehabt hätte, wollte er wissen. Was genau ich in der Bundeswehr gemacht habe und: »Warum willst Du zur Legion?« »Ich wollte Berufssoldat werden, in einer Armee, die auch einen entsprechend ernsthaften Hintergrund bietet«.

»Du warst Fallschirmjäger. Sind Fallschirmjäger keine gute Einheit in Deutschland?« fragte er gleichmütig. »Doch, trainieren konnte ich dort gut, aber die Praxis fehlte. Ich hatte den Eindruck, mir würden ständig Steine in den Weg gelegt, und an einen UN–Einsatz war gar nicht erst zu denken«. Das könne ich hier natürlich haben, meinte er. Woher ich die Legion kennen würde?

Die Legion? *Die* Fremdenlegion – woher ich ...? Nachdem ich mich innerlich beruhigt hatte, antwortete ich verdutzt: »Von einem Bekannten, der in Indochina gekämpft hat«. »Wer war das denn?« Ich nannte den Namen. Er schrieb nichts auf, verließ den Raum und kam einige Minuten später mit einer vergilbten Personalakte herein. Diese legte er auf den Tisch und blätterte darin. Indessen nickte er und raunte »Hmm« und »Aha«.

Am Ende unserer Unterhaltung war ich der Gewißheit – aufgenommen oder nicht aufgenommen worden zu sein – kein Stück näher gekommen.

Er hatte also innerhalb von fünf Minuten die Fakten herausgefischt, die meine Aussagen bestätigten. Ich war nachher nicht ganz sicher, was einen tieferen Eindruck bei mir hinterlassen hatte: Die Tatsache, daß er zielsicher ein Dokument aus einem Fundus von schätzungsweise über einer halben Millionen Akten fand; oder die Art, wie er es tat.

Er mußte bereits mehr als zehn Dienstjahre auf dem Buckel haben. Wie viele davon mochte er wohl hier, wo 160 Jahre verstaubter Legions-Geschichte aktenkundig waren, verbracht haben? Ob wohl ein Mensch, der energiegeladen und abenteuerlustig zur Fremdenlegion kam, so viel erleben konnte, daß er später dann hier seinen Dienst mit der gleichen Ernsthaftigkeit versah, wie zuvor das Kriegshandwerk? Ich empfand den Kontrast schon als recht drastisch.

Groteskerweise drängte sich mir ein ganz anderer Vergleich auf, meine Gedanken wanderten Jahre zurück: Ich dachte an die vielen Besuche ... in einem italienischen Restaurant.

Auch dort beobachtete ich eine ähnliche Würde. Wie dieser *Adjudant-chef* beeindruckten mich die Kellner bei jedem Besuch von neuem. Mit welchem Ehrgefühl diese Leute ihre Arbeit taten. Diese Italiener führten scheinbar alles, was sie taten, mit einer erhabenen Wichtigkeit aus. Nur dort lag zumindest die Erklärung nahe, daß es deren angeborenes Selbstvertrauen war, was den Unterschied verwischte, ob sie nun die Gesellschaft bedienten, Eis servierten oder Müll abkarrten. Offensichtlich standen sie einfach naturgegeben über den Dingen.

Im Fall dieses *Adjudant-chef* aber war sicher, daß er kein gebürtiger Italiener sein konnte. Woher hatte er diese Art? Woher hatten alle anderen diese Art?

Hier schien es unmöglich, jemanden aufzutun, der nicht von militärischer Vollkommenheit durchdrungen war.

Von Erfahrungen bei der Bundeswehr geprägt, hielt ich diese militärische Perfektion für ausgeschlossen. Dort, in Deutschland, brauchte ich nicht lange suchen, bis ich auf unsoldatisches Verhalten stieß. Irgendwo war Sittenverfall immer zu finden. Man brauchte nur abgelegene Schreibstuben oder Material-Ausgabestellen zu durchstöbern. Gar nicht auszudenken, was sich da alles in einem Archiv herumtreiben würde.

Später bekamen alle Bewerber mit neuer Legende kleine Zettel ausgehändigt. Darauf standen der künftige Name, das Geburtsdatum, die Namen der Eltern und deren Geburtsdaten.

Mit meinem neuen Vornamen Walter konnte ich leben, aber Schumascher schien mir der Ausrutscher eines Verwaltungsbeamten zu sein. Bereits der erste Vorgesetzte an den ich geriet, machte mir aber die Sinnlosigkeit meines Erklärungsversuches deutlich.

In dieser zweiten Woche kam dann alles etwas in Bewegung, verschiedene Tests reihten sich dicht hintereinander. Auf einen mehrstündigen Intelligenztest, zur Ermittlung des *Niveau générale* (NG) und des *Niveau culturel* (NC), folgten eingehende medizinische Untersuchungen.

Krankenhaus-Atmosphäre hatte ich nie gemocht. Diese farblosen Flure aber ließen die Wartezeiten noch eintöniger erscheinen. Der medizinische Geruch übertünchte nur zum Teil die Ausdünstungen der Behandelten. Die Untersuchungen fanden nach dem Prinzip der Massenabfertigung statt: Nur mit Unterhose bekleidet, saßen wir zu fünft auf der harten Holzbank im Flur. Man rief uns in das große Untersuchungszimmer, nein, es war eher ein Saal; häßliche blaß-gelbe Kacheln an den Wänden, altmodisches Inventar und saukalte, steinige Bodenfliesen unter den nackten Sohlen.

Mehrere Sanitäter und Ärzte verteilten sich im Raum, wir wurden alle in einem Durchlauf abgefertigt. Ich stellte mich gleich neben die Tür auf eine Waage. Zu meiner Rechten ein nackter Körper auf der Bahre, er wurde abgetastet. Über der Bahre, an der tristen Wand, hing eine Buchstabentafel. Wenige Meter entfernt wickelte ein Artz mit einem Dritten den Sehtest ab.

Das Stimmengewirr klang hohl wider, vermengte sich mit der kahlen Kulisse und fügte sich in die gesamte Atmosphäre.

Am Tisch zu meiner Linken wurde einem blassen Bewerber Lebenssaft entzogen, mir legte ein Sanitäter eine Metallschiene auf den Kopf – meine Körpergröße wurde festgestellt.

Am selben Tag mußte ich im Zuge eines Gesprächs nochmals meine Motive für den Beitritt offenlegen und wurde auf die Dinge hingewiesen, welche ich in den nächsten Jahren zu erwarten hatte. Während eines Unterrichtes erfuhren wir von dem geplanten Verlauf unserer Ausbildung und davon, wie der weitere Verlauf der nächsten Fünf Jahre aussehen könnte.

Eine übergroße Weltkarte hing vor uns an der Wand, jemand mußte lange und mit akribischer Genauigkeit daran gearbeitet haben, die dünnen Wollfäden kreuz und quer darüber zu spannen.

Ausgehend von Frankreich, zielten diese Schnüre in alle möglichen Richtungen, auf Stützpunkte in der ganzen Welt. Spontan dachte ich daran, daß je weiter ich den Linien von Aubagne weg folgte, meine Chancen zur Flucht sinken würden. Und wenn ich auch noch so entschlossen war, der Zweifel ließ sich nicht aus meinem Kopf verbannen. Immer noch war ich bemüht, mir ein Hintertürchen offen zu halten. Gedankenversunken begann ich den Selbstdialog, blickte abwesend auf die roten Linien. . .

Wenn ich mir so sicher war, letztendlich auch an einem dieser entfernten Orte Dienst zu tun, warum hatte ich dann jetzt noch Zweifel? Aber schließlich lag mein zweiter Reisepaß in vertrauensvollen Händen zu Hause, sollte ich also Schwierigkeiten bekommen . . .

Brauchte ich dieses beruhigende Hintertürchen? Vielleicht fehlte es mir doch am nötigen Mut, die endgültige Entscheidung zu treffen. Wahrscheinlich würde man mir die Entscheidung ohnehin abnehmen . . .

Die Stimme von *Major* Roos durchdrang meine innerliche Überzeugungsarbeit. Er wurde jetzt wieder lauter:»Das Erste Fremdenregiment in Aubagne«, sein Zeigestock leitete meinen Blick auf den europäischen Kontinent,»mit den zusammengefaßten Dienststellen aus einem Führungsstab und dem Ausbildungs–Regiment . . .« Dabei zeigte er auf die Gegend um Toulouse, inmitten der Pyrenäen. Dort also war unsere nächste Station. Roos kommentierte es nicht weiter, er deutete auf die Insel Korsika, sprach das dort stationierte Fallschirmjägerregiment an und machte danach einen ganzen Schritt, um den Blick auf die Ostküste des afrikanischen Kontinents freizugeben.

Karibik, Tahiti; Brasilien – genauer gesagt: Französisch-Guayana –, und mitten im Indischen Ozean gab es da noch den Archipel der Komoren. Die Hälfte der Namen vergaß ich wieder, bevor der Unterricht beendet war (Standorte siehe Kasten Seite ..)

Der *Major* hatte die Erklärungen in deutscher Sprache vorgetragen. Obwohl diese von anwesenden Capos in den verschiedenen Landessprachen übersetzt wurden, zeigten einige Bewerber einen Gesichtsausdruck, als sollten sie gleich im Anschluß an diesen Unterricht für die folgenden Jahre an einen gottverlassenen Übersee-Standort verbannt werden. Anderen wiederum war anzusehen, daß ihnen nichts lieber gewesen wäre.

Möglicherweise hatte der altgediente *Major* es auch registriert, denn kurz darauf bemerkte er so deutlich wie monoton: »Ihr könnt ein einfaches Leben haben, aber ihr sollt auch wissen, daß euch hier nichts zufallen wird«.

Zu diesem Zeitpunkt wußte ich noch nicht, daß ich zu dem Fünftel Bewerbern zählen sollte, die letztlich aufgenommen wurden. Meine Gedanken kreisten daher zunächst mehr um die Frage, wie ich es der Legion erleichtern konnte – sich für meine Aufnahme zu entscheiden.

Zweifel und andere Monster

Erste Unterweisungen in französischer Sprache waren behilflich bei der täglichen Auseinandersetzung mit der Langeweile.

In annähernd drei Wochen Aubagne, hatte ich auch bereits meinen ersten größeren Kampf gewonnen – den Kampf gegen mich selbst. Denn mein innerliches Monster des Zweifels bekam hier abwechslungsreiche Futter: Auf dem Speiseplan standen stundenlange Wartezeiten, ereignislose Nachmittage und schmierige Küchendienste. Besondere Leckerbissen waren dabei die Kombination aus Einteilung zum Kantinendienst und der Begegnung mit hochmütigen Bewerbern, welche bereits alle Aufnahmetests durchlaufen hatten. Sie standen kurz vor dem Abtransport in das Ausbildungslager nach Castelnaudary und trieben jetzt ihr Spiel mit den Neuankömmlingen.

Ich war gewarnt worden. Es waren erfahrene Deutsche, die sagten: »Laß Dir bloß nichts erzählen«. Außerdem machte ich so meine eigenen Beobachtungen.

Ob Andere also ihren Spaß mit mir hatten, oder sich ein leichteres Opfer suchen mußten, lag in meiner Hand. Oder treffender: es lag an meiner unmittelbaren Reaktion auf entsprechende Sticheleien. Wer hier nicht dickfällig genug war, der fand sich nachher als Lakai wieder; als einer, der Kaffee holte, Tische abwischte oder einfach als letzter in der Schlange stand – »*Hey! hier geht's nach Dienstalter!*« – war dann zu hören.

Oder auch dieses anschwellende *Hoh-hooh-houuhh*, als offensichtlich französische Version für das verdeutschte *Hey*. Diese wellenartig ausgestoßenen Laute klangen gewaltig. Sie konnten jemand Schreckhaftes schon beeindrucken, wenn er zum ersten Mal so angeblafft wurde. Außerdem war ein *Hoh-hoh-hoh* leichter zu lernen als wortgewaltige Attacken in französischer Sprache. Es war eben die am schnellsten anzubringende Formulierung, für die eigene Unzufriedenheit. Was hätte ich auch sonst sagen sollen? Ich war in anderen Fällen nicht aufs Maul gefallen, aber hier fehlten mir eindeutig die Sprachkenntnisse. Folglich blieb bei solchen Konfrontationen allein meine Mimik und Gestik. Als erfahrener Frankreich-Urlauber wußte ich zwar eine Bestellung aufzugeben – für Milchkaffee und widerlich fettige Hamburger (die großartig schmeckten); von der Möglichkeit verbaler Gegenattacken aber war ich weit entfernt.

Einen unbefangenen Betrachter hätte dieses tägliche Schauspiel wohl eher an ein Rudel Wölfe erinnert. Es war ein ständiges Abstecken der persönlichen

Bereiche auf niedrigstem Niveau – aber auch einfaches Selbstregulativ der Personalbeschaffenheit: Wer hier etwas verlangte, mußte sich durchsetzen können; das wurde manch einem früher klar, als er es wahrscheinlich erwartet hatte.

Auch unsere Abreise nach Castelnaudary, oder einfach Castel, war jetzt früher im Gespräch, als wir es erwartet hatten.

Die bevorstehenden Monate beherrschten die Gespräche unter uns Anwärtern. Neben dieser Tatsache veränderte sich aber auch der Charakter der Tagesabläufe, konkrete Vorbereitungen waren im Gange – militärische Kleidung wurde uns verpaßt. Ich war glücklich, bei dieser Gelegenheit endlich meine zu klein geratenen Sportschuhe gegen passendes Schuhwerk eintauschen zu können.

Unsere Privatkleidung war mit den Pässen schon bei der Ankunft einbehalten worden; der Verlust störte mich nicht weiter. Alle Sportschuhe aber waren am ersten Tag in einer großen Kammer gelandet. Das hatte ich als besonders sinnlos empfunden. Denn kurz darauf steckte man uns in abgetragene Sportanzüge und verteilte die eingesammelten Schuhe wieder. Nicht etwa, daß ich mir meine hätte wiederholen können, nein, jeder bekam das Paar aus der Kammer, was gerade greifbar war.

Am Ende führte die Tauschaktion dazu, daß ich als Ersatz ein Paar Billigtreter bekam, die dazu noch eine Nummer zu klein ausgefallen waren. Und während ich die Dauerläufe über zehn Kilometer nie ohne schmerzende Stellen überstand, lief ein Engländer leichtfüßig in meinen exquisiten Laufschuhen.

Die letzten fünf Tage in Aubagne standen wir spürbar im Rampenlicht. Mit dem Empfang der Kampfanzüge hatten wir einen gewissen Status erreicht. Nicht nur gegenüber den immer neu anreisenden Freiwilligen erregten wir Aufsehen, auch seitens der Ausbilder erfuhren wir mehr Aufmerksamkeit.

Diese Aufmerksamkeit steigerte sich bis zum letzten Tag, bis zur Fahrt zum Bahnhof von Marseille. Von hier aus sollten wir schließlich in die Pyrenäen verfrachtet werden.

Die Ausbilder kreisten ständig um uns, wie ein Rudel Wölfe um die Schafherde. Anflüge von Ausgelassenheit erstarben in ihren finsteren, zur Disziplin mahnenden Blicken. Während der Bahnfahrt dann hielten sich unsere Unterhaltungen auf einem recht oberflächlichen Niveau. Denn ein Gefühl aus Spannung und Ungewißheit ließ auch meine Gedanken wieder und wieder abgleiten. Ich hatte viel über die Grundausbildung gelesen und auch vieles gehört – aber wußte ich tatsächlich, worauf ich mich einließ? Unsere Gespräche blieben einsilbig, rissen immer wieder ab. Die Anderen dachten wahrscheinlich ähnlich. Wir alle waren doch, jeder auf seine Weise, vor irgend etwas geflüchtet. Aber fuhren wir jetzt nicht eher einer Zukunft entgegen, die wir nicht mehr beeinflussen konnten? Momente dieses Empfindens, sich der Armee und dem soldatischen Alltag ausgeliefert zu fühlen, waren mir nicht unbedingt fremd.

Von bestimmten Erzählungen aber, die ich in Aubagne aufgeschnappt hatte, hoffte auch ich insgeheim, daß sie sich nicht bewahrheiteten.

3 Castelnaudary

Gerüchte und schmutzige Wäsche

Ein Gerücht verdunkelte seit Tagen selbst unsere düstersten Fantasien: Es hieß, zwei Ausbilder hätten einen Rekruten vergewaltigt. Auch wenn es bis zu diesem Zeitpunkt nur ein Gerücht war – in meinen gedanklichen Abwägungen hallte doch immer wieder das Sprichwort nach, an *jedem Gerücht* sei *etwas Wahres*. Ich konnte den Wahrheitsgehalt aber weder im Selbstdialog noch in endlosen Diskussionen klären. Diese Nachricht als Ente zu entlarven, ließ alle anderen Aufgaben zweitrangig erscheinen, und dieser Auftrag sollte an erster Stelle stehen. So jedenfalls hatte ich es mit mir ausgemacht.

Das Prinzip solcher Erkundungen war einfach und funktionierte selbst hier. Nach der Ankunft in Castelnaudary herrschte erst einmal Durcheinander im Kasernengebäude. Die neuen Vorgesetzten kannten noch nicht alle Gesichter, zudem hatten sie mit den üblichen Unterbringungsformalitäten selbst genug um die Ohren. Ich tat mich mit Lockett zusammen; wir bemühten uns, außerordentlich geschäftig und hektisch zu erscheinen.

Den Ausbildern vermittelten wir damit den Eindruck völlig verunsicherter und überforderter Neuankömmlinge. Ich konnte mich in diesem Moment förmlich in die Rolle des *Caporals* versetzen, der uns so beobachtet hatte. Wahrscheinlich saß er jetzt zufrieden mit den restlichen Ausbildern zusammen und belächelte uns; uns, die von Panik ergriffenen Frischen.

Diebisch freuten wir uns über den geschaffenen Freiraum. Ohne einen Gedanken an Repressalien zu verschwenden, traten wir kollektiv die Flucht an. Ziel war das Nachbargebäude. Dort war eine Gruppe untergebracht, welche den kostbaren Informationsvorsprung von einer Woche besaß. Mein persönliches »Angriffsziel« war dabei einer der Deutschen, die ich in Aubagne kennengelernt hatte.

Von diesem erfuhr ich zunächst, daß das Gerücht offensichtlich stimmte. Der entehrte Legionär war bekannt. Er wurde sogar namentlich erwähnt. »Wir sehen die Arschficker jeden Tag«, teilte er darüber hinaus mit. Die Übeltäter, zwei *Capos* seiner Kompanie, konnten von uns sogleich besichtigt werden:

Im Kampfanzug, jedoch ohne Barett, verrichteten beide im Hof demütigende Dienste mit Schubkarre und Gartenwerkzeugen. Bekleidet waren sie mit Warnwesten, wie Straßenarbeiter sie üblicherweise tragen. Unter den wachsamen Augen eines Aufsehers pflegten sie den Rasen der Kaserne und säuberten die Wege von Zigarettenkippen. Strafvollzug bei der Legion.

Während der Folgemonate stellte ich fest, daß es ein gewissermaßen ungeschriebenes Gesetz war, schmutzige Wäsche in der eigenen Küche zu waschen. Es schien hier eigene Mittel und Wege zu geben, diese Dinge zu regeln. Jedenfalls so lange, wie keine Außenstehenden berührt waren.

Sündenregister und Selbständigkeit

Ich wurde dem vierten Zug der dritten Kompanie zugeteilt. Hier schien man keine Zeit verlieren zu wollen. Bereits am folgenden Tag begann die Ausbildung. Einen gewichtigen Teil stellte das Erlernen der französischen Sprache dar. Um das Übungsziel – 500 Wörter in vier Monaten – zu erreichen, gehörte nichtfranzösischer Wortschatz ab sofort zum Sündenregister.

Mit mannigfaltigen Vergeltungsmaßnahmen forderte die Führung ständig die Einhaltung entsprechender Richtlinien ein. Ausgeprägtes Eigeninteresse beschleunigte das Erlernen der Fremdsprache, denn täglich gab es Myriaden von Befehlen auszuführen. Ich bewältigte die meisten Aufgaben nur, indem ich aus dem hektischen Treiben der rund 50 Rekruten meine eigenen Pflichten ableitete. Ich beobachtete einfach, was alle taten und versuchte dann selber, etwas Passendes zu tun. Es dauerte oft seine Zeit, aber die Reaktionsverzögerung nahm ich in Kauf. Denn schon einmal hatte mich meine Bequemlichkeit dazu verleitet, das Geforderte bei einen Kameraden zu erfragen. Dieser hilfsbereite Bewerber hatte zwar auch nicht verstanden, worum es ging, mir aber bereitwillig seine Interpretation erklärt.

Nachdem ich derart aufgesessen war, entschloß ich mich, künftig wenigstens nur für eigene Fehler einstehen zu müssen.

Neben den Unterrichten förderte das Pauken kompletter Texte unsere sprachliche Fortbildung. Die Ausbilder hatten dabei völlig freie Hand. Ihr Dienstgrad hatte sie offenbar auch privilegiert, die Zeit zum Stillstand zu bringen.

Uhren besaßen wir nicht mehr, die hatte man uns abgenommen. Also mußte ich an diesem Tag anderen zuverlässigen Anhaltspunkten glauben schenken. Der Dienst schien offiziell schon etwa eine Stunde beendet zu sein. Alle Anzeichen deuteten jedenfalls darauf hin: Im Gebäude herrschte Ruhe, wir hatten Beleuchtungsverbot. Der Zapfenstreich war lange ausgerufen, offiziell hatten wir also Dienstende. Offiziell.

Der angehende *Caporal* Truster saß in dem Zimmer, vor dem wir eine lange Schlange bildeten. Kerzenlicht schien aus der Stube und flackerte als Schatten an der Wand gegenüber. Flüsterton war angeordnet. Truster hockte hinter einem Tisch, darauf die Kerze und ein Blatt Papier, auf dem er zeitweise Notizen vermerkte.

Es herrschte Anspannung wie vor einem sportlichen Wettkampf, jeder war in sich versunken. Die Schlange vor der spärlich beleuchteten Stube schien mir endlos, ich war seit 18 Stunden auf den Beinen und hundemüde. Für einen Ausdruck von Entrüstung, oder gar Gedanken an eine Beschwerde, war jetzt keine Zeit. Ich sollte in Kürze sieben Strophen Text aufsagen – auswendig. Leise sprach ich den Ehrenkodex der Fremdenlegion vor mich hin; mein Echo schien 50fach durch den Flur zu hallen ...

Den ganzen Tag hatte ich gebüffelt, jede freie Minute. Trotzdem, ich vergeudete Sekunden auf der Suche nach Entschuldigungsgründen. Denn meiner Sache war ich mir ganz und gar nicht sicher. Fragen nach mehr Lernzeit blieben unbeantwortet – Gleichheit war gefragt. Militärisch korrekt den Raum betreten; Gruß; Meldung; Aufsagen des Textes und Hinnehmen des Urteils ohne erkennbare Gemütsregung. Endlos mußte die Schlange denen erschienen sein, die es bereits ein zweites Mal versuchten. Eine Schlappe würdigte Truster mit dem knappen wie vernichtenden Urteil: »Noch einmal!« Versager stellten sich wieder hinten an, vorbei an hundert Augen. Die Ruhestunden schmolzen nur so dahin.

Wieder standen wir Schlange. Im Augenblick vor dem Büro des Sektionschefs, niemand wußte offenbar warum. Mit Erstaunen folgten unsere Blicke dem ersten Aspiranten, der den Raum wieder verließ. Bis zum Kinn stapelte sich allerlei nützlicher Kleinkram: Ausrüstungsergänzung. Vorbereitungen für *Die Farm* wurden also getroffen.

Die kostbare Beute verstaute jeder unverzüglich im Spind: ein Metallspiegel, Rasier- und Notizzeug, eine Bürste und ein Kulturbeutel. Als Ersatz für Duschgel, Waschmittel und Deodorant diente ein 400g-Block Kernseife. Ich erhielt zwei Sporthosen, mehrere Socken und die gelben Hemden der Dritten Kompanie.

Noch am gleichen Tag erlöste man uns auch von einem langen Leiden: wir tauschten endlich unsere zu groß geratenen Mützen gegen die für die Fremdenlegion typischen, kleinen Barette. Mit dieser Maßnahme waren wir ab sofort optisch nicht mehr als Neulinge zu identifizieren. Meine Hochstimmung über die erweiterte Ausstattung hielt nicht lange vor. Ich war wenig begeistert, als ich erfuhr, daß alles vom nächsten Sold abgezogen werden sollte.

Für die kleinen Freiheiten, wie wir sie uns zeitweise in Aubagne erschlichen hatten, war kein Raum mehr. Wir wurden ständig beaufsichtigt. In den ersten Tagen unserer Ankunft hatten wir den Trubel noch weit von uns gewiesen, auch ich beobachtete das hektische Treiben in Castel zunächst mit überheblichem Abstand. Im Speisesaal nahm ich anfänglich noch mit einem Schmunzeln wahr, wie je vier Mann die Zutaten einer Mahlzeit empfingen, und dann – noch in der Warteschlange stehend – schon Plätze ausmachten, auf die sich nachher dann doch andere setzten. Selbst um solche Kleinigkeiten flammten immer wieder Streitigkeiten auf.

Einige schienen sich auf diese Vorgänge schon recht gut eingespielt zu haben. Unentschlossenheit bei der Platzwahl kostete Zeit – und hier schien es auf Sekunden anzukommen.

Dieser tägliche Ablauf war augenscheinlich noch steigerungsfähig: Nahrungsaufnahme im Dauerlauf. Das Treiben in Castelnaudary sprach jeder Diskussion über managertypische Magenprobleme hohn. Dreimal täglich konzentrierte sich alles darauf, wenige wertvolle Minuten zu gewinnen. Das Geschehen entwickelte eine enorme Eigendynamik, beinahe so, als wirke sich Zeitgewinn auf den Sold aus.

Wir *Frischen* kochten vorerst noch unser eigenes Süppchen. Wir stellten uns einzeln in die Schlange vor der Getränkezapfsäule, füllten uns einzeln den Teller, zelebrierten ruhig unser individuelles Mittagsritual.

»Vierter Zug, fertigmachen zum Raustreten!« Mein britischer Tischnachbar brachte lediglich ein »*Fuck!*« heraus. Während ich die letzten Bissen hinunterschlang, konzentrierte ich mich darauf, wieviel Zeit mir noch blieb. Also, zwei Minuten bis zum Antreten, 20 Sekunden, um den Tisch abzuräumen, nochmal 30 Sekunden, um vor das Gebäude zu kommen, weitere 15, um nicht der letzte zu sein ...

»*Quatrième Section - rassemblement!*«

Die letzten Bissen schaufelte ich auf dem Weg zur Geschirrannahme von meinem Teller. Irgendwie hatte ich noch nicht das Gefühl, tatsächlich dazuzugehören. Bis dato hatte ich immer noch keine Perspektive, welche es mir ermöglicht hätte, die Ursache dieser kollektiven Hast für mich zu klären. Einer Hast, die auf uns noch nicht ansteckend wirkte. Und so begegneten wir auch dem Aufruf des Ausbilders. Mit paßiver Opposition. Wir bewegten uns nicht schneller als nötig und bekundeten den vermeintlichen Anspruch auf Mittagsruhe durch ungehaltenes Minenspiel. Außer uns Neuen getraute sich dies offenbar sonst niemand. Ähnlicher Widerstand war bei den anderen Ausbildungskompanien nicht zu entdecken. Obwohl ich dies ahnungsvoll registrierte, gab ich mir nicht mehr Mühe als alle anderen auch. In diesen ersten Tagen bereitete es mir kein übermäßiges Kopfzerbrechen. Denn ich schnappte vereinzelte Gerüchte auf, daß sich dies auf der Farm schon von ganz von allein ändern würde.

Solche Gerüchte brachten einige Unruhe. *La Ferme*, ich weiß nicht, wie oft ich dies am Tag hörte. Jedenfalls hatte ich es satt. Ich wollte endlich hin. Jede Ausbildungskompanie verfügte über einen Bauernhof im weiteren Umkreis der Kaserne. Noch bevor wir uns richtig in der Kaserne einleben konnten, ging es zunächst für mehrere Wochen in die Pyrenäen.

Die eindeutigen Folgesymptome dieser drei Wochen konnten wir täglich beobachten. Die infizierten *Engagés Volontaires* wiesen meist einen gehetzten, alles erfassenden Blick auf; und ihnen haftete ein vermeintlich unbändiges Eigeninteresse an, die Dinge gewissenhaft und möglichst schnell auszuführen.

Die »Erreger« hatten auch Namen, beispielsweise *Bel Air* oder *La Jasse*. In unserer Falle hieß er *Raissac*.

Bis zum Ende der Woche hatte niemand ergründen können, worum es in den drei Wochen genau ging. An sich schien das magische *La Ferme* nichts Böses zu verheißen; es schien sich um eine Art ambulante Ausbildungsstätte zu handeln. Ich kramte in meiner militärischen Vergangenheit nach Vergleichen – wieder einmal wurde ich nicht fündig. Also stellte ich es mir als einen Crash-Kurs vor.

Gänzlich verkehrt lag ich nicht, denn laut »Mundfunk« war es im wahrsten Sinne des Wortes ein Crash-Kurs, einer, bei dem vermehrt Bruchlandungen zu verzeichnen waren. Allerhand Berichte über Raissac waren aus den zwei anderen Ausbildungssektionen durchgedrungen.

Die Kantine hatte sich dabei als Haupt-Umschlagplatz für Informationen entwickelt. Insbesondere die bis zu 100 Meter lange Schlange vor der Essenausgabe war für die eingeteilten Unteroffiziere so wenig überschaubar, daß sich zum Teil hitzige Diskussionen entfachten konnten.

Manchmal lauschten wir aber auch einfach nur ehrfürchtig den Erzählungen der Rekruten, die diese sagenumwobene *Ferme* bereits (üb)erlebt hatten: Die Berichte reichten von mangelhaft sanitären Einrichtungen über garstige Ausbilder bis hin zu individuellen Leidensgeschichten. Diese konnten Zuhörern offensichtlich nur unter vollem Einsatz von Mienenspiel begreifbar gemacht werden.

Zog man allerdings die üblicherweise beigemischte Portion Dramatik ab, blieb das Resultat trotzdem weiterhin bedenklich.

Mit dem Eintreffen des zweiten Kontingents aus Aubagne erreichte unsere Ausbildungs-Section eine Stärke von 54 Mann. Damit waren wir nicht nur vollzählig zur Abfahrt nach Raissac, sondern ich erfuhr auch unerwartete Neuigkeiten. Vier der acht Deutschen, deren Bekanntschaft ich in Aubagne gemacht hatte, waren demnach bereits ausgemustert oder desertiert. Keinem der Landsleute trauerte ich wirklich nach. Denn mein engerer Kameradenkreis hatte sich zu dieser Zeit bereits geschlossen und sollte so auch bis zum Ende der Grundausbildung bestehen bleiben.

Der internationalen Gruppe gehörten außer mir der Engländer Lockett, die Ungarn Mollnar und St. Peteri sowie der Amerikaner Eddi Souchon an. Hinzu gesellten sich die Kanadier Duchesne und Nicolas. Daß Duchesne die Ausbildung unter unglücklichen Umständen beenden sollte, ahnte zu diesem Zeitpunkt niemand von uns.

Momentan standen Fragen zu den kommenden Wochen im Vordergrund. Soviel Informationen wir aber auch zusammentrugen, es formte sich einfach kein Gesamtbild. Da war es also wieder: Ausschließlich mit einer *Wir-wissen-es-wenn-wir-es-getan-haben-Mentalität* ließ sich die Zukunft angehen. Eine Einstellung, welche mir hier auf lange Sicht das Leben wesentlich erleichterte.

Komplexe Zusammenhänge wurden ohnehin nicht offengelegt. Oder ich konnte sie nicht überblicken. Ob dies nun beabsichtigt war oder nicht, verdrängte das Vertrauen in mich selbst immer öfter die Unsicherheit im Umgang mit einer neuen Situation. Infolgedessen konzentrierte ich meinen Eifer wieder auf überschaubarere Dinge. Eines dieser Probleme – welches es schnellstens zu lösen galt – stellte das Benutzungsverbot für den Getränke- und Schokoladenautomaten dar. Bevor ich aber Zeit fand, dieses zu umgehen, erfolgte die Verlegung nach Raissac.

4 Raissac

(K)ein normaler Bauernhof

Wie üblich tat jeder gerade das, was eben zweckmäßig war. Der Aufbruch nach Castelnaudary stand unmittelbar bevor und wir verluden stundenlang irgendwelches Zeug. Verzögerungen gab es keine, oder nur geringfügige. Es war ein ständiges Hin und Her vor der Unterkunft; Caporal Peltonemi saß währenddessen gelassen auf einem Wassertank, der an das letzte Fahrzeug gekoppelt war und registrierte das Verladen der Seesäcke. Sein brauner Schädel war schlecht rasiert. Unter dem aus der Stirn geschobenen Barett lugte der Ansatz von Haarwuchs hervor. Sein Kampfanzug mochte ihm ursprünglich wohl gepaßt haben; jetzt ließ sich vermuten, daß die mächtigen Oberarme jeden Moment die aufgekrempelten Ärmel sprengten.

Vor dem Aufbruch empfingen wir gruppenweise unsere Waffen. Ich dachte nicht ohne Schmunzeln daran, daß ich als Bundeswehr-Unteroffizier nur allzu oft für solche Vorbereitungen verantwortlich gewesen war. Im Unterschied zu manchem meiner Kameraden hier besaß ich ein Auge für viele Probleme im Hintergrund, mit welchen sich die Ausbilder jetzt herumschlugen. Der Großteil unserer *Section* hatte noch keinerlei militärische Ausbildung erfahren, kaum jemand sprach französisch – manche verstanden es nicht einmal –, zudem kamen auf mehr als 50 Rekruten nur fünf Ausbilder.

Und trotz des zeitweisen Durcheinanders hatten sie alles im Griff, jedenfalls hielten sie die Schar von Grünschnäbeln ständig in Bewegung. Allein dies erachtete ich bereits als bemerkenswerte Leistung.

Kurz nach Mittag setzte sich unsere Fahrzeugkolonne endlich in Marsch, schließlich hatten wir zehn Tage geduldig auf diesen Moment warten müssen. Am Lkw, auf dem ich saß, hing der fahrbare Wassertank. Irgendeiner stellte die Frage zur Diskussion, wozu man denn derart viel Wasser in einem Ausbildungslager bräuchte. Machten wir möglicherweise einen so langen Marsch, daß wir den Tank brauchten? Oder gab es dort, wo wir jetzt hinfuhren, vielleicht wochenlang gar kein Wasser? Oder dauerte etwa die Fahrt so lang – ist Raissac so ...weit weg?

Der damit losgetretenen Lawine an Schwarzseherei konnte allein die Ankunft in Raissac und die damit einsetzende Hektik Einhalt gebieten.

Als sich nach und nach das Fahrtempo der Lastwagen verringerte, schlängelte sich ein befestigter Weg durch das kniehohe Gestrüpp der sanften Hügel und verschwand am Horizont.

Der Unimog schwenkte nach links. Das Getriebe quittierte den Schaltvorgang mit einem Aufheulen, der anschließende Ruck schob meine Sitzreihe zusammen. Ich stemmte die Füße fester gegen die Bordwand.

Mein Blick schweifte weit voraus, entlang des Weges, der Kette von Bäumen folgend. In etwa tausend Metern Entfernung tauchten zwei sich gegenüberstehende Gebäude auf. Die Landschaft im Umkreis war hügelig, die Hänge spärlich mit Buschwerk überzogen.

Der Hof stand in einer Senke, die Straße führte direkt in sie hinein und . . endete.

Im linken Bau klaffte ein großes Loch. Das Dach wurde nur von drei Wänden getragen. Früher mußte diese steinerne Baracke als Geräteschuppen für landwirtschaftliche Fahrzeuge gedient haben. Nichts wies auf eine militärische Nutzung hin – ein normaler Bauernhof eben. Sogleich versuchte ich mir den Gedanken vertraut zu machen, hier die nächsten drei Wochen zu verbringen.

Ich war bemüht, meine Überraschung zu verdrängen und suchte nach dem besten Schlafplatz, nach Waschgelegenheiten. Gleich würde dazu keine Zeit mehr bleiben, jede Sekunde erwartete ich die ersten Anweisungen.

Kaum standen die Fahrzeuge, hieß es »*Absitzen!*« und »*Gruppe soundso, hierher!*«. Die Kommandos gingen ineinander über. Ein geordnetes Ablegen der Gepäcke in Eigenregie war selbstverständlich.

Danach folgte ich dem Troß auf die Rückseite des kleineren Gebäudes. In einem Nebenraum waren alte Betten und Matratzen wüst bis unter die Decke gestapelt. Aus einem zweiten Raum wuchteten wir unzählige Stahlspinde. Alles erhielt einen Platz in dem großen Geräteschuppen zugewiesen, der vorn an der Straße stand. Spätestens, als wir die Bettpfosten in einer Linie ausrichten mussten, erstarb meine Hoffnung, in einem geschloßenen Gebäude untergebracht zu werden.

Wochenlang draußen zu sein – zudem bei Temperaturen, wie sie in Deutschland im November üblich sind, hatte ich bereits einmal erlebt: während des deutschen Einzelkämpfer-Lehrgangs. Ich ahnte, was mich erwartete.

Einige meiner Kameraden waren gerade 18 Jahre alt, der Ire Byrne sogar noch jünger. Mit keinem von ihnen hätte ich jetzt tauschen mögen.

Unmittelbar nach der Enttäuschung in Sachen Nachtlager nahmen meine übelsten Befürchtungen Gestalt an. Mir war an der Auffahrt unterhalb der Gebäude eine Anlage aufgefallen. Eine Tränke für Kühe wäre wohl der naheliegende Vergleich gewesen, im Grunde nicht unüblich für einen Bauernhof. Doch dafür erschien alles noch zu neu. Die gesamte Konstruktion ruhte auf einem Gestänge, das mir bis zur Hüfte reichte. Viel zu hoch für Kühe! An der Oberseite ragten aus einem Rohr mehrere Wasserhähne zu beiden Seiten. Das Ding war nicht für Kühe, das war . . . für uns!

Ich sollte recht behalten.

Am folgenden Morgen, gegen fünf Uhr, strich kalter Wind über meinen nackten Oberkörper. In der linken Hand hielt ich ein Handtuch, rechts den Waschbeutel. Der Zug formierte sich vor dem Geräteschuppen. Und das dauerte diesen Morgen besonders lange, wie ich fand. Ich starrte in die Dunkelheit, den Weg hinunter in die Richtung, die *Caporal* Peltonemi für den Marsch angegeben hatte. In 50 Metern Entfernung schimmerte die Konstruktion deutlich durch das Dunkel. Unser »Badezimmer« ruhte immer noch auf diesem Gestänge, das mir bis zur Hüfte reichte.

Im Laufschritt trabte die verschlafene Meute zur Morgentoilette. 50 Mann drängelten um den blechernen Waschtrog, es wurde geflucht, das Ding wackelte bei dem Geschubse. Tuben mit Rasiercreme fielen in das abfließende Dreckwasser. Der Boden war zu Schlamm getreten, in der Finsternis versuchte ich eine der halbwegs trockenen Raseninseln zu erwischen, um nicht im Matsch zu versinken. Einweg-Rasierer fielen zu Boden, es war noch duster, Licht gab es keines.

In Reichweite eines Wasserhahns verteilte ich die notwendigen Utensilien soweit möglich. Ich setzte eben den Rasierer an als eine Ausbilderstimme lautstark die verbleibende Zeit ankündigte: »*Deux minutes!*«. »Los, Beeilung!« ergänzte er – als ob zwei Minuten noch Spielraum zum Trödeln gegeben hätten.

Mittlerweile teilte ich den Wasserhahn mit vier anderen, die Dunkelheit machte das Chaos komplett. Meine Dose Rasierschaum fiel mit lautem Poltern in dem Waschtrog – na, wenigstens nicht in den Schlamm. Den weißen Schaum hatte ich im Gesicht verteilt; mein Metallspiegel steckte noch irgendwo im Seesack. Aber ich hätte ja ohnehin nicht viel darin erkannt; es war immer noch stockdunkel.

Nach der Blitzrasur steckte ich den Kopf kurz unter das eiskalte Wasser. Spätestens jetzt war ich wach.

Mehrere Nachzügler überzogen die festgesetzten zwei Minuten. Von Flüchen und Befehlen getrieben, legten sie die etwa 100 Meter zur Unterkunft im Laufschritt zurück: »*Rapidement, rapidement!*« Also machten sie noch schneller; niemand riskierte es, weitere Sanktionen zu provozieren.

Auch am zweiten Morgen befiel die feuchte Kälte jedes Stück nackte Haut, das man ihr bot. Die Scheune hatte nur drei Wände. Der Wind zog durch den Schuppen; nicht besonders stark, dafür aber beständig und klamm. Die Betten standen unter dieser besseren Überdachung ordentlich aufgereiht, zumindest vor Regen waren wir geschützt. Was die Plätze an der offenen Seite anging, war ich mir da allerdings nicht so sicher.

Es war ein unerwarteter Kälteschlag, der die Aufsteher beim Öffnen des Schlafsacks traf. Fröstelnd und verschlafen stieg ich in die Kleidung. Eine Socke fiel auf den staubigen Boden. Ich griff nach den Waschutensilien und reihte mich in die Formation auf dem Weg vor der Scheune. Ein kurzer Dauerlauf zum Waschtrog gab mir Gelegenheit, meinem Körper den Dienstbeginn zu signalisieren.

Das allmorgendliche Antreten unterlag gewissen Schwankungen. Wahrhaftig chaotische Züge nahm die Szenerie im Verlauf zunehmender Ausbildungsbelastung an. Einige kamen schon am dritten Tag nicht mehr aus dem Schlafsack, mußten angetrieben werden. Andere verzettelten sich auf der Suche nach Waschzeug, oder erschienen im Unterhemd, während der Rest der *Section* mit freiem Oberkörper dastand. Schon nach Tagen spitzte sich die

Lage zu, nur noch widerwillig fügten sich einige den Anweisungen der Vorgesetzten – dunkle Gewitterwolken brauten sich über uns zusammen.

Nicht nur, daß sich die Ausbilder zunehmend um Disziplin bemühen mußten; nach einigen Tagen – und Nächten – konnten die Rebellen von einem *Caporal* alleine nicht mehr bewältigt werden. Jemand mußte schließlich dafür sorgen, daß Nachzügler zur Eile angetrieben wurden, während der Rest auf der Straße frierend auf sie wartete. Anfänglich lösten sich die Ausbilder zu ihrer Entlastung noch täglich ab. Jetzt aber brachten einzelne Quertreiber sie um ihre Wechseldienste – der Wind war gesät.

Die Tage kamen und gingen, ebenso wie die Disziplin. Besonders das Wecken artete in regelmäßigen Abständen zu einem wahren Schauspiel aus: Ein Pfiff. Die Nacht war vorbei. Gemurmel schwoll im Schuppen an. Die Stahltüren der Spinde schlugen früh morgens scheinbar doppelt laut. Beschimpfungen waren zu hören. Lichtkegel tanzten zwischen den Aufbauten umher, auf der Suche nach verloren gegangener Kleidung oder auch kleineren Utensilien, die der staubige Boden verschluckt hatte. Manch einer wühlte verschlafen in einem fremden Spind, fand trotz energischem Fluchen seinen Waschbeutel nicht. Mein Bettnachbar stieg eines Morgens sogar irrtümlich in meine Stiefel. Erfreulicherweise paßte er aber nicht hinein.

Stand ich zu guter Letzt dann auf der Straße, so erschienen abermals Nachzügler. Die Letzten traf dann der geballte Zorn. Drohungen für den Wiederholungsfall wurden im Kameradenkreise von allen Seiten laut. Es war schließlich arschkalt hier draußen – da zählten schon einige Minuten.

Ein meist uneinheitlich gekleideter Haufen sammelte sich auf der Straße. Der wartende *Caporal* war kurz davor, seine Geduld zu verlieren – und verlor sie meist auch. Unter wilden Flüchen sprengte Peltonemi die Formation wieder – wir sollen uns endlich zu einem einheitlichen Bild ordnen. War dies dann der Fall, bemühten sich 54 zitternde Gestalten um ein rasches Durchzählen. Das Gesamtbild sprach dem einer Elitetruppe Hohn. Vielmehr erinnerte es an Erstkläßler, in deren Klassenzimmer Feuer ausgebrochen war.

Hiernach konnte die Morgentoilette folgen. Anschließend Rasur-Kontrolle. *Caporal* Peltonemi hielt einen Wattebausch in der Hand. Im Halbdunkel stiefelte er wortlos durch die Reihen und fuhr einem nach dem anderen mit der Watte durchs Gesicht. Es wurde unbehaglich still. Wenn die Rasur nicht einwandfrei war, blieben lange Flusen an den Bartstoppeln hängen. Peltonemi sagte kein Wort, aber wer entlarvt wurde, rannte unaufgefordert los, um den Mangel sofort abzustellen.

Mein Nebenmann kramte derweil hastig in seiner Beintasche. Noch bevor der *Caporal* ihn erwischte und ihn ebenfalls als *Clochard* (Penner) bloßstellte, holte er einen Rasierer hervor und begann heimlich, sich die restlichen Borsten trocken aus seinem Gesicht zu kratzen.

150 Jahre Erfahrung und andere Alpträume

Die infanteristische Ausbildung entsprach im großen und ganzen jener der Bundeswehr. Zumindest strategisch gab es Parallelen. Dennoch: die Methoden, Dinge zu vermitteln, waren gänzlich anders. Wenn ich so an meine Grundausbildung zurückdachte, stellte ich hier zwei wesentliche Unterschiede fest. Zum einen war es die Einheitlichkeit. Man konnte jetzt, hier und heute etwas von einem *Sergent* vermittelt bekommen; und morgen, irgendwo an ganz anderer Stelle, hatte man es mit einen anderen Vorgesetzten zu tun, der er es haargenau gleich vorführte. Zum anderen war es die Einfachheit, eine, die ich fast schon als lächerlich empfand. Dafür funktionierte es. Ich fühlte mich mit weit weniger theoretischer Last überfrachtet als bei der Bundeswehr. Bei der Legion gab es keine langen Diskussionen über irgendwelche Belanglosigkeiten, die sich meist darum drehten, ob diese und jene Sache taktisch vertretbar war. Niemand scherte sich darum, ob die Trageweise des Sturmgewehrs mit der Divisions-Gefechtslage übereinstimmte.

Für mich als Schützen gab es da keine bleiernen Lasten, welche meine Entscheidungsfreudigkeit in die Knie zwangen. Hier besaß man Mut zur Lücke – das Ergebnis zählte. Von unseren Fortschritten war ich beeindruckt. Das soldatische Gesamtbild rundete sich ab.

Es war allerdings auch die Angst vor drakonischen Strafen, welche unser straffes Korsett schnürte. Der sonst väterliche *Sergent-chef* Colin konnte sich bei Verstößen in einen aufbrausenden Goliath verwandeln. Die Zwei-Meter-Gestalt wurde dann zum personifizierten Alptraum aller, die sich im Wirkungsbereich der mächtigen Arme und Beine aufhielten. Eines Abends, gegen 22 Uhr, pferchte er die *Section* in einen kleinen Unterrichtsraum. Nach 17 Stunden Dienst in der Kälte rückten wir in ein überheiztes Schulungszimmer ein. Abrupt wurde auch ich von Müdigkeit übermannt.

Colin wollte uns Singen hören. Einige mißverstanden diese Gesangproben als willkommene Pausen vom anstrengenden Tag. Wir waren unkonzentriert, manch einer nickte sogar ein. Colin ließ uns aufstehen, brüllte, fluchte – was er eigentlich immer tat. Und er schleuderte spitze Stücke eines Besenstiels, den er kurz zuvor auf dem Tisch zerschlagen hatte, nach uns. Es half alles nicht viel. Die Wirkung seiner Ausbrüche hielt nicht lange vor – es war diese Hitze in der Bude. Dann hatte er genug. Er warf uns hinaus, wir sollen sofort antreten – sofort! Wir fröstelten im Nieselregen, standen mucksmäuschenstill in der Dunkelheit. »*Marche canard!*« zischte er.

Dies war seine gleichermaßen bevozugte wie gefürchtete Erziehungsmethode. In Abwandlung des allgemein bekannten Entengangs mußten wir zusätzlich die Hände im Nacken verschränkten, ganz wie Gefangene.

Während ich mich unbeholfen fortbewegte, hatte ich alle Mühe, noch Balance zu halten; die Entkräftung wirkte sich aus. Die Beinmuskulatur brannte schon nach wenigen Metern wie Feuer. Wir watschelten die Straße auf und ab und gaben uns alle Mühe, die befohlenen Marschlieder in korrekter Tonlage wiederzugeben.

Zwei Ausbildungswochen genügten vollauf, um Gedanken an Desertion aufkeimen zu lassen. Aber wie alle anderen hatte ich keine Ahnung, wo genau wir uns befanden. Wohin sollte man schon rennen? Nach Spanien etwa? Der Rest meines Vermögens belief sich auf etwa 80 Franc. Wie weit würde ich damit kommen? Und ich hatte keinerlei Ausweispapiere. Konnte ich auf die Hilfe der Bevölkerung rechnen, oder bekamen sie vielleicht ...Kopfgeld? Ein derartiges Unternehmen erschien unter diesen Rahmenbedingungen fast aussichtslos. Übereinstimmend kamen wir zum Urteil, daß die Umstände eine Flucht so wahnwitzig erscheinen ließen wie zu keinem anderen möglichen Zeitpunkt. Und was würde wohl passieren, wenn man uns wieder einfinge? Nicht auszudenken. Wir spekulierten über die Grausamkeiten, denen wir ausgesetzt sein würden. Auf welche Weise wir es auch angingen, unsere Gedankenspiele scheiterten. Nein, es war sicherlich gefahrloser, die Ausbildung so gut als möglich hinter sich zu bringen. So beschlossen wir es an diesem Tage – im verschwörerischen Kreise einer kleinen Gruppe von Kameraden.

Nicht alle schienen ihre Chancen für ein erfolgreiches Entkommen vernünftig abgewogen zu haben. Williams und Bradley, zwei jungenhafte Engländer, machten sich eines Nachts aus dem Staub. Als die Nachricht die Runde machte, daß die *Section* um zwei Dummköpfe geschrumpft sei, verfolgten wir mit Spannung die kommenden Ereignisse. Zunächst galt es aber, detaillierte Informationen über diesen Skandal in Erfahrung zu bringen. Viel später erst, nachdem sie wieder gefaßt waren, erfuhr ich von Williams die Einzelheiten:

In der besagten Nacht waren die üblichen Streifen eingeteilt worden, welche sich stündlich ablösten. Die *Wachen* waren eigene Kameraden, aber würden sie Williams und Bradley gehen lassen? Dieses Risiko wollten sie nicht eingehen. Sie mußten sich also herausschleichen, an der Streife vorbei, sobald diese sich auf der Rückseite des Gebäudes befand.

Zwischen fünf und sechs Uhr morgens begann bereits der Dienst; wenn sie also einen Vorsprung erreichen wollten, müßte alles früher über die Bühne gehen. Sie einigten sich auf drei Uhr. Bradley, der um zwei Uhr als Wache eingeteilt war, sollte Williams nach seinem Streifendienst wecken. Als entscheidenden Vorteil ihres Plans sahen sie den mehrstündigen Vorsprung an, der sich dadurch gewinnen ließ.

Bradley trat also seinen Wachdienst wie geplant an. Er war danach aber so müde, daß er sich noch einmal in den Schlafsack legte. Er verschlief. Von Panik getrieben wachte er auf und weckte Williams, der von der Verspätung nichts ahnte – es war schließlich immer noch dunkel.

Wie verabredet lief Bradley zunächst die 200 Meter hinauf zur Latrine. Williams folgte ihm kurz darauf. Kaum waren beide der Latrine angekommen, ertönte der allmorgendliche Weckruf. Eine Höllenangst packte die Deserteure; sie sahen keinen anderen Ausweg mehr und liefen los, Hals über Kopf.

Was darauf folgte, mußte den Häschern als wahres Feuerwerk von Possen erschienen sein. Nach kurzer Zeit schon stellten die Flüchtigen fest, daß sie während des überstürzten Aufbruchs ihre Geldbörse mit allen Ersparnissen verloren hatten. Sie waren allein und ohne Geld, inmitten der Pyrenäen; sie

kannten die Gegend nicht, sie besaßen weder Karte oder Kompaß, ge-
schweige denn zivile Kleidung. Stundenlang irrten sie ziellos durch die Wälder. Dann trafen sie auf eine Landstraße. Die Fahrt per Anhalter schien die
letzte Möglichkeit zu sein, den Vorsprung wieder aufzuholen.

Prompt hielt ein freundlicher Autofahrer, der Williams und Bradley seine
Hilfe anbot und sie mitnahm. Dem Fahrer schilderten sie ausführlich ihre ganze
Leidensgeschichte, da sie sich weitere Hilfe von ihm erhofften.

Der Fahrer war Offizier der Fremdenlegion. Er brachte die Glücklosen geradewegs zum nächsten Militärposten.

Für uns im Lager ging unterdessen der tägliche Dienst voran. *Adjudant*
Rosa-Fatela führte die *Section* an diesem Nachmittag bei einer Gefechtsübung. Im war gerade damit beschäftigt, den rechten Wegesrand nach einem
imaginären Feind abzusuchen, als die Übung unterbrochen wurde.

Zunächst erkannte ich unseren Zugführer, der mit ernster Miene den Waldweg hinaufeilte. Als nächstes erblickte ich eine Gestalt, deren hochgewachsene Statur durch das weiße Képi noch unterstrichen wurde. Begleitet wurde

Die beiden Deserteure waren mit Handschellen aneinander gefesselt.

sie von einem wesentlich kürzeren, dafür aber um so kräftigeren *Sergent*. Mit den Schlagstöcken, die sie bedrohlich in den Händen schwenkten, schienen beide am Boden nach etwas zu suchen. Die Militärpolizisten kamen näher. Sie trieben Williams und Bradley kriechend vor sich her. Fassungslose Gesichter säumten den Wegesrand.

Der *Sergent* und der hochgewachsene »Kettenhund« blickten abwechselnd auf die am Boden Robbenden und dann wieder ermahnend in jedes einzelne Gesicht der den Wegesrand säumenden Rekruten. Die beiden Deserteure hatten alle Mühe, auf dem vom Regen aufgeweichten Waldweg voranzukommen – sie waren mit Handschellen aneinander gefesselt. Über ihren Trainingsanzügen trugen sie Parkas, die sich mit einer braunen Masse aus Wasser und Schlamm vollgesogen hatten. Fußtritte der Militärpolizisten stellten ein gleichbleibendes Kriechtempo sicher. Als die Prozession an mir vorüberzog, sprach mich der hünenhafte Feldgendarm an. Ich konnte ihm glaubhaft erklären, daß ich an Desertion nicht mal im Traum denken würde.

An der (Hygiene-)Front

Streß und körperliche Anstrengung hatten den meisten von uns schon schwer genug zu schaffen gemacht. Ausgerechnet jetzt, in der letzten Woche, setzte einigen auch noch ein Virus schwer zu. Wir waren inzwischen alle ein paar Kilo leichter, manch einer dünn und hager geworden. Eine allgemeine Mattigkeit der »Belegschaft« machte sich spürbar.

Eines Nachts riß mich ein starker Brechreiz aus dem Schlaf. Ich fand gerade noch Zeit, den Schlafsack zu öffnen, dann landete das Abendessen auch schon auf dem staubigen Scheunenboden.

Für den folgenden Tag war ich ausgeschaltet. Rosa-Fatela begutachtete meine wohl jämmerliche Erscheinung an diesem Morgen und sagte mir, ich solle im Bett bleiben. Zu mehr wäre ich wohl auch nicht imstande gewesen. Ich schlief fast zwölf Stunden durch. Anderen schlug die Infektion auf den Magen. Zwei Drittel der *Section* lief für den Rest der Woche ständig mit einer Rolle Toilettenpapier umher, es wurde schnell zur gesuchten Mangelware. Und es gab bis Castelnaudary scheinbar keinen Nachschub.

Ich wußte, daß unabhängige Operationen – abseits großer Verbände und deren Versorgung – typisch für diese Armee war. Daß dabei aber, zudem in Friedenszeiten, auch Dinge wie Toilettenpapier zum entbehrlichen Nachschub gehören sollten, hielt ich für ungeheuerlich.

Verschiedene Ereignisse hatten mich bereits vor der Abfahrt aus Castelnaudary zu der Erkenntnis kommen lassen, daß es das beste wäre, auf sich selbst zu verlassen. Hilf Dir selbst, lautete ein ungeschriebener Kodex. Über die Tragweite dieser Vorausplanung war ich mir aber erst in diesem Moment klar geworden. Mit der eigenen Rolle Toilettenpapier im Rucksack schuf ich mir ein Stück Unabhängigkeit.

So jedenfalls ersparte ich mir jetzt – wenn ich schon öfter Mal aufs Klo mußte – das lästige Betteln um ein Paar Blätter. Es ging schließlich um wertvolle Minuten.

Mein Frühstück schlang ich an diesen Tagen schneller herunter. Nur so ließ sich die Zeit wettmachen, welche ich durch die vermehrten Toiletten-Gänge verlor.

Der eigentliche Weg auf die Latrine war nicht etwa freudige Erleichterung des Magens, sondern eine eher lästige Angelegenheit. 200 Meter abseits der Scheune war eine Grube ausgehoben worden, vielleicht fünf Meter lang, einen Meter breit und zwei Meter tief. Das Ganze war mit Wellblech eingeschalt. Vor dem Eingang und an einigen Stellen im Inneren hing Sackleinen – ein dürftiger Schutz gegen den kalten Wind. Die Grube selbst war der Länge nach mit Holzbohlen bedeckt. In gleichmäßigen Abständen waren Löcher in die Bretter gesägt, durchaus wie man sie in französischen Toiletten vorfand. Nur hier gab es weder Haltegriffe noch eine Spülung der herkömmlichen französischen Abort-Version. Nicht alle Kameraden schienen so zielsicher, um immer durch die vorgesehene Öffnung in den Brettern zu treffen...

Abgesehen von den wenig angenehmen Temperaturen stank es obendrein bestialisch. Wenn immer es also machbar war, mied ich den Gang zur Latrine oder versuchte wenigstens, solche Zeiten abzupassen, in denen für gewöhnlich weniger Betrieb herrschte.

Der kursierende Krankheitserreger hatte die mißliche Versorgungslage natürlich noch verschlimmert. Zeiten ohne Betrieb gab es nun kaum noch. Mindestens zwei Mal täglich lief ich also den kleinen Trampelpfad hinauf, über die Wiese und schlüpfte am Leinensack vorbei, der den Gestank drinnen hielt. Einen Meter entfernt hockte bereits Vidàl. *»Putain de dégueulasse!«* »Achte darauf, wo du hintrittst, Schumascher«. Die Kunst bestand darin, in der Dunkelheit zwischen Schlamm und dem, was das Loch verfehlt hatte, zu unterscheiden.

Gleich nach mir tauchte der hochnäsige Lambert auf. Ich hockte bereits, neben Vidàl. Keinen Meter von uns entfernt, baute sich Lambert breitbeinig vor dem Loch auf und begann zu pinkeln: »Guck dir das an Schumascher. Da liegen Socken, oben auf dem Berg Scheiße!« »Hab ich gesehen«, schaltete sich Vidàl ein, »und Hemden, und Putzlappen, äh, die Schweine«. Tatsächlich waren in der Grube vereinzelt auch so schwer ersetzbare Dinge wie Putzlappen oder gar Unterhemden zu erahnen.

Ich schickte mich an zu gehen. »Hast du noch Papier Schu'?« wollte Vidàl wissen. Ich wartete einen Moment, bis Lambert draußen war und warf ihm die Papierrolle zu. *»Putain*, Schumascher! Eine ganze Rolle«, sagte er euphorisch grinsend. »Behalt es für Dich – Okay?« »Klar. Du bist vielleicht 'ne Partie, Schu'«.

Wie die Latrine, so war auch die Dusche dem kalten Wind schutzlos ausgesetzt: Auf einer erhöhten, grasbedeckten Stelle stand das Gebilde – 100 Meter von der Scheune entfernt. Etwa jeden zweiten Tag, meist nach längeren Läufen, bekamen wir Gelegenheit zu einer solchen Brause. Die Bezeichnung

Dusche konnte ich allenfalls mit dem Waschvorgang, nicht aber mit der primitiven Einrichtung übereinbringen. Denn das, was ich unter einer Dusche verstand, hatte mit diesem Apparat nicht viel gemein.

Wellblechplatten wurden von einem Rahmen aus Pfählen und Latten gehalten. Bei Tageslicht hätte man es durchaus als Garage für ein exotisches Gefährt mißverstehen können. In der Dämmerung erinnerte die Silhouette an eine kleine Lokomotive. Etwa dort, wo der Führerstand der Lokomotive hätte sein können, stand ein großer Wassertank. Ein lärmender Generator pumpte warmes Wasser.

An besonders zugigen Tagen griff der Wind in die durchlässigen Bleche, verwandelten Böen die Konstruktion in ein donnerndes Ungetüm.

Im Innenraum waren hölzerne Paletten über den schlammigen Boden verteilt. An der Stirnseite (im vorderen Bereich der Lok) markierte eine Sitzbank den Umkleidebereich. Bis zu zehn Leiber drängten sich auf dem fünf mal fünf Meter großen Raum.

Genau wie heute auch. Eine schlüpfrige Kombination aus Wasser, Dreck und Seife zwang mich auf den Paletten zu stetiger Suche nach Halt. Soeben erlöste mich eine warme Brause – aus vergammelten Duschköpfen unter der Decke – vom kalten Wind, der durch alle Ritzen zog. Ich bückte mich nach dem kantigen Stück Kernseife, das zwischen meinen Füßen lag. Das Wasser stockte, noch während ich den unhandlichen Block in beiden Händen drehte. »Einseifen!« herrschte der Unteroffizier, nicht ohne Hohn in der Stimme. Meine Seife verabschiedete sich im gleichen Moment zwischen zwei Holzplanken.

Endlich war ich eingeschäumt; neben anderen bibbernden Gestalten wartete ich auf die warme Erlösung. »Noch zwei Minuten!« Die Brausen spuckten, ein erneuter Guß folgte.

Die nächste Gruppe drängte bereits nach. Fertig. Ich langte außerhalb des Duschbereiches nach meinem Handtuch. Ein Fehltritt in den aufgeweichten Grasboden machte die Fußwäsche zunichte. Der Ärger über das Ungeschick rückte aber gleich in den Hintergrund, denn meine Kleidung war mittlerweile im Umkleideraum verteilt – dankbar erkannte ich wenigstens schon meine Sportschuhe am anderen Ende des Raumes.

Die unbegrenzten Vorräte der Ausbilder

Mit Einbruch der Dunkelheit endete zwar der Dienst, der Tag hingegen war für uns noch lange nicht vorbei. Bereits seit Wochen zeigten sich die Vorgesetzten bemüht, jede Unterhaltung in nicht französischer Sprache auszumerzen. So erschien es mir beinahe schon fremd, jetzt meinen eigenen deutschen Gesang zu hören. Ich stand etwas steif inmitten dreier deutscher Kameraden und brüllte aus vollem Herzen – zur Belustigung der *Section*. »Hoch auf dem gääälben Wagen...«, schallte es durch die alte Scheune. Wir waren Bestandteil eines Unterhaltungsprogramms; ein für die jeweilige Nationalität typisches

Volkslied sollte vorgetragen werden. Die *Caporeaux*, Keller und Peltonemi, schienen über einen unerschöpflichen Vorrat an Späßen zu verfügen.

Die Ungarn, zahlenmäßig im Vorteil, hatten ihre Darbietung kurz zuvor bühnenreif aufgeführt, wie eine Riege *Can-Can-Girls*. Ohne lange vorherige Absprachen brachten sie den gesamten Laden derart in Schwung, daß unsere Vorstellung nun etwas an Farbe verlor. Ein wenig peinlich berührt ernteten wir dennoch verhaltenen Applaus. Zumindest konnte ich mich glücklich schätzen, daß ich das Ständchen nicht hatte allein bringen müssen, wie etwa der Este Kadde.

Ich beneidete Kadde nicht, der nun mit hochrotem Kopf in über hundert erwartungsvolle Augen blickte und sich alle Mühe gab, diesen Auftritt möglichst schnell hinter sich zu bringen.

Zeitweise fand ich mich in Situationen wieder, welche dicht an der Grenze zur Veralberung lagen. Nicht immer war ich mir sicher, ob manche Dinge tatsächlich Teil einer professionellen Ausbildung darstellten. Gelegentlich entstand der Eindruck, daß unsere Fähigkeit getestet werden sollte, einen Schwindel möglichst früh erkennen zu können. Einziger Vorteil war: Leerlauf gab es nicht.

Sergent Briot beispielsweise, übernahm an einem Tag scheinbar wahllos einige Leute. Ich organisierte gerade meinen Spind, als *Caporal* Keller mich und etwa zehn gerade greifbare *Engagés* ohne erkennbares Konzept hinter die Scheune schickte.

Ohne die geringste Vorstellung davon zu besitzen, worum es ging, griff ich vorsorglich mein Barett und legte das Koppel an – wer wußte schon, wie lange es dauern würde. Zügigen Schrittes setzte ich mich in Bewegung, *Sergent* Briot wartete bereits.

Die Kameraden, die sich mit mir einfanden, mochten sich ähnliche Fragen gestellt haben. Ihr verständnisloser Ausdruck im Gesicht verriet, was mein Binôme Vidàl auf den Punkt brachte:»Was soll die Scheiße bloß wieder, die haben wohl Angst, daß wir uns langweilen«.

Sergent Briot war mit der Vorbereitung seiner Lektion beschäftigt; er wies die Ankommenden an, möglichst viele Äste zu sammeln. Nach einigen Minuten ging mir dann auch auf, daß es keineswegs darum ging, Feuerholz zu sammeln. Briot demonstrierte tatsächlich, hier inmitten der Pyrenäen, den Lagerbau in Sumpfgebieten. Er demonstrierte, wie man einen wirksamen Schutz gegen Bodenfeuchtigkeit für das Nachtlager schaffen konnte. Unbestreitbar war die Vorführung etwas ulkig, die Person Briot war allerdings immer ein Ereignis für sich: Er war nicht sonderlich groß geraten; Briot überragte mich nur um einige Zentimeter. Aber es hatte den Anschein, als wäre seine Masse ursprünglich für eine Körpergröße von zwei Metern vorgesehen gewesen. Irgendwie aber schien er sich ohne Einverständnis seines Körpers entschlossen zu haben, nicht weiter wachsen zu wollen. Nur so konnte all diese Ballung in seinen Beinen und dem Oberkörper zustande gekommen zu sein – gewissermaßen nur aufbewahrt, bis er wieder zu wachsen gewillt war. Gewiß hatte selbst die Legion Probleme, für seine Statur die passende Kleidung zu finden. Wenn auch die Paradeuniform eine Maßanfertigung sein mochte, gab es für uns keine weiteren Unterschiede zur regulären Armee, was die Gefechtsausrüstung anging.

Briots eiförmige Kopfform wurde noch durch den extrem kurzen Haarschnitt unterstrichen. Die Augen in dem pockennarbigen Gesicht waren zu kleinen Schlitzen verengt. Er machte beiläufige Bemerkungen (...und dabei haben wir damals einen Mann verloren), die darauf schließen ließen, wie lange er bereits diesem Verein diente.

Außer seinem Dienstgrad vermittelte Briots Stimme schon eine gewisse Autorität. Diese klang, als hätte er bereits Whisky über die Muttermilch eingesogen. Er lachte so gut wie nie. Und noch seltener hörte ich das übliche Geplapper über den *bon Légionnaire* aus seinem Mund.

Wann immer ich ihn beobachtete – sein Handeln war von einer geradezu verbitterten Ernsthaftigkeit geprägt. Wenn er sprach, dann tat er es, als spräche er allein für sich selber. Als wolle er nur eben etwas zeigen, damit er gleich anschließend – möglichst schnell – in seine ganz eigene Welt zurückkehren konnte...

Insgesamt vermittelte der *Sergent* doch eine recht legere Erscheinung, ohne dabei aber schlacksig zu wirken. Der gedrungene Brustkorb und seine breiten Schenkel hinderten ihn keineswegs an katzenhaften Bewegungen.

Briot hinterließ bei mir den Eindruck, daß der zivile Teil, den er beim Eintritt in die Legion zurückgelassen hatte, sein Legionärsleben als annehmbaren Job erscheinen ließ.

Ein deutliches Bild

Mein Job bestand zur Zeit noch daraus, mir aus dem theoretischem Allerlei der täglichen Unterrichte das Wissen einzuprägen, welches für die Prüfung wirklich wichtig war. Das *CTE (Certificat Technique Elémentaire)* war nicht viel anders angelegt als die bei der Bundeswehr übliche Rekrutenprüfung. Jedoch erfuhren wir nicht in allen Fällen, ob geforderte Kenntnisse Gegenstand einer Beurteilung sein konnten oder nicht. Viele Ergebnisse flossen auch unauffällig in die Akten. Im Nachhinein war es sogar so, daß es scheinbar keinen Moment gegeben hätte, in dem man nicht irgendwie beobachtet und beurteilt worden war.

Von diesen Beobachtungen ahnte ich aber in Raissac noch nichts; indessen legte ich mein zweites *Petit Carnet* an. Dieses kleine Notizbuch bestand aus einem Spiralblock, der etwa die Ausmaße einer Handfläche besaß. Hierin dokumentierte ich die Unterrichtsinhalte und, wenn sich Gelegenheit dazu ergab, auch Teile der Gefechtsausbildung. Denn diese wurde stets ohne vorangegangenen Unterricht, direkt am Objekt oder vor Ort demonstriert. Einmal kurz gezeigt, setzten wir alles sogleich in die Praxis um.

Diese Praxis bestand dann meist daraus, daß wir einen der an den Hof grenzenden Hügel bestiegen. Oben angekommen, wurden wir zunächst Zeugen einer Vorführung. Diese begann damit, daß *Caporal* Keller irgendwo aus dem Gebüsch kam und mit übertrieben konzentriertem Blick vor uns entlang marschierte.

Sein FAMAS-Sturmgewehr hielt er quer vor der Hüfte, mit der Mündung nach unten. Aus der anderen Richtung, in etwa 50 Metern Entfernung, knallte ein Schuß – fast gleichzeitig feuerte Keller aus der Hüfte zurück. Ungeheuer flink hatte er dazu eine Position eingenommen, als würde er auf dem Rücken eines Pferdes sitzen. Er blickte entschlossen in die Richtung, aus welcher der Schuß gekommen war. Noch einmal blitzte Mündungsfeuer aus dem entfernten Gebüsch. Keller hatte sich bereits aufgerichtet. Die Waffe dieses Mal in der Schulter abgestützt, gab er einige schnelle Einzelschüsse ab. Erst hiernach warf er sich auf den Boden. In diesem Moment ging er zu dem Teil über, der gemäß Bundeswehr-Ausbildungspraktik hätte am Anfang kommen sollen.

Keller lag jetzt hinter einem kleinen Felsen, der einen halben Meter aus dem Boden ragte. Das angewinkelte rechte Bein verschaffte ihm eine etwas erhöhte Position, um noch einige gezielte Schüsse abgeben zu können. Aus dem Gebüsch kamen immer noch vereinzelte Schüsse, doch da robbte Keller schon, das Ziel links umgehend, in die nächste Deckung. Als er gerade zum Angriff übergehen wollte, brach der *Adjudant* die Vorstellung ab. »Gesehen?« fragte Rosa-Fatela überflüssiger Weise. Gesehen hatte ich vor allem, daß der *Caporal* sich nicht durch das Feuer hatte in Deckung zwingen lassen. Dieses Vorgehen war recht wirksam, wenn eine gesamte Gruppe oder gar *Section* auf diese Weise reagierte. Dieser Vorgehensweise mußte eine Gegenpartei schon ordentlich Feuer entgegensetzen, um nicht gleich überrannt zu werden.

Adjudant Rosa-Fatela brachte zudem noch ein anderes Argument vor, welches einleuchtete: »Wenn ihr euch gleich in Deckung werft, dann seht ihr nicht mehr, was ihr angreifen müßt – klar?« Kurz und knapp schloß er noch mit einigen wenigen Hinweisen auf den Ablauf. So würde es in Zukunft gemacht, da gab es auch keine Diskussion – Fragen hatte niemand.

Wir schwenkten lückenlos über zum nächsten Part: Karte und Kompaß.

Auf den Zeitpunkt, wo an jeden eine Karte plus Marschkompaß ausgegeben wurde, warteten wir vergebens – den Gesichtern nach zu urteilen, einige offensichtlich mehr als andere. Rosa-Fatela erzählte gerade soviel, daß jemand ohne Vorkenntnis in übersichtlichem Gelände von A nach B finden konnte.

Um das theoretische Wissen zu erproben, bekamen wir eine kurze Einführung, wie man den eigenen Standort ermittelt, welche Anwendungsmöglichkeiten der Kompaß bietet und auf welche Weise wir beim Orientieren Geländepunkte nutzen konnten.

Es erstaunte mich dabei immer wieder, wie jemand mit zwölf Jahren Dienstzeit ständig zu dieser Einfachheit zurückkehren konnte. Grundausbildung gleich Grundwissen – nicht mehr, Punkt.

Anflüge von Wissensdurst endeten meist mit einem verheißungsvollen »Das erfährst du schon früh genug«. Als hätte sich der gesamte Club verbündet, griff keiner der Ausbilder vor. Uns wurde strikt nur eine Basisausbildung zuteil, den Rest konnten wir uns dann selbst zusammenreimen... Ich hatte Unterrichte stets nur so kennengelernt, daß ein Ausbilder vorne stand und erzählte, erzählte und erzählte. Aber wie viel davon behielt ich am Ende? Recht viel. Nur wozu sollte ich – ich als Schütze – haarklein jede Handlung begründen können? Je weniger gesagt wurde, um so mehr gewöhnte ich mich daran, zunächst einmal zu handeln. Die Diskussion hierzu fand ohnehin außerhalb der Übung statt.

Niemand kam mit taktischen Haarspaltereien; diese konnte man später mit sich selbst ausfechten.

War es nicht sogar so, daß andere, die weit weniger Erfahrung besaßen, sich taktisch ebenso zweckmäßig bewegten wie ich? Ich fragte mich, ob dies wohl ein Nebeneffekt gerade davon war, daß so wenig gesagt wurde – wurden wir dadurch am Ende noch selbständig? Die Ergebnisse sprachen jedenfalls für sich. Es schien sogar, als sei diese Selbsterfahrung bewußt so vorgesehen.

Beim nächsten Ausbildungsabschnitt an diesem Tag konnte ich bereits Erfahrungen vorweisen. Während der werdende *Caporal* Truster begann, einen aus unserer Gruppe zu schminken, blätterte ich in meinem Notizbuch nach dem Kapitel Tarnung. Bis Truster fertig war, konnte ich einige Notizen überfliegen. FAMAS stand da. Die Buchstaben untereinander; rechts daneben die Erklärung zu dem Kürzel: *Fusil d'Assaut de la Manufacture d'Armes de St. Etienne*. Das Sturmgewehr kam also aus der Waffenfabrik St. Etienne. Rosa-Fatela hatte zwar einmal danach gefragt, aber das war mehr nebensächlich geschehen. Eher diente solches Wissen wohl der Förderung unserer Französischkenntnisse.

Den menschlichen Körper hatte ich auf eine weitere Seite gemalt. Die internen und externen Organen hatte ich beschriftet. Schließlich mußte ich diese benennen können – wie sollte ich sonst dem Arzt sagen, wo mich der Schuh drückte?

Eine Seite weiter: die Visierlinie – Handwerkszeug. Die Beschreibung rappelte ich mittlerweile im Schlaf herunter.

Truster begann mit seinen Ausführungen. Seine Testperson war nach und nach mit den Büschen im Hintergrund verschmolzen. »Also, daß Prinzip heißt FOMEC«. Wofür die Buchstaben standen, wollte er wissen. Er fragte in die Runde. Ich schlug die Seite in meiner Kladde auf. Jede Armee besaß ihre eigenen Kurzworte, die Inhalte waren aber immer die gleichen. Sie dienten lediglich dem Zweck, sich die wichtigsten Punkte der Tarnung am Mann leichter zu merken. Aus den fünf Worten *Forme, Ombre, Mouvement, Eclat und Couleur* (Silhouette, Schatten, Bewegung, Spiegelung, Farbe), hatte man kurz FOMEC gemacht.

Truster ließ die Punkte noch einmal aufzählen und gab denjenigen, welche die französischen Worte nicht verstanden, einige illustrative Erklärungen am Testobjekt.

»*Alors*, und dazu merkt ihr euch noch BOT«. Dies stand für Geräusch, Geruch und Spur *(Bruit, Odeur, Trace)*, wie ich meinen Notizen entnahm.

»So, dann verschwindet jetzt. In 15 Minuten will ich keinen von euch mehr sehen«. Dabei deutete er mit dem ausgestreckten Arm auf die Punkte, welche eine Grenze für das Gebiet darstellten, in dem wir uns erst tarnen und dann verstecken sollten.

Das kleine Tal neben der Scheune zog sich bis zu den Hügelketten hinauf. Es glich einem künstlich angelegten Staubecken und stellte einen idealen Schießstand dar: Als Kugelfang diente einfach der gegenüberliegende Höhenzug. Wir standen logischerweise auf einer Terrasse gegenüber.

Rosa-Fatela hatte seine doppelläufige Flinte mitgebracht. Unterhalb unserer Position lehnte sich eine kleine Wellblechhütte gegen den Hang. Vidàl bediente dort ein Abschußgerät für Tontauben und funktionierte auf die Kommandos *Ready!* und *Go!*. *Adjudant* Rosa-Fatela erklärte knapp die Ladetätigkeiten an der Flinte. Danach verschoß jeder Rekrut zwei Schrotpatronen auf die fliegenden Tonscheiben, um dann für einen erneuten Durchgang anzustehen.

Das nachmittägliche Vergnügen schützte uns zumindest für einige Zeit vor der Willkür von *Sergent-chef* Colin. In den Schießpausen versuchten wir uns so dicht als möglich am Geschehen zu halten und einen äußerst interessierten Eindruck zu erwecken. Man konnte beobachten, wie es Colin und *Sergent* Briot förmlich gegen den Strich ging, daß Rosa-Fatela bereits solche Leckerbissen an uns Grünschnäbel verfütterte.

Ich konnte mich des Eindrucks nicht erwehren, daß Colin die ganze Zeit über diesen nur zu vertrauten Blick aufgesetzt hatte – eine Miene, die in etwa ausdrückte: Wartet nur, bis die Sache vorbei ist...

Er haßte es, wie der *Adjudant* uns »bemutterte«. Und Colins Verhalten, die Art wie er mit uns umging, machte deutlich, daß er diese verlorene Schlacht nicht für kriegsentscheidend hielt – wir würden unser Fett schon noch abbekommen.

Während Rosa-Fatela darauf bedacht war, die Desertations-Quote niedrig zu halten, betrachtete Colin solche Dezimierung offensichtlich als natürliche Auslese – Ausfälle durch Verletzung inklusive. Wann immer er freie Hand bekam nutzte er seine Zeit, um als Sport deklarierte Einlagen zu veranstalten. Dabei wußte ich meist nach einer Viertelstunde nicht mehr, worin das Ziel der Übung eigentlich bestand. Es begann zunächst wie sportliches Training, mit leichten gymnastischen Übungen. Wenig später fanden wir uns wieder, wie wir wild schreiend einen Hügel hinauf rannten. Oben angelangt, legten wir dieselbe Strecke bergab zurück – Purzelbäume schlagend, über die Kindskopfgroßen Steine, mit denen der Hang übersät war.

Für *Sergent-chef* Colin gab es hingegen einige Bereiche, in die seine Macht nicht reichte. Die Verpflegung etwa war des *Adjudants* heilige Kuh – ohne Mampf kein Kampf.

Über unsere täglichen Mahlzeiten konnte der *Sergent-chef* also nicht verfügen. Aber auch hierbei trat seine Boshaftigkeit zutage: wenn er uns die Suppe nicht nehmen konnte, dann wollte er sie uns wenigstens versalzen.

Bis zum Moment, an dem ich mir mit Lockett einen Platz an einem der Tische ausgesucht hatte, vollzog sich alles nach der üblichen Prozedur. Bis ich Platz nahm. »Alles wieder aufstehen. Keiner fängt an, bevor ich es nicht sage!« brüllte Keller. Zunächst nahm ich an, er spräche jemand Bestimmtes an, doch dann bemerkte ich – diese kollektive Gehässigkeit galt uns allen.

Seit Wochen aßen wir hier, an der offenen Seite der Scheune. Seit Wochen waren wir abwechselnd dem Sprühregen, dem Wind oder beidem ausgesetzt. Und wenn einmal die Sonne herauskam, dann blieb die Frühjahrswärme vor dem Dach. Wir hatten uns damit arrangiert, wie auch mit dem täglichen Karottensalat – den ich nur hinunterwürgte, um mir den Weg zum Müllsack zu sparen.

Aber diese Gehässigkeit roch nach Tyrannei, nach genau der Art Schinderei, wie sie angeblich Legions-typisch sein sollte. Es war saukalt, der Fraß war nur noch lauwarm. Alle Augen waren auf die gerichtet, die noch vor der Essenausgabe anstanden. Es schien, als sollten wir warten, bis alle ihr Essen hatten – um der Gerechtigkeit willen.

Sie hatten keinerlei Schuld, zogen jetzt aber den Zorn der Wartenden auf sich. Mit dem Abschluß der Essenausgabe war es dann aber nicht genug. »Ein Lied!« brüllte Peltonemi durch die Reihen. »Na los, den Boudin!« Das kostete mich einiges an Beherrschung...

Dies war der Moment. In einem Kinostreifen springt normalerweise – exakt an dieser Stelle – einer der Gefangenen auf. Er springt voller Wut vom Tisch auf, wirft sich gegen den Aufseher und schlägt diesen nieder.

Mit Gebrüll fallen daraufhin alle anderen in die große Meuterei gegen ihre Unterdrücker ein. Heldenhafte Musik setzt ein; der Held selbst springt auf den Tisch. Sein Freßbrett hält er dabei siegessicher, wie eine Meisterschale, in beiden Händen, gen Himmel gerichtet. Und der Mob stürmt mit dem Schlachtruf Schokolade! die Küche...

Nichts geschah. Wir sangen den Boudin, das berühmte Legionslied von der Blutwurst, und setzten uns brav wie Schuljungen. Einmal mehr überwand ich mich zu dem kalten Fraß.

Colin verfügte, nach 15 Jahren Dienst in der Legion, über ein umfangreiches Repertoire an Boshaftigkeiten; aber mit diesem traf er einen äußerst wunden Punkt: Das Mittagessen bot ein besonderes Ereignis, denn es gab die seltene Gelegenheit, wieder Wärme zu tanken. Der Speiseplan war ohnehin dünn genug, und mit der feuchten Kälte als ständiger Begleitung wurde man das immerwährende Frösteln kaum mehr los.

Um uns diese kleine Wohltat zu vermiesen, hätte es allerdings keines garstigen Ausbilders mehr bedarft. Entweder wurde das Essen ohnehin schon lauwarm serviert, oder daß kalte Freßbrett besorgte den Rest. Dieses Ding paßte hervorragend hierher: es war etwa 30 mal 40 cm groß, hatte mehrere

Vertiefungen für verschiedene Speisen und stellte ein klassisches Knast-Utensil dar.

Wir wetteiferten täglich um eine Position, möglichst weit vorn in der endlosen Schlange. Wir versuchten, die Abläufe vor dem Essen zu verkürzen. Und hier gab es einige elementare Probleme aus dem Weg zu räumen. Beispielsweise schien es unlösbar, daß sich der allgegenwärtige Staub des Scheunenbodens in jeder Ritze festsetzte. Dieser vermischte sich zu allem Überfluß auch noch mit den Fettresten des Vorabends. Außer der eigenen Taschenlampe gab es kein weiteres Licht; in der Dunkelheit ließ sich das Blech nur oberflächlich mit Fingern, eiskaltem Wasser und einem Block Kernseife reinigen.

Erschien jedoch jemand mit ungereinigtem Besteck zum Essenfassen, konnte er von Glück reden, wenn er nur zurückgeschickt wurde. Anfangs bot sich natürlich Toilettenpapier zum Saubermachen an, als dies aber Mangelware wurde, legte ich mir einen extra Putzlappen zu. Damit stellte mich in der Reihe an und sicherte mir so einen der vorderen Plätze; dann nahm ich eine selbst auferlegte Nachkontrolle am Eßgeschirr vor.

Selbst nach Wochen gab es immer noch einige, welche nicht eingesehen hatten, daß es von Vorteil war, das Blech zwischen Schlafsack und Matratze zu deponierten. Einige rannten stattdessen jeden Mittag zu ihrem Spind, fummelten mit dem winzigen Schlüssel an ihrem Spindschloß herum und kramten ihr Eßbesteck aus dem verstaubten Blechkasten. Der Staub kroch sowieso überall hinein. Diese Unbelehrbaren verloren nur wertvolle Minuten...

Innerhalb von Minuten hatten es Colin und die *Caporeaux* fertiggebracht, die Stimmung an diesen letzten Tagen auf einen absoluten Tiefpunkt zu bringen. Es waren Lieder, die das Essen erkalten ließen und andere Scherze, welche sich direkt gegen das letzte Motivations-Reservoir richteten. Alle Zeitschinderei, um das Essen noch möglichst warm herunterschlingen zu können, waren an diesen Tagen umsonst gewesen. Am Verhalten der Unteroffiziere ließ sich ersehen, daß auch sie spürten, wie unsere Gemütsverfassung kurz vor der Meuterei stand.

Mit dem Ärger über die Schindereien wuchs zunehmend der Haß auf Leute wie Lambert. Es gab nicht viele Dienste, die begehrt waren – um den in der Küche rissen wir uns förmlich. Grundsätzlich war die Einteilung ein beständiger Wechsel und damit gerecht verteilt. Ausgerechnet Lambert, das Schwein, hatte sich aber als früherer Koch einen ständigen Platz in der Küche gesichert. In dieser Position konnte er seine überheblichen Allüren voll ausleben und wurde zur Belohnung auch noch als einziger von vielen unbeliebten Diensten befreit.

Einmal, nach dem Essen, traf es auch Vidàl und mich, die Auswüchse von Lamberts Küchentätigkeit zu bereinigen – die Aufgabe hatte allerdings auch ihr Gutes.

Natürlich begaben wir uns sofort mit diensteifrigem Gesichtsausdruck in die Küche. Diese war in dem überdachten Gebäude untergebracht, halb Keller, halb Verlies. Hier war alles gelagert, was für die nächsten Tage als Verpflegung verkocht werden sollte. Es war einfach, den aufgeblasenen Lambert dazu zu bringen, aus der Haut zu fahren. Und während Vidàl mit seiner Nörgelei über den Speiseplan Lambert in einen Schlagabtausch aus französischen Verwünschungen verwickelte, stopfte ich mir die Jacke mit Proviant aus. Gleichzeitig griff ich nach jedem eßbaren Rest, Überbleibsel der Mittagsmahlzeit. Als nächstes nutzte ich die Situation und säuberte mein Freßbrett wenigstens einmal mit herrlich warmen Wasser aus dem Spülbecken – entgegen aller Proteste Lamberts dann auch noch das von Vidàl.

Die Küche war angenehm überheizt und jeder der hereinkam suchte alle möglichen Gründe, um sich hier so lange wie möglich aufhalten zu können. Der eine oder andere versuchte es auf die Lambert-alter-Freund-Tour, wozu ich mich unmöglich herablassen konnte. Ich war am Schluß versorgt und besann mich mit Vidàl auf unsere eigentliche Aufgabe.

Ich griff mir eines der übergroßen Backbleche, eine Schrubberbürste und ging hinaus. Vidàl hingegen kümmerte sich um unsere eigenen Bleche und organisierte Scheuermittel. Der morgendliche Freiluft-Waschraum war gleichzeitig natürlich auch für Geschirr und Kleidung bestimmt. Bevor man aber überhaupt daran denken konnte, seine Kleidung zu waschen, mußte man erst die Essensreste anderer und das unappetitliche Allerlei aus Rasierschaum und Fettschmiere entfernen.

Die Arbeit, für welche Vidàl und ich eingeteilt worden waren, hatte keine nennenswerten Sinn. Zumindest sahen wir es so. Denn das Ding, welches wir zu reinigen hatten, sah aus, als käme es direkt aus einer Autowerkstatt. Nicht nur, daß es die Form einer Öl-Ablaßwanne besaß, auch der Inhalt unterschied sich nicht viel davon. Wir machten uns also daran, das schwarzbraune fettigklebrige Gemenge von dem verbeulten Blech zu kratzen. Eiskaltes Wasser, Kernseife, eine mit Fettbrocken vollsitzende Bürste und ein verbogener Löffel zum Kratzen – eine wirklich fruchtlose Aufgabe. Diese Tätigkeit ließ sich nicht unbedingt als Glücksgriff bezeichnen; einen Trost hatte ich jedoch immer: es fand sich grundsätzlich jemand, von dem ich behaupten konnte, daß er schlechter bedient worden war.

Es waren jene, die sich vom Zivilleben mit einem scheiß drauf verabschiedet hatten, um es jetzt stillschweigend akzeptieren zu können. Es waren die Langsamen, die Dicken, die Häßlichen oder auch die Dummen, deren Schwäche natürlich auch hier nicht verborgen blieb. Erhofften sie sich vielleicht eine zweite Chance im Leben? Gerade hier, wo erst recht kein Makel unerkannt blieb?

Gerade hier bekamen sie ihr Fett selbstverständlich auch von Kameraden wie Kadde ab, eben von denen, welche ihr ganzes Leben schon von der Unterdrückung anderer gelebt hatten.

Vidàl – mein verpflichteter Begleiter für sechzehn Wochen – gehörte auch zur verfolgten Zielgruppe, die ständig an zwei Fronten neue Kräfte zu mobilisieren hatte. Für einige Kameraden, aber auch für Ausbilder wie Porter, war er zuerst das dicke Schwein Vidàl – und übersah man dies, dann war er immer noch Franzose.

Er mußte die alltäglichen Revierstreitigkeiten durchstehen und Gehässigkeiten trotzen, wie zum Beispiel »Na, willst'e noch Nachschlag – Vidàl, hä?«

Aber dies war sein ganz persönliches Problem und keinesfalls eine Anspielung auf Leistung unterhalb des Durchschnitts. Er kam als Nichtschwimmer und machte hier seine täglichen Schwimmübungen, wie die meisten von uns.

Während die meisten aber so ihre Strecke im Grundausbildungs-Becken immer reibungsloser zurücklegten, mußte Vidàl – um das geforderte Tempo zu halten – doppelt so stark rudern. Andere wiederum gestalteten sich dieses Programm auch nach Gusto.

Eines war sicher: Jeder zeichnete ein öffentliches Bild seiner Persönlichkeit und Leistung. Nichts blieb verborgen, und jeder erhielt somit einen klaren Platz in unserer kleinen Gemeinschaft. Alle Charaktere waren durchschaubar geworden; ausnahmslos alle hatten die Hosen herunterlassen müssen.

Lockett und ich beobachteten beispielsweise immer wieder amüsiert den Finnen Rosli. Zeitweise bezweifelten wir ernsthaft, daß er absichtlich in die Fremdenlegion eingetreten sein konnte.

Aber auch Lambert gab täglich erneut ein eher lächerliches Bild ab, wenn er – vermeintlich unbeobachtet – seine Mars und Nuts wie ein Luchs hütete und die Schokolade immer sofort im Spind verschloß.

Auch der angehende *Caporal* Porter fühlte sich unbeobachtet, als *Adjudant* Rosa-Fatela ihn zu sich rief. Wie immer beobachteten wir das Geschehen aus sicherer Entfernung, um herauszufinden worum es ging.

»Porter, du holst mir alle in zehn Minuten in den Unterrichtsraum«. Nach einem ergebenen »*Oui, mon Adjudant!*« kam der Speichellecker gleich zu uns herüber gerannt. Bei uns versuchte er dann den *Chef* Colin zu mimen – niemand nahm ihn in solchen Momenten besonders ernst.

Zunächst erwartete ich Probleme: Rosa-Fatela wollte ausschließlich diejenigen im Unterrichtsraum haben, die eine neue Identität, ein *Anonymat* gewählt hatten.

Probleme gab es keine. Hintergrund waren nur die vermehrt auftretenden Fragen verschiedener *Engagés Volontaires* gewesen, die Briefe nach Hause schreiben wollten. Natürlich beschäftigte dieser Gedanke auch mich – das eine oder andere Mal. Es wäre mir aber im Traum nicht eingefallen, hier in Raissac danach zu fragen.

In Colins Augen war dies ohnehin bar jeder Diskussion. Seine Aggression gegen uns wurde dadurch nicht weniger, daß Rosa-Fatela mit seiner Rekruten-freundlichen Einstellung sich dem Anliegen überhaupt annahm. Denn nach Colins Auffassung waren wir disziplinlose Kreaturen, die zunächst gebrochen werden mussten, damit anschließend brauchbare Legionäre aus ihnen geformt werden konnten.

Adjudant Rosa-Fatela hatte aber seine eigene Auffassung. Für ihn war die Position des *Chef de Section*, des Zugführers, eine Stufe auf der Karriereleiter. »Bon, ihr habt also bei uns ein neues Leben begonnen und einen anderen

Namen gewählt. Die Legion gewährt euch diesen Schutz gegenüber allen Nachforschungen von außen. Aber ihr müßt einige Punkte beachten. Brecht ihr diese Gebote, kündigen wir diesen Schutz. *Alors*, was gehört dazu...« Er nahm einen Stift und ging zur Tafel.

Die maßiven Holztische schienen aus Nachkriegsbeständen einer Schule zu stammen. Das *Flipchart* (Papier-Tafel) wirkte als einzig moderner Gegenstand in dem abgehalfterten Unterrichtsraum etwas deplaziert.

Zeitweise schien mir Rosa-Fatela ebenfalls etwas deplaziert zu sein. Er hatte recht weiche Gesichtszüge, mit grauen Ringen unter den Augen. Das harte und derbe Äußere, welches beispielsweise *Sergent* Briot prägte, fehlte ihm völlig. Und trotzdem hatte Fatela sich in der Legion hochgedient, es schließlich zum *Adjudant* und Zugführer gebracht. Er hatte jahrelang im Zweiten Fallschirmjägerregiment Dienst getan und am berühmten Kolwezi–Einsatz 1978 teilgenommen (siehe Seite 188 ff).

Mit seinem modernen Führungsstil schuf er sich nicht nur Freunde unter den altgedienten Unteroffizieren vom Schlage eines Colin.

Ich kannte ähnliche Zwistigkeiten aus meiner Zeit als Unteroffizier. So manches Mal erweckte Rosa-Fatela daher bei mir den Anschein, daß er kurz davor stand, zu resignieren, es schließlich nur aushielt, weil er sich der heiligen Pflichterfüllung verschrieben hatte.

»Du«, sagte er mit betont tiefer Stimme und zeigte dabei auf meinen Nebenmann. »Was gehört also zum Anonymat?« »Keine Briefe schreiben, *mon Adjudant*«. Die nächste Frage war wieder an alle gerichtet: »Gut, was noch?« Die Liste an der Tafel wurde länger und länger. Bei mir stellte sich ein leichtes Unwohlsein ein, als ich feststellte, daß ich mich mit der Wahl der neuen Legende doch erheblich – zudem freiwillig – eingeschränkt hatte. Ich hatte keine Nachforschungen zu befürchten, nun gut... Brachte mir meine Wahl zu guter Letzt doch mehr Nachteile als Vorteile?

Die Reihe der Auflagen war nun komplett. Während ich alles in mein Notizbuch schrieb, füllte sich eine Seite mit Verboten: Kein Schriftverkehr; keine Fotos von sich machen lassen; keine Erklärungen gegenüber Polizei oder anderen Autoritäten abgeben; keine Einschreibe-Sendungen annehmen, mit niemandem über die eigene Vergangenheit sprechen. Die Liste war lang. Ein gravierender Bruch der Vorschrift, oder Desertion, bedeutete das Ende der neuen Identität. Unter anderen Umständen hätte ich jetzt gedacht fein, dann kann ich das Ding ja einfach wieder loswerden. Ich lasse mir ein Einschreiben schicken und – bums – die haben genug davon, mich weiter zu schützen – unter anderen Umständen. Aber dies war die Fremdenlegion. Und damit würde ein solches Vorhaben etwa so reibungslos ablaufen wie eine Prügelei mit fünf Militärpolizisten...

In der zweiten Spalte hatte der *Adjudant* noch weitere Dinge aufgelistet, die mir für die nächsten fünf Jahre verwehrt bleiben sollten: keine Führerscheine und Versicherungen, kein Bankkonto; kein Kredit. Desgleichen durfte ich weder heiraten noch Kinder haben.

Wer dachte schon an Kinder. Einige, die an der heutigen Gefechtsübung teilnahmen, waren ja selbst noch Kinder. In Gruppen zu zehn Mann verschwanden wir den umliegenden Hügeln, um taktische Vorgehensweisen im kleinen Rahmen zu proben.

Nie trugen wir dabei mehr Ausrüstung als die Magazintaschen, eine Wasserflasche und das FAMAS. Ebenso erinnere ich mich nicht, daß wir irgend eine Geländeübung an einem anderen Tag wiederholten. Die Abläufe wurden ein Mal durchgespielt, dann folgte etwas Neues.

Vidàl und ich waren das nächste Paar in der Reihe. Wir sollten uns entlang eines rund 100 Meter langen Waldsaums vorarbeiten. Hinten waren die Umrisse eines feindlichen Alarmpostens zu erkennen. Es gab keine genauen Vorgaben, wie wir es hätten tun sollen. Truster stand lediglich in einiger Entfernung und sah sich unser Vorgehen an, berichtigte hier und dort, verhielt sich aber ansonsten still. Aus unserer Ausgangsposition beobachteten wir den vermeintlichen Feind. Vidàl stand an einem Baum, während ich ein paar Meter hinter ihm hockte.

»Los Schumascher«, kam das Startsignal von Truster. Das Ziel nicht aus den Augen lassend, richtete ich die Mündung meines FAMAS auf das Ende der Waldspitze. Ich hockte mich direkt neben mein Binôme – damit konnte ich jetzt sein Vorgehen überwachen. Vidàl arbeitete sich zügig durch das Wäldchen. Ein weiterer Stamm in zehn Metern Entfernung bot erneut Deckung. Vidàl kniete ab und nahm die Waffe in Anschlag, bereit auf alles zu schießen, was sich vor ihm regte. Ich zog nach. Am Baum angelangt, richtete ich mich hinter meinem knienden Partner auf, das FAMAS aufs Ziel gerichtet. Dies war für Vidàl abermals Zeichen, sich auf den letzten Metern wieder an die Spitze zu setzen. Mittlerweile befanden wir uns so dicht am Ziel, daß wir erkennen konnten, wie der ahnungslose Posten konzentriert zur abgewandten Seite hin beobachtete.

Vidàl zog sein Bajonett aus der Scheide und kroch die letzten Meter entlang des Waldweges. Es erstaunte mich immer wieder, wie gewandt er doch trotz seiner Leibesfülle war. Ich hingegen blieb am Baum stehen, das Gewehr auf den Posten gerichtet. Wäre Vidàl in diesem Moment entdeckt worden – ein Feuerstoß aus meiner Waffe hätte jede Gegenwehr im Keim erstickt.

Bevor Vidàl über den Posten herfallen konnte, unterbrach Truster. Bis hierher hatte wohl jeder in der Gruppe verstanden, daß der Kern dieser Übung aus gegenseitiger Sicherung bestand.

Später, als jeder Zweimann-Trupp den Ablauf einmal geprobt hatte, konnten wir nach diesem einen – und einzigen – Mal zur Taktik im Gruppenrahmen übergehen.

Während ein Teil der Gruppe sich eben zum Stellungswechsel anschickte, wurden wir plötzlich von der Bergkuppe herab beschossen. Während eine Halbgruppe den aufflackernden Widerstand unter Feuer nahm, arbeitete sich die andere unter Führung von Truster sprungweise vor. Innerhalb weniger Minuten wurde der »Feind« zum Schweigen gebracht – die Detonation einer Übungshandgranate vermeldete der Deckungsgruppe das Ende der Übung.

Truster sparte sich eine nachträgliche Ansprache, er überließ es uns, eigene Überlegungen zum Ablauf anzustellen. Es hatte keine vorausgehende Lagebeurteilung, keine Darstellung der Großwetterlage gegeben. Niemand verlangte von uns à la Bundeswehr, die Eckdaten der aktuellen Gefechtsfeld-Situation herunterzubeten, bis hin zum Standort des Brigadegefechtsstandes. Hier konnte man schon von Glück sprechen, wenn man den Aufenthalt des restlichen Zuges erfuhr.

Während der Übung hatte der Rest der *Section* auf einen der jenseitigen Hügel verlegt. Dort waren auch für uns einige Stationen vorbereitet worden. Truster übergab uns an *Caporal* Keller, der uns im Anlegen von Skizzen unterwies. Von der Kuppe aus ließ sich das Tal überschauen. Schmale Straßen durchzogen es, gesäumt von vereinzelten Feldscheunen. Markante Waldränder boten eine ideale Kulisse für Zielansprachen.

Keller mühte sich geduldig ab, Mollnars französisches Gestammel auf die reglementierte Formel zu bringen. Die anderen probten untereinander, was jeder gleich vortragen sollte. Ich war mir meiner Sache recht sicher und arbeitete noch einmal nach, was wir zuvor mit Truster geübt hatten. Dem Thema Bewegungsarten und Vorgehen im Gelände hatte ich zwei Seiten im Notizbuch gewidmet. Eine bezog sich auf den Ersten elementaren Akt für den Kombattanten. Aufgaben, welche durch mich permanent und eigenständig zu erledigen waren. Simple vier Punkte standen dort: Ich hatte zu orientieren, zu beobachten, mich dabei fortzubewegen und zu kommunizieren. Unter A fand ich außerdem Ausnutzen des Geländes, unter B stand unter Umständen Nutzung der Waffe, Punkt.

Die zweite Seite führte vier Bewegungsarten auf: Marsch, Lauf, Sprung oder Kriechen. Unmittelbar darunter rechtfertigte sich der Ausbildungsschwerpunkt, der sich untrennbar mit der Fremdenlegion verband – das Marschieren. Die alles klärende Statistik besagte, daß nur 3% der Fortbewegung vor dem Feind stattfänden, sogar nur 2% unter feindlichem Feuer – 95% der Bewegung jedoch spielten sich ohne Feindkontakt ab.

Erklärte diese Rechnung vielleicht, warum scheinbar nie eine Marschsicherung existierte? Seinen beachtlichen Erfolg in Kolwezi jedenfalls schrieb das *Deuxième R.E.P.* wesentlich seinem enorm schnellen Vorgehen zu – ohne Fahrzeuge. Sicherungen, wie ich sie von der Bundeswehr kannte, waren dabei außer Acht gelassen worden – sie hätten das Vorgehen der Legionsfallschirmjäger nur gehemmt. Aber nicht nur, daß hier einst »heilige Kühe« in völlig neuem Lichte erschienen – wir trugen während der Märsche nie den unbequemen Stahlhelm, der mir doch so verhaßt war. Überdies blieb es traditionsgemäß jedem selbst überlassen, auf welche Weise er sein FAMAS führte. Worauf es ankam, war ausschließlich die Marschleistung.

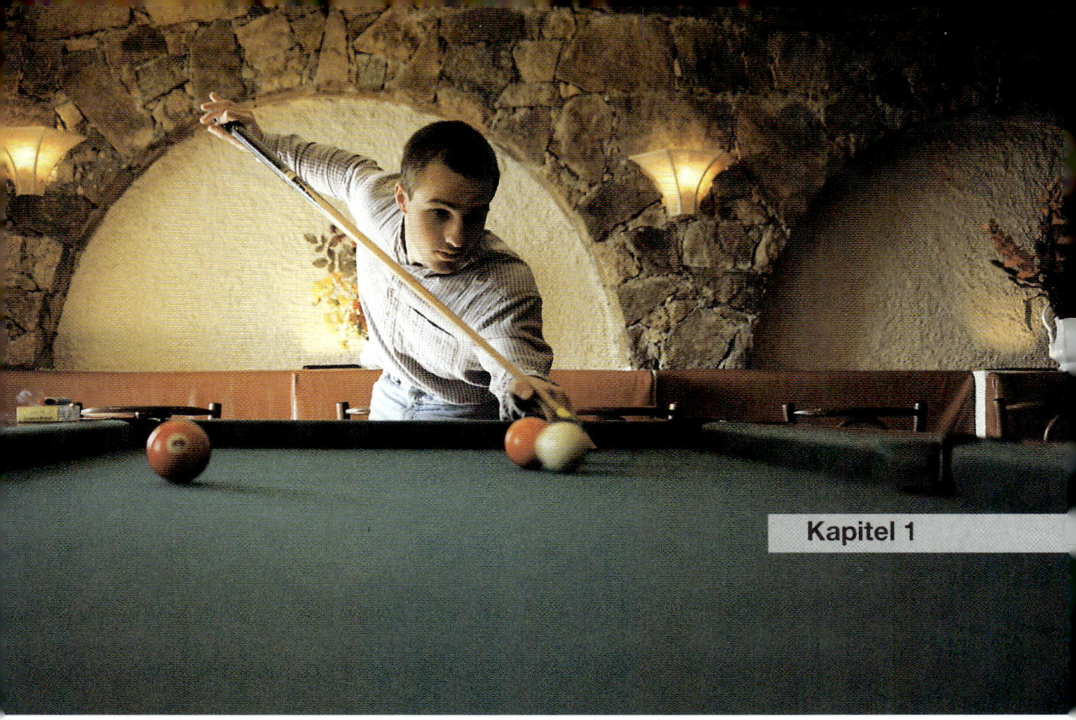

Kapitel 1

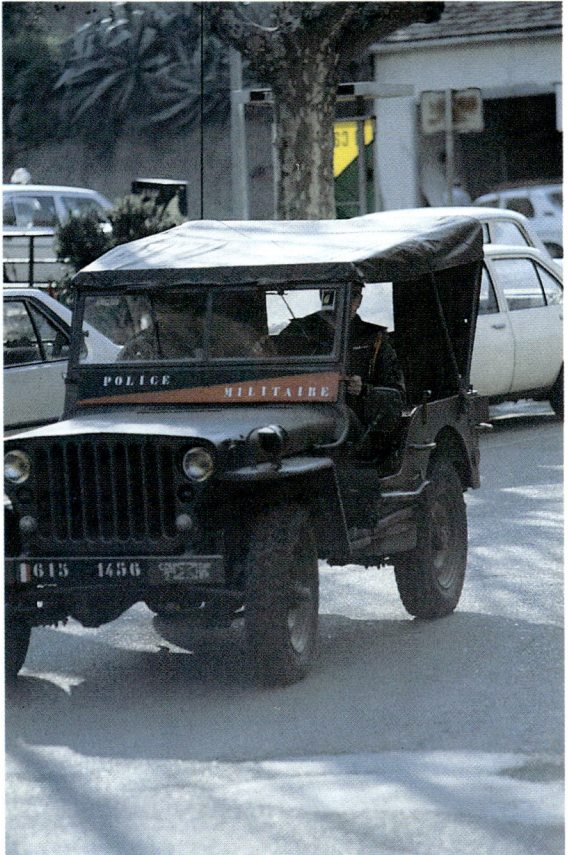

Um mit Legionären ins Gespräch zu kommen, vertrieben wir uns die Zeit mit Billardspielen in den Bars von Calvi.

Ein Jeep der *PM (Police Militaire)* im Zentrum Calvis. Die Aufnahme entstand 1983 während meines ersten Besuches in Calvi, bei dem wir auch Zeugen des rigorosen Vorgehens der Polizei des Fallschirmjägerregiments wurden.

Kapitel 4

Am Tag der Abfahrt nach Raissac sitzt *Caporal* Peltonemi in Castelnaudary auf einem Wassertank und registriert die verladenen Seesäcke. Die *Caporeaux* Peltonemi und Keller kamen aus dem Fallschirmjägerregiment. Sie befanden sich in der Ausbildung zum *Sergent* und wurden für mehrere Wochen als Ausbilder in unsere Kompanie abkommandiert. Im Bild trägt Peltonemi daher sein Fallschirmjäger-Barett und dazu das Ärmelabzeichen des 4. Regiments.

Einsatzbesprechung während des *Marche Képi blanc.* Rechts im Bild der Zugführer, *Adjudant-chef* Rosa-Fatela, in der Mitte mit Funkgerät *Sergent* Briot und links *Sergent-chef* Colin.

Zugführer Rosa-Fatela (rechts im Bild) weist *Sergent* Briot in das Gelände ein. Als Funker der *Section* war ich ständig in der Nähe des *Adjudant*.

Adjudant-chef Rosa-Fatela überwacht aus dem Wald heraus das Vorgehen eines Siche- rungstrupps.

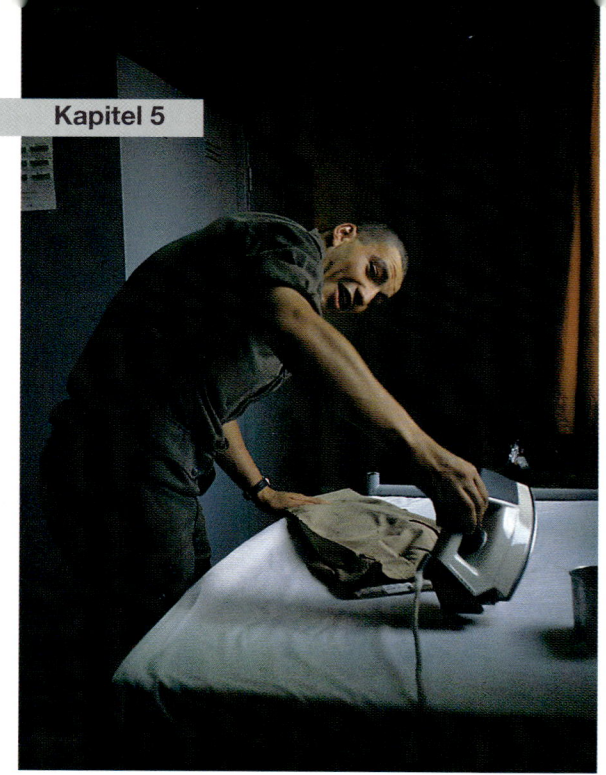

Kapitel 5

Mein *Binôme* Vidàl bereitet auf der Stube in Castelnaudary seine Uniform für den Formaldienst vor. Als Bügelbrett dient ein Tisch mit eine Decke und einem Bettlaken.

Das Musikkorps defiliert während der Camerone-Feierlichkeiten. Alljährlich feiert die Fremdenlegio den Jahrestag der Gefechte um Camerone 1863. Anlässlich der Feier steht die Kaserne für gelade-ne Gäste und Presse offen. Im Hin-tergrund das *Monument aux Morts* das Gefallenen-Ehrenmal, welches 1962 vom algerischen Sidi-bel-Abbès ins neue Hauptquartier nach Aubagne mitgenommen wurde.

Ein *Adjudant-chef* verfolgt mit strengem
Blick die Ausführung seiner Kommandos.

Ein ordensgeschmückter Veteran der
Marine-Kommandos verfolgt die Parade
in Aubagne.

Kapitel 6

Während des Marsches nach Camurac hält unsere Kolonne für ein zweites Frühstück. Vorne Guido Schmidt, dahinter der Ungar Tasholi.

In Camurac führt unser Marsch durch Regionen oberhalb der Schneegrenze. Links, mit Karte, *Adjudant-chef* Rosa-Fatela. Der Ungar Tasholi kühlt sich mit Schnee den Kopf, neben ihm steht der farbige Franzose Demir, im Vordergrund der Ungar Popa.

Auf einer Gebirgswiese unterbrechen wir den zweitägigen Marsch. Der Fahrer des Lkws versucht den neugierigen Gaul von unseren Wasservorräten fernzuhalten.

Bei einer Übung für angehende *Sergents* mussten wir die Statisten stellen. Nach Ende des ersten Tages bringen wir mit vereinten Kräften ein liegengebliebenes Fahrzeug wieder zum Laufen.

Kapitel 7

Vor der Abfahrt nach Canjouers sammelt sich die *Section* auf dem Antreteplatz in Castelnaudary. In der ersten Reihe der Kanadier Duchesne, hinter ihm der Engländer Lockett. Links von ihm der hagere Briot mit der Hand auf dem Rucksack. Links von Lockett der Este Kadde.

Zum Trocknen der Kleidung habe ich zwischen zwei Zelten eine Wäscheleine gespannt (Lager Canjouers).

Ortskampfanlage Canjouers: Der vordere Legionär sichert das Vorgehen seines *Binômes* (Truppkameraden).

Im Schutz eines Hauseingangs erwarte ich das Zeichen meines Vordermannes zum sprungweisen Vorgehen (Ortskampfanlage Canjouers).

In der Fremdenlegion gehören Weissbrot und Ölsardinen auch heute noch zur traditionellen Verpflegung. Für Pausen (hier als Alarmposten) sparte ich mir stets eine Flasche »Vitamin K« (= Kronenbourg-Bier) zur Verfeinerung des Genusses auf.

Nach einer Gefechtsübung auf dem Truppenübungsplatz Canjouers sammeln wir uns an der Strasse. Diese Übung war eine der wenigen Gelegenheiten, bei denen wir den Helm mitführten.

Nach dem Gefechtsschiessen in Canjouers. Als Funker bereite ich mich vor, dem *Adjudant* (im Hintergrund) zu folgen.

Unsere Marschkolonne verschwindet bei hereinbrechender Dämmerung im Wald.

Der Farbige Demir nimmt einem englischen Kameraden das Gepäck ab, als diesem während des 160-Kilometer-Marsches durch die Pyrenäen die Kräfte versagen. Der Amerikaner Eddi Souchon (mit Funkgerät) unterstützt und St. Peteri (rechts vorn) bietet seine Hilfe an. Im Hintergrund spricht Zugführer Rosa-Fatela dem Engländer aufmunternde Worte zu.

Die Spitze der *Section* während des 160-Kilometer-Abschlussmarsches (RAID) durch die Pyrenäen.

Das unwegsame Terrain zieht die Kolonne immer wieder auseinander. Nowakowski (vorn), Pisa, Gostol und St. Peteri (mit Funkgerät) warten auf Nachzügler (RAID-Marsch).

Marche Képi blanc

Um den Képi-blanc-Marsch, der die Basisausbildung in Raissac abschloß, mit einem zufriedenstellenden Ergebnis abschließen zu können, hatte Rosa-Fatela in den letzten Wochen den Frühsport ausgedehnt: Wir rannten bis zu 20 Kilometer durch die karge Landschaft. Während des Dienstes legten wir kleinere Entfernungen von um die 15 Kilometern in Eilmärschen zurück, bei Tag und Nacht. Zu diesem Zeitpunkt fand wohl niemand mehr Anlaß, Zweifel an seiner Leistungsfähigkeit aufkommen zu lassen, immerhin sollte dieser 50-km-Marsch den Schlußstrich unter Raissac ziehen. Allein der Gedanke, auch nur einen Tag auf der Farm wiederholen zu müssen, hätte mich wohl eher auf Stümpfen ins Quartier getrieben als daß ich mir eine Schwäche auf diesen läppischen 50 km erlaubt hätte.

Es war nicht irgendein Marsch: Jeder Schritt brachte uns geradewegs dem blanken Luxus näher. Außer den Bequemlichkeiten, die eine Kaserne bot, waren es natürlich auch bisher so unerreichbare Dinge wie Schokolade, die unsere Fantasie beflügelten. Sie versetzten uns in geradezu euphorische Stimmung.

Die abschließenden 50 Kilometer hatten natürlich auch einen traditionellen Hintergrund. Der *Marche Képi blanc* war unumgängliche Voraussetzung, die begehrte weiße Kopfbedeckung überhaupt tragen zu dürfen.

Die Unterhaltungen im Kameradenkreise drehten sich nun hauptsächlich ums Wetter: die Sache wäre doch perfekt, wenn die Sonne noch scheinen würde.

Demonstrativ respektlos ließen wir uns über all das aus, was noch vor uns lag – wir lachten der Unsicherheit der nächsten Monate bereits jetzt hochmütig ins Gesicht.

Nicht ein Funke von Abschiedsgefühl keimte in mir auf, als sich unsere Marschkolonne von Raissac aus in Bewegung setzte. Im nächsten Moment galt alle Aufmerksamkeit bereits kommenden Zielen. Es konnte ja nur noch besser werden.

Von der Bergkuppe aus, auf der Truster anfangs der Woche ein feindliches Widerstandsnest zerschlagen hatte, blickte ich auf Raissac hinunter. Auf den Ort, an dem wir für Wochen durch die Mühle gedreht worden waren, der uns verschluckt hatte, um uns – um einige Erfahrungen reicher – nun wieder auszuspucken. Wie schon unzählige zuvor und danach. Ich dachte daran, daß wir in kurzer Zeit alle Spuren unserer wochenlangen Anwesenheit hatten beseitigen können. An diesem sonnigen Frühjahrstag akzeptierte ich mit gelassener Selbstverständlichkeit, daß ich nun um eine Erfahrung reicher war, die Spuren in mir hinterlassen hatte. Spuren, die sich nicht in so kurzer Zeit beseitigen lassen würden...

Das Wetter jedenfalls wurde dem Anlaß gerecht; die Zwischenstopps eröffneten einen herrlichen Ausblick über die dürren Hügel, nur die Rüffel der *Caporeaux:* »Parlez français!« durchdrangen bisweilen meine innere Ruhe.

In den Abendstunden hielten wir an einem alten Bauernhaus, der Boden war teilweise mit Rasen bedeckt – und er war fest! Die Nacht zog kühl und trocken herein. Zum ersten Mal seit Wochen registrierte ich das Fehlen der all-gegenwärtigen Wolke aus Staub. Ich stellte fest, wie sehr ich mich daran ge-wöhnt hatte.

5 Castelnaudary – die Zweite

Danjous Erbe

Gegen Vormittag erreichten wir das *Quartier Danjou*. Ungewohnt viel Zeit stand danach zur Verfügung, um die Ausrüstung in Ordnung zu bringen. Jetzt konnte gewaschen, geflickt und geordnet werden. Was nicht mehr wiederherzustellen war, wurde sich kurzerhand von Kameraden *geborgt* oder auch einfach ausgetauscht. Überhaupt war es die Regel, daß jeder sich die fehlende Ausrüstung einfach zusammenstahl. Da selbst vor einzelnen Socken nicht Halt gemacht wurde, hatte ich mittlerweile alle Ausrüstungsgegenstände mit dem Namen beschriftet, an welchen ich mich erst noch gewöhnen mußte – Walter Schumascher.

Jeder freie Zentimeter war belegt mit nassen Kleidungsstücken, Ponchos und Rucksäcken. Hereingetragener Dreck verteilte sich überall in den Fluren und Stuben. In der Stube, die ich mit acht anderen Rekruten teilte, war gerade genug Platz, um sich halbwegs bewegen zu können. In den Waschbecken dümpelten Kleidungsstücke, welche sogar mit Bürste und Seife kaum mehr sauberzukriegen waren, selbst die Dusche war belegt.

Geheimnisse der Handwaschkunst und andere hilfreiche Kniffe wurden ausgetauscht; auch die schnellste Art des Trocknens wurde hier und dort diskutiert.

Unterdessen bereiteten wir den Tisch vor. Er sollte als Bügelfläche dienen. Ein Bügeleisen wurde ergattert. Mit dem Ausbreiten der Wolldecke über den Tisch verschaffte sich der Besitzer sogleich das Nutzungsrecht. Reihenfolgen legten fest, wer bügelte und wer sich um andere Dinge kümmerte. Zu erledigen gab es genug, denn es war der 28. April – Camerone stand bevor.

Die wenigsten von uns konnten sich mit diesem Anlaß identifizieren. Ich wollte *Capitaine* Danjou aber gern meine Ehre für seinen Heldenmut erweisen. War er doch in irgendeiner Form dafür verantwortlich, daß uns ein feudales Mittagessen, einige unbeaufsichtigte Stunden und die Möglichkeit zum Einkauf in der Kantine gegönnt werden sollten. In einem abendlichen Exkurs durch die Geschichte der Legion hatte unser *Adjudant-chef* versucht, auf die Bedeutung von Camerone hinzuweisen: Mit ernstem Unterton in der Stimme hatte Rosa-Fatela die Geschehnisse geschildert. Ich notierte mir einige Punkte, empfand das Heldenepos jedoch weniger als persönlichen Ansporn. Mir fehlte einfach der Bezug zu Dingen, mit denen sich die Legion vor 128 Jahren einen Namen gemacht hatte...

29. April 1863, in Mexiko. Hauptmann Danjou steuerte mit seiner Kompanie Palo Verde an. Er hatte den Auftrag, eine Nachschublinie von Vera Cruz nach Puebla zu sichern. Am Morgen des 30. April geriet er mit seinen 65 Le-

gionären unweit der Hazienda Camerone in arge Bedrängnis. Eine Übermacht von Mexikanern schloß den Haufen im Gehöft ein, der nicht einmal seine lebenswichtigen Vorräte – Munition, Wasser, Nahrung – sichern konnte. Die Legionäre verfügten also nur noch über das, was sie am Mann trugen.

Unter Danjous Führung lieferte die Kompanie einer dreißigfachen Übermacht ein Gefecht buchstäblich bis zur letzten Patrone. Letztlich standen nur noch sechs Legionäre, die sich mit aufgepflanztem Bajonett zum Gegenangriff anschickten...

Die Schlacht um Camerone stand und steht bei der Legion als das Sinnbild für Pflichterfüllung und Tapferkeit. Und morgen sollte sich das denkwürdige Ereignis zum 128. Male jähren. Mit einer Parade würde der Gefallenen gedacht; die hölzerne Unterarm-Prothese von Danjous Hand würde einmal mehr von einem verdienten Veteranen wie eine Reliquie präsentiert werden. Vielleicht würde der Geist von Camerone eines Tages auch mich durchdringen – im Moment hatte ich andere Sorgen.

Als Ausbildungseinheit unterlagen wir inmitten dieses Treibens gewissen Beschränkungen. Besucher waren zur Besichtigung der Kaserne geladen, Buden wurden aufgebaut, und nach außen gab man sich betont liberal. Aber für unsere *Section* stand immer noch die Ausbildung zu richtigen Soldaten im Vordergrund. Wir konnten uns zwar in der Kaserne bewegen, uns unter den Trubel mischen, aber zu festen Zeiten hatte die gesamte Einheit im Gebäude anzutreten. Vollzähligkeit wurde festgestellt. Alle Freiräume ausnutzend, kamen immer wieder Nachzügler mit gefüllten Tüten, offenen Jacken und ruiniertem Schuhputz.

Ich konnte das Lodern in *Caporal* Kellers Augen sehen; die Geduld der Ausbilder neigte sich ihrem Ende zu. Plastiktaschen und Bierkästen verschwanden hinter den Reihen. Vielen wurde erst jetzt bewußt, daß das Gesamtbild auf irgendeine Weise litt. Die verlegenen Blicke schützten aber nicht vor dem Hexenkessel, den sie heraufbeschworen hatten...

Ich war mit einigen Kameraden über das Kasernengelände gestreift. Zunächst, so hatten wir uns vorgenommen, wollten wir den Eindruck professioneller Soldaten wahren. Auch wenn der Instinkt uns eher dazu trieb, auf der Suche nach etwas Eßbarem fieberhaft durch die Kaserne zu hasten. Das Mittagessen fiel üppig aus und wir hatten uns reichlich Wein genehmigt. Zur Flasche, die sich ohnehin auf jedem Tisch fand, steuerten wir noch zwei dazu. Bewußt blieben wir so lange am Tisch sitzen, bis die zum Küchendienst eingeteilten Legionäre mit dem Abräumen begannen. Seit langer Zeit wieder einmal ohne Hungergefühl, mischten wir uns unter das Gewirr aus Militärs und Besuchern. Gern hätte ich an diesen Tag meinem Verlangen nachgegeben, den Appetit auf Steaks und kühles Bier für die nächsten Wochen zu decken. Mit Bedauern stellte ich aber fest, daß ich nicht mehr als satt werden konnte. Wir wollten schließlich überall sein, alles sehen, mit möglichst vielen sprechen; unsere allgemeine Nervosität verflog jedoch mit den gemächlichen Stunden in der Frühjahrssonne. Um aber sicherzugehen, daß wir ja nichts verpaßten, besuchten wir zu guter Letzt noch die Mannschaftskantine. Dort trafen wir auch das Gros der *Section* an.

Um den Nachschub mit »Vitamin K« sicherzustellen, reihten wir uns abwechselnd in die endlose Schlange vor dem Verkaufstresen, um den ausgelassenen Haufen mit Kronenbourg-Bier zu versorgen. Ich ahnte nicht, daß sich eine vergleichbare Gelegenheit in den folgenden fünf Monaten nicht mehr ergeben würde.

Zwei Stunden lang hatte uns Keller Gelegenheit dazu geben wollen, etwas von Camerone einzufangen. Dann wollte er die *Section* vollzählig auf dem Flur sehen. »Und dann«, hatte er bedeutet, »werden wir weiter sehen«. Die von Keller festgesetzte Zeit schwand nur so dahin. Mit einem Pulk von Rekruten verließ ich den Raum, um mich vor den Unterkünften einzufinden. Um so erstaunter war ich über die Unbekümmertheit einiger, die all unsere Ermahnungen in den Wind schlugen und trotzig sitzenblieben...

Das rechtzeitige Antreten schützte mich nun zumindest vor dem ersten Gegenschlag. Die Mengen herbeigeschaffter Süßigkeiten fielen *Caporal* Peltonemis scharfen Augen als erstes zum Opfer. Was nicht auf dem Flurboden landete, wurde unter seiner Aufsicht zertreten oder gleich aufgegessen.

Vidàl entsprach mit seiner Figur ohnehin nicht dem Idealbild eines durchtrainierten Berufssoldaten; Schokoladenriegel aber – so erfuhr er jetzt –, stellten wahres Gift für seine zukünftigen Leistungen dar. Mein Binôme erhielt unverzüglich Gelegenheit, dem entgegenzuwirken. »Rucksack packen, Idiot!« fuhr Porter ihn an. Vidàl verschwand auf die Stube und kehrte Augenblicke später mit Stahlhelm und Gepäck zurück. Er erhielt sogleich den Auftrag, die Toiletten zu reinigen, um die überflüssigen Kalorien abzutrainieren.

Wie der Legionär stubenrein wird

Auf Sauberkeit wurde großer Wert gelegt. Das Reinigen von Spind und Stube nahm täglich einige Stunden in Anspruch. Auch dann, wenn es nichts mehr zu Reinigen gab. So waren wir immerhin sinnvoll beschäftigt. Um dem traditionellen Reinlichkeitssinn gerecht zu werden, fand sich grundsätzlich für jeden etwas, damit keine Langeweile aufkam.

Hierfür gab es festgelegte Maßnahmen, untrennbar mit dem Dienstbetrieb verbunden, und auch solche, die nur zu bestimmten Gelegenheiten angesetzt wurden. Wenn gerade kein Dienst stattfand, dann reinigten wir eben.

Zu den festgelegten Zeiten – morgens, mittags und abends – rief der diensthabende Unteroffizier die fleißigen Legionäre zu Besen und Eimern. Zwischen 30 und 60 Minuten hatten wir Zeit, die zugeteilten Bereiche auf Hochglanz zu bringen. Zunächst galt dies natürlich für die Stubenbelegschaft; das *Corvée Chambre*, das Stubenreinigen, war immer gut, um uns für eine Weile zu beschäftigen.

Jeweils zwei Stuben waren durch einen Waschraum mit Dusche verbunden, in denen es fortwährend irgendwelche Spuren zu beseitigen gab. Zudem mußte der Raum erst ausgefegt und darauf naß gewischt werden, ebenso wie die Stube selbst. Der Mülleimer wurde geleert, ob er nun voll war oder nicht.

Und wer hier keine Arbeit fand, der beteiligte sich am *Corvée Compagnie*. Unzählige Volontäre auf dem Wege ihrer Entwicklung zu richtigen Legionären schrubbten und fegten die Treppenaufgänge, Flure und Toiletten. Auch für die Übriggebliebenen bot sich letztlich, im Rahmen des *Corvée Quartier*, eine passende Funktion. Jede Stube stellte einen Rekruten mit dem Auftrag ab, dem Außen- und Verwaltungsbereich im Erdgeschoß den nötigen Glanz zu verleihen.

Dreimal täglich rief der Unteroffizier vom Dienst dieses kollektive Putzen aus. Eimer, Besen und anderes Putzmaterial waren Mangelware – ebenso selten wie die Ruhepausen nach den Mahlzeiten.

Die Nachkontrollen wurden von Vorgesetzten stets direkt, oder auch sporadisch durchgeführt. Nur in wenigen Fällen gab es Beanstandungen. Einer dieser wenigen Fälle wird mir ewig in Erinnerung bleiben...

Es war beim Mittagsappell. Die *Section* stand mucksmäuschenstill auf dem Flur angetreten. Mein Blick folgte Truster, der von einem Zimmer ins nächste stürmte. Routinekontrolle. Seit Minuten immer neue Wiederholungen der gleichen Geräuschkulisse: die hohlen Stiefeltritte Trusters auf den Steinfliesen; der Schlag auf die Türklinke; die stumpfen Schritte auf dem Linoleum; das blecherne Krachen der Mülleimer. Truster betritt den Flur und schlägt knallend die Tür hinter sich zu, reine Routine – weiter gehts zur nächsten Stube.

Truster erreicht jetzt die letzte am Ende des Flures. Er versetzt der Türklinge einen Schlag; die dumpfen Tritte; der Mülleimer lärmt blechern – dann Stille. Der Blecheimer fliegt zur Tür hinaus, poltert mit einem Höllenlärm über die Bodenkacheln. Truster betritt den Flur, kickt den Eimer mit einem Fußtritt über den Gang. Unter dem schrillen Schleifen kneife ich die Augen zusammen. Ein zweiter Tritt, und der Müll verteilt sich vollends vor unseren Füßen über den Korridor.

Es war so sicher wie das Amen in der Kirche: Die Stube hatte jetzt nichts zu Lachen. Truster läßt sie antreten und – vermutlich um der gesamten Sache einen halbwegs militärischen Anstrich zu geben – den Gang entlang robben, um alles wieder einzusammeln.

Zu meiner Genugtuung kroch auch der Heuchler Lambert vor unseren Füßen herum und sammelte Kippen und anderen Dreck mit den Fingern auf, die er sich sonst doch so ungern schmutzig machte...

Wirkten solche Exempel auf uns auch in gewissem Maße abschreckend, so kam jedoch der Tag, an dem verschiedene Umstände zu einer weiteren Eskalation führten.

Es war kurz nach einer Stubenabnahme zu – im wahrsten Sinne des Wortes – eklatanten Zwischenfällen gekommen. *Caporal* Keller brüllte über den Flur: »Schweine, verdammte Sauerei!« Er befahl die gesamte *Section* in die Toilettenräume.

Angewidert betrachtete ich das Elend: Das, was eigentlich die Toilettenöffnung hätte treffen sollen, fand sich daneben oder auf dem Rand des Bec-

»Schweine, verdammte Sauerei!«

kens verteilt. Magenprobleme konnten hier nicht einzige Erklärung sein – Keller hielt es schlicht für Randale.

Mehr und mehr verwunderte Legionäre drängten sich in den Raum, wie in eine überfüllte Straßenbahn. Und hatte man uns doch kurz zuvor als Schweine entlarvt – in dem gekachelten Raum fühlte ich mich nun unweigerlich auch an ein Schlachthaus erinnert. *Caporal* Peltonemi war hinzugekommen, die *Section* vollzählig eingerückt. Vier Ausbilder drängten sich mittlerweile am Ausgang; sie untermalten mit finsteren Blicken die Ernsthaftigkeit der Moralpredigt. Peltonemi hatte jetzt das Wort. Noch während er sprach, flogen plötzlich die sonst so schwer zugänglichen Putzmittel über den Boden. Schrubber, Scheuertücher, Scheuermittel in Massen – nichts wurde vergessen. Man führte uns sogleich vor, wie ein gewissenhaftes Reinigen aussah. Flüssige Scheuermittel verteilten die Unteroffiziere in Kopfhöhe über die Kachelwände; Toilettenschüsseln und Becken wurden mit Pulver bedeckt. Als sich – begleitet von letzten Befehlen der *Caporeaux* – die Türen schlossen, standen wir in einer

Wolke aus Scheuerpulver und Zentimeter hoch im Wasser. Sauberkeit war eben wichtig.

Innerhalb des Regimentes stellten die Kompanien der *Engagés Volontaires* Personal für verschiedene Dienste ab. Der Küchendienst, über sieben Tage, gehörte nicht unbedingt zu den beliebtesten Aufgaben. Ich war allerdings der Meinung, daß er irgendwelche Risiken nahezu ausschloß. Denn, rückblickend auf die Zeit in Aubagne, sah ich mich hier zumindest für eine Woche von Versorgungsproblemen entbunden. Also meldete ich mich, solange noch Plätze zu haben waren.

In unsere sechs Mann starke Gruppe mischten sich auch die Ungarn Mollnar und St. Peteri. Aufgeschlossen und liebenswert, war Mollnar der Typ Mensch, dem man einfach nichts verübeln konnte. Mit seinen sportlichen Leistungen wurde ihm weitgehend der Respekt aller zuteil, aber nach zwei Monaten sprach er immer noch so gut wie kein Wort französisch.

Die Tatsache, daß wir in der Küche Turnschuhe zu unseren Kampfanzügen trugen, empfanden wir als recht unsoldatisch. Die Anwesenheit von Mollnar aber setzte dem Ganzen die Krone auf. Täglich hatte er neue Späße auf Lager, und so wurde der Küchendienst mit jedem Tag aufs neue spannend.

Niemand von uns nahm die Vorgesetzten hier so recht ernst, und neben Spül- und Putzdiensten machten wir uns einen Spaß daraus, mit ständig wechselnden Finessen die Arbeit zu umgehen.

Die Küchenangestellten hatten im wesentlichen mit ihrer eigentlichen Arbeit zu tun, sie konnten sich bei weitem nicht so um uns kümmern, wie die Ausbilder der Kompanie. Unbeobachtete Momente nutzten wir aus, um immer neue Vorratslager ausfindig zu machen. Eine besondere Herausforderung stellte es dar, unter den Augen der Köche das Tagesmenü zu erkunden, um anschließend diese Delikatessen zu plündern.

Während der Essensausgaben kümmerte sich erst recht niemand um unsere Aufsicht, denn das Küchenpersonal war vollauf mit seinen Aufgaben beschäftigt. Zu den übrigen Zeiten war man jedoch zweifelsohne bestrebt, uns ständig zu beschäftigen. Teller mußten abgeräumt und Geschirr gespült werden. Wir entwickelten ständig Taktiken und Strategien, diese Aufgaben wieder und wieder zu umgehen, um uns anschließend auf Nahrungssuche zu begeben – solange eben, bis wir wieder erwischt wurden.

Obwohl wir ihnen damit vermutlich den letzten Nerv raubten, schienen die Köche des täglichen Spiels nicht müde zu werden.

Es war zur Mittagszeit, der Speisesaal war überfüllt, als ein angehender Ausbilder – *Moniteur* Porter – bei Mollnar eine Karaffe Cola orderte. Mollnar, der für das Abräumen des Geschirrs verantwortlich war, fühlte sich zum Kellner degradiert – zudem noch für den arroganten Porter.

Erbost stürmte Mollnar in die Küche. Porter, ohnehin nicht sehr beliebt, hatte nun sogar noch den Franzosen Lambert am Tisch sitzen. Lambert galt nunmal als der übelste Schleimer der *Section*. Da saßen also beide Figuren an einem Tisch. Und beide wollten bewirtet werden. Wir waren nicht bereit, diese Schmach hinzunehmen.

Während ich noch gedanklich nach einer angemessenen Gemeinheit kramte, schnatterten Mollnar und St. Peteri aufgeregt in ungarischer Sprache. St. Peteri griff sich eine Glaskaraffe aus dem Regal und Mollnar fingerte unterdessen an seinem Hosenschlitz herum. Die Situation war klar – krümmend vor Lachen bewachte ich den Eingang. Der gefährlichste Teil der Übung bestand nun darin, die präparierte Karaffe im Speisesaal mit Cola aufzufüllen. Mollnar wollte sich diesen Spaß nicht nehmen lassen und servierte anschließend wie von Porter bestellt – mit einem zufriedenem Grinsen.

So bekamen Lambert und Porter ihr Fett weg. Die restliche Zeit der Grundausbildung brachten wir Porter mit der Szene immer wieder schier zum Verzweifeln. Immer, wenn er hart durchzugreifen versuchte, war irgendwo leise zu hören: »Noch eine Cola, Porter?«

Wenngleich uns beim Küchendienst so mancher Jux in den Sinn kam, bestand der größte Vorteil doch in der Befreiung vom Kompaniedienst. Gerade die Wochenenden standen im ausgesprochenen Kontrast zum übrigen Alltag, der Mangel an Abwechslung machte jedermann zu schaffen. Es war die Angst vor dem Nachdenken. Wir durften das Gebäude nicht verlassen, hockten auf der Stube herum und schlugen die Zeit tot.

In jeder Stube logierte auch ein Ausbilder. Bei uns war es Truster. Er wachte unablässig darüber, daß niemand auf dem Bett saß oder gar lag. Verfehlungen wurden unmittelbar mit Liegestütz und Sonderdiensten ausgemerzt. Von Zeit zu Zeit gingen die *Caporeaux* über den Flur und durch die Stuben. Jedesmal wenn ich Kameraden in anderen Zimmern aufsuchte, stand irgendwo eine Tür offen und lautes Zählen war zu hören. 50 Liegestütz waren die übliche Buße für kleinere Sünden. Am Ende des Tages bzw. am nächsten Morgen wurden dann die Resultate untereinander verglichen. Wer als besonders aufsäßig galt, lag automatisch auch vorn; Großmäuler wie Kadde brachten es locker auf Tagesleistungen von etwa 300 Liegestützen.

Sonnabends und am Sonntagmittag bekamen wir als Ersatz fürs Abendessen ein kleines Paket mit etwas Brot, Marmelade oder Wurst; einer Getränke- und einer Chips-Tüte. Diese karge Verpflegung stellte nach den paradiesischen Erfahrungen während des Küchendienstes ein ernsthaftes Problem dar. Auch wußte ich noch nicht so recht, wie ich der Langeweile in der kommenden Woche begegnen konnte. Gleichermaßen galt es dem Verpflegungsnotstand irgendwie entgegenzuwirken; also nutzte ich die folgenden Tage für einige wichtige Erkundungen.

Meine Erfahrung aus der Zeit als Unteroffizier waren dabei sehr dienlich. Schnell fand ich heraus, daß es hier nicht viel anders war, denn nach durchschnittlich 15 Stunden anstrengendem Dienst wurden selbst Halbgötter müde. Der Zapfenstreich war bereits geblasen worden, lediglich der *Caporal* vom Dienst wachte über die Ruhe auf den Fluren. Für mein Vorhaben hatte ich mich weitestgehend abgesichert, durch eine sorgsame Erkundung während der vorangegangenen Tage.

Mein Plan stützte sich auf die wenig überschaubare Betriebsamkeit kurz nach dem Zapfenstreich. Nach dem allabendlichen Hornistensignal waren also einige Minuten Geschäftigkeit nichts Außergewöhnliches. Da man sich nur zu dieser Tageszeit wirklich ungestört auf die Toilette begeben konnte, kehrte erst nach zehn bis 15 Minuten absolute Ruhe im Gebäude ein. Mit Aufsichtspersonal war vor Ablauf dieser Frist nicht zu rechnen.

Unter strikter Geheimhaltung verließ ich das Zimmer und schlich über zwei Stockwerke zu einem Seitenausgang im Erdgeschoß. Die mühsam gesammelten Münzen drückten im Schuh. Dies war jedoch die einzige Stelle, wo mich das Klimpern nicht verriet. Äußerlich wies nichts auf meinen Dienstgrad hin; die Straße zwischen den beiden Gebäuden überbrückte ich also souverän mit festen Schritten. Dieses Gehabe mußte jedermann verdeutlichen, daß ich für den nächtlichen Ausflug absolut legitimiert war.

Das Ziel lag nur noch wenige Meter entfernt. Ich nahm die Stufen zum Versorgungsgebäude mit gespielter Lässigkeit, öffnete die Tür wie schon hunderte Male zuvor – und dort stand ER. Das surrende Geräusch beherrschte die Stille in der Vorhalle. Ich hatte den Automaten direkt vor mir und konnte zwischen fünf(!) verschiedenen Schokoladenriegeln wählen. Als die erste Münze durch den Geldschlitz ratterte, hatte ich den Eindruck, das gesamte Regiment würde jeden Moment aus den Betten springen. Niemand beachtete mich. Die Beute verstaute ich im Bund meiner Unterhose und trat den Rückweg an.

Ein Güterzug dröhnte über die nahen Bahngleise und übertönte das Schlagen der Gebäudetür.

Für das nahende Wochenende hatte ich mir jedenfalls einen Versorgungsweg geöffnet, und bei späteren Gelegenheiten nutzte ich meine zunehmende Dreistigkeit sogar für einige Telefonate.

Immerhin verhinderten ähnliche Aktivitäten, daß Gedanken an die Vorzüge eines Zivillebens ihr zermürbendes Spiel mit mir treiben konnten. So fordernd bis zu 17 Stunden täglicher Dienst auch waren, am Wochenende herrschte die große Angst vor dem Nachdenken – das Schreckgespenst Langeweile ging um.

Kasernenroutine kehrte ein. Die Nachwirkungen von Raissac verflogen schnell. Niemand schien besonders glücklich über die freie Zeit an den Wochenenden. Der Frust entlud sich in Gesprächen, Streitigkeiten oder einfach in Lethargie.

Reibereien machten natürlich schnell die Runde. Als der Ungar Szabo mit einem Kameraden über den dunkelhäutigen Beckdemir hergezogen war, hatte auch *Caporal* Keller davon Wind bekommen. Eine Dose Schuhcreme war die Quelle des Übels gewesen. Die beiden Strolche verglichen die dunkle Hautfarbe Beckdemirs mit der Cremedose, machten sich über den schmächtigen Marokkaner lustig und stichelten ihn mit rassistischen Sprüchen.

Damit hatten Sie einen empfindlichen Punkt bei Keller getroffen. Die Bedeutung des in der Fremdenlegion herrschenden Korpsgeist schien dem Ungarn Szabo noch nicht geläufig zu sein. Und wenn doch, dann hatte es hier wenigstens in der Umsetzung gehapert. Keller wählte den Mittagsappell, um alle an der Belehrung teilhaben zu lassen. Die *Section* versammelte sich vor dem Gebäude. Keller rief Szabo und den zweiten Unruhestifter zu sich. Er griff die beiden am Genick, drehte ihre Gesichter in unsere Richtung und begann zu mit ruhiger Stimme zu sprechen. Das Rumoren in unseren Reihen verstummte respektvoll. Der *Caporal* schilderte jetzt Dinge, die für uns noch fremd klangen. Vom Zusammentreffen der über 100 Nationen war die Rede; von Kameradschaft und davon, daß hier nicht Hautfarbe, Rasse oder Religion, sondern Leistung zähle. Die beiden Sünder standen verlegen vor der Front und mußten sich der Frage stellen, wie sie sich wohl ihrem Opfer gegenüber fühlen würden, wenn dieser einmal ihr armseliges Leben retten sollte. Spätestens jetzt wurde allen die Schwere der Tat bewußt. Keller schüttelte beide gleichzeitig, die Hände umschlossen immer noch deren Nacken. Der *Caporal* schüttelte jetzt heftiger, ohne etwas zu sagen. Das beschämte Lächeln auf den Gesichtern der beiden Übeltäter wechselte zu einem verwirrten Ausdruck. Als die Köpfe das erste Mal zusammenstießen, wurde es totenstill in den Reihen. Die beschwörenden Worte des *Caporals* klangen jetzt noch eindringlicher. Nach dem zweiten dumpfen Schlag wuchs unser Mitgefühl für die Täter. Den dritten Aufprall kommentierte die angetretene *Section* kaum hörbar mit einem *Uhhhh* und *Fsssss*. An Szabos Stirn wucherte eine Beule in der Größe eines Taubeneis; beider Köpfe färbten sich binnen Sekunden dunkelrot.

Nach glaubhaften Reuebekundungen durften sie sich wieder einreihen und wir wurden zum Speisesaal geführt. Szabo marschierte gleich hinter Beckdemir, der aus seiner Schadenfreude kein Geheimnis machte. Als Beckdemir sich umdrehte, um Szabo obendrein gehässig anzugrinsen, trat der Ungar im derart ins Gesäß, daß der schmale Marokkaner vom Boden abhob und auf seinen Vordermann geschleudert wurde.

Gleichermaßen hatte es in einem unserer Nachbarzüge Streitigkeiten gegeben, die in eine regelrechte Messerstecherei gipfelten: Drei Rekruten stachen einen Australier mit ihrem Opinel(-Taschenmesser) nieder. Ich rätselte darüber, wie sie das mit diesem wackeligen Ding wohl angestellt haben sollten. Denn das Taschenmesser war zum Stechen denkbar ungeeignet. Es besaß einen glatten Holzgriff, und die Klinge war nur durch einen genieteten Metallring stabilisiert.

Präventivmaßnahmen, wie die Kellers, hatten in anderen Zügen offenbar nicht gewirkt oder gar nicht erst stattgefunden.

Das Nachdenken am Wochenende forderte auch in der Nachbarkompanie auf bittere Weise ein Opfer. Dort fand man eines Montag morgens einen gerade 18 gewordenen Iren am Treppengeländer. Mit den Schnürsenkeln seiner Stiefel hatte er sich erhängt und dem diensthabenden *Capo* einen unschönen Anblick zum Wochenanfang beschert.

In den kurzen Gesprächen am Frühstückstisch kanalisierten sich die Kommentare in zwei Lager. Während Lockett und ich der Auffassung waren, daß es auch andere Auswege als den Freitod gab, sinnierten andere über die Haltbarkeit französischer Schnürsenkel. Lockett und ich spekulierten darüber, ob der Ire wohl im Magazin *Képi blanc* unter der Rubrik »Gefallen im Dienste Frankreichs« Erwähnung finden würde.

Pfiffig und fidel

Mein *Képi* strahlte, weißer ging es nicht. Die Stiefel glänzten und gleißten nur so. Die roten Fransen der *Epauletten* hingen, säuberlich gekämmt, von meinen Schultern. Über die Mitte beider Hosenbeine verlief eine messerscharfe, erhabene Bügelfalte: sie hatte mich die größte Mühe gekostet. Über der graugrünen Anzugjacke trug ich den meterlangen blauen Tuchgürtel, welcher ursprünglich dazu gedacht war, als Bauchbinde die Eingeweide vor Kälte und Belastungen zu schützen. In der modernen Legion diente er freilich nur der Traditionspflege. In die Leibbinde hatte ich mich unter Mithilfe eines Kameraden eingedreht; der Helfer knickte nun das überschüssige Ende vor meinen Bauch. Er legte den Stoff einmal um; der Knick verlief nun nicht gerade, sondern beschrieb eine diagonale Linie. Die Verlängerung dieser Linie wies eine Verbindung von der unteren rechten Ecke meiner linken Brusttasche zur oberen rechten Ecke meiner rechten Seitentasche auf. Das Gebinde fixierte ich dann mit dem sorgsam eingestellten Koppel; am Lochkoppel würde nachher auch das Bajonett befestigt – im zweiten und dritten Loch, auf der linken Seite. Am *Képi* befestigte ich den dünnen schwarzen Kinnriemen. Mein doppelter Krawattenknoten erfuhr eine letzte Korrektur. Ich überprüfte den gesamten Sitz vor dem Spiegel und ließ die Hosenbeine noch einmal von meinem Nebenmann glattziehen. Auf den Formaldienst gewissenhaft vorbereitet, wartete ich nun lediglich auf den Befehl zum Antreten.

Truster ließ die *Section* auf der Straße vor dem Nachbargebäude versammeln; wir marschierten zur Waffenkammer. Etwa zehn Meter von dem kleinen Ausgabefenster entfernt ließ Truster Halt machen.

Die Anspannung wuchs, und ich haßte jeden, der jetzt ein überflüssiges Geräusch verursachte, welche seine Worte übertönte. Französische Zahlen klangen in meinen ungebildeten Ohren immer noch wie gutturale Laute. Colin stand dort vor der Ausgabe, griff ein FAMAS nach dem anderen und brüllte die sechs Zahlen der Kennummer. Natürlich erwartete er, daß der Besitzer blitzschnell reagierte – und wer wollte schon Colin verärgern.

Ohne Rücksicht zwangen mich diejenigen, die Ihr FAMAS bereits empfangen hatten, zu unglaublicher Konzentration. Es raschelte und klapperte; hier und da wurde verhalten gemurmelt; inmitten dieser Kulisse würde ich gleich Zahlen entziffern müssen, die für mich alle ähnlich klangen.

Die Waffenkammer befand sich im Erdgeschoß; von der Straße bis zur balkonähnlichen Brüstung, auf der Colin stand, war es im Grunde kein Weg. Wären da nicht die teils ignoranten, teils egoistischen Kameraden um mich herumgestanden. Denn kaum hatten einige ihre Waffe empfangen, fummelten sie auch schon gedankenverloren am Tragriemen; irgend jemand stieß seinem Nachbarn die Mündung unter das Kinn, als er den Sitz des Gewehrs prüfen wollte – das verursachte noch zusätzliche Unruhe. Während ich theoretisch durchspielte, wie eben solche Nervensägen auf den entscheidenden Metern aus dem Weg zu räumen wären, bemühte ich mich, alle unwichtigen Sinnesreize zu ignorieren und heftete meinen Blick dabei *Chef* Colin förmlich an den Mund. In Gedanken sprach ich die Kennummer meiner Waffe fortwährend vor mich hin, hoffte, bestmöglich vorbereitet zu sein. Jeden Augenblick könnte meine Nummer zu hören sein...

Natürlich hatte ich mein Stichwort um Sekunden verpaßt – zu langsam. »*Dépêche-toi*, Schumascher!« Natürlich beeilte ich mich. Aber auch mein entschuldigender, verbissener Gesichtsausdruck verhinderte nicht, daß mir das sperrige Vier-Kilo-Gerät auf halbem Weg entgegenflog. Viele waren nicht so schnell wie ich. Der wachsende Ärger in Colins Gesicht war nicht zu übersehen.

Nachdem die Waffen ausgegeben waren, brauchte Colin keine Anweisungen mehr zu geben; unsere Blicke richteten sich konzentriert auf einen fiktiven Punkt entlang der Straße.

Um den Zug besser überwachen zu können, begab Colin sich mit mächtigen Schritten an das hintere Ende der Marschordnung. Er verschwand damit aus meinem Blickfeld. Ein undefinierbares Prickeln zwischen meinen Schulterblättern signalisierte mir aber, daß er sich jetzt dicht hinter mir befand. Verursacht wurde dies nicht durch die Angst vor ihm, sondern vielmehr durch die Tatsache, daß der neben mir stehende Matus – ungeachtet der Gefahr – immer noch hektisch den Kinnriemen seines *Képis* befummelte.

Im gleichen Augenblick hallte auch schon ein dumpfer Schlag durch seine Brust. Der kleine Matus bäumte sich für eine Sekunde auf, verlor dann sein Gleichgewicht und stolperte nach vorn. Sein vom Schmerz verzerrtes Gesicht schlug auf die Waffenmündung des Vordermanns.

Es wäre uns vielleicht geglückt, Colins Groll durch eine mustergültige Marschordnung wieder zu beschwichtigen, aber die angestimmten Gesänge hatten in seinen empfindlichen Ausbilderohren skandalös geklungen.

Es war mittlerweile 13 Uhr, und mir war spätestens jetzt bewußt: Die verbleibenden Stunden Dienst würden kein Zuckerlecken werden. Stundenlang marschierten wir höchst konzentriert und stocksteif durch die Kaserne. Vorbei an den Unterkünften der übrigen Ausbildungs-Kompanien; über den rot gepflasterten Exerzierplatz; wieder zurück zur Waffenkammer, für eine weitere Runde. Die traditionellen 88 Schritt pro Minute verhinderten, daß wir aus dem Takt gerieten. Die Gebäude verliehen dem *Boudin* einen wuchtigen Nachhall.

Mogelpackung

Ein ebenso klangvolles Echo hätte sich den Einöden Afrikas sicher nicht entlocken lassen, einerlei, wie gepflegt die Legionäre dort ihren Marschgesang vorbrachten. Im Wüstensand wäre ich wohl dankbar für nur 88 Schritt in der Minute gewesen, welche hier, auf den Teerstraßen der Kaserne, so schwerfällig wirkten. Abgesehen vom traditionsreichen Marschlied der Fremdenlegion und dem Marschtritt – der in der Wüste entstanden war – blieben Berührungspunkte zum Abenteuer in der großen weiten Welt aus. Wir kamen nicht einmal auf Tuchfühlung. Es gab wenige Anlässe in der Grundausbildung, die ein Licht auf die weitere Verwendung in Übersee geworfen hätten. Überhaupt waren die Tatsachen eher ernüchternd. So ließen sich alle potentiellen Standorte auf der Weltkarte identifizieren – man war aufgeklärt. Mögliche Einsätze ließen sich absehen, sie fanden ohnehin nur noch selten statt. Die Kanonenfutter-Generation war längst ins Zivilleben entlassen. Schon lange konnte man nicht mehr sicher sein, daß die eigene Abenteuerlust auch hundertprozentig befriedigt wurde – nicht während fünf langer Jahre. Scharfe Einsätze waren selten geworden; selbst die Helden von Kolwezi dienten, wie Rosa-Fatela, längst als Ausbilder oder versahen ihren Dienst auf Verwaltungsposten. Die berüchtigten Disziplinarmaßnahmen der Fremdenlegion waren jenen der regulären französischen Armee weitgehend angeglichen – auch wenn es Typen wie Colin gab, die es letztlich mit der praktischen Umsetzung nicht so genau nahmen.

Es gab nur wenige Anhaltspunkte dafür, daß etwa das große Abenteuer in entlegenen Winkeln der Erde auf uns wartete.

Ernüchternd war auch, daß ich im großen und ganzen alles in abgewandelter Form schon einmal durchlaufen hatte. Und traf dies bei mir nicht zu, dann bei anderen. Die professionellen Soldaten, die Zuhälter und die Zyniker ließen bei entsprechenden Gelegenheiten meist bagatellisierende Bemerkungen fallen. Diese hobelten den Mythos Fremdenlegion auf das Niveau konventioneller Armeen herunter. Die Unterschiede zu anderen Armeen lagen eher in der Art und Weise, mit der man bei der Fremdenlegion Dinge vermittelte. Auslandseinsätze etwa galten als nichts Besonderes und vollzogen sich eher nebensächlich.

Und somit hatten wir uns auch diesen Morgen auch für den üblichen 8000 Meter-Lauf Stiefel, Hose und Sporthemd übergezogen, obwohl einige Impfungen bevorstanden – diese waren jedoch zweitrangig. Nur die Tauglichkeit für Wüsten und Tropen sollte uns heute gespritzt werden – nichts weiter. Der Hauch ferner Länder wurde zwar implantiert, zur Vorfreude auf irgend etwas Exotisches gab es jedoch nicht den geringsten Anlaß. Das Frühstück war betont dürftig ausgefallen; das Serum wirkte wohl am besten auf leere Mägen.

Wir sollten die Impfung jedenfalls nüchtern erleben. Der gesamte Troß trabte zum Sanitätsgebäude. In Reihe rückten wir auf den Fluren ein. Den Vordersten schien gesagt worden zu sein, sie sollen ihr Hemd ausziehen, also taten es ihnen alle anderen ohne weitere Aufforderung nach. 50 nackte Oberkörper drängelten sich wie ferngesteuert durch die Gänge, immer darum bemüht, nicht die allgemeine Geschäftigkeit der Ärzte und Sanitäter zu stören. Immer noch schien niemand zu wissen, was man von uns wollte.

Aus unbestimmbarer Richtung hieß es plötzlich: »Gesicht zur Wand!« Ich drehte mich zunächst zur Wand, kam mir aber blödsinnig vor und blickte neugierig zur Seite. Zwei Sanitäter zogen den Gang herauf und schmierten den Ersten der Reihe große Kreuze auf den Rücken. Weiter hinten sortierte ein Arzt routiniert seine Spritzen. Ein *Sani* war inzwischen bei meinem Nachbarn angelangt; in der linken Hand hielt er eine blecherne Nierenschale, mit der rechten bediente er ein Gerät, das einer Bratwurstzange glich. Die mit Jod-Tinktur getränkten Wattebällchen warf er nach der Benutzung in einen Beutel – der füllte sich zusehends, und er sah irgendwie unappetitlich aus.

Hinter mir hörte ich die Zange nach einem der frischen Tupfer schnappen. Lustlos verteilte der Sanitäter die eiskalte Flüssigkeit über meinen Rücken. Fertig - der Doktor nahte bereits. Mich fröstelte noch, da stach er mir schon eine Spritze nach der anderen, bis ich feststellte, daß er bereits meinen Nebenmann malträtierte. War er schon fertig? Wie oft hatte er gestochen – vier, fünf Mal? Ich hatte keinen Schimmer; gleich darauf bewegten wir uns schon wieder vor das Gebäude – schließlich stand noch der Acht-Kilometer-Lauf auf dem Programm. Auf dem Hemd meines Vordermanns zeichneten sich violette Flecke ab. Im Trab ging es zum hinteren Durchgang im Kasernenzaun, allem Anschein nach direkt auf die Laufstrecke – mein Rücken schmerzte noch.

Der *Huit mille des Troupes Aéroportés* war gewissermaßen eine Mogelpackung, denn die acht Kilometer waren eigentlich neuneinhalb. Und ebensowenig war dieser ausschließlich den Luftlande-Truppen vorbehalten. Jene scheinbar nicht erwähnenswerten 1500 Meter gehörten aber gleichfalls zur sportlichen Wertung wie die anschließenden 8000. Während ich noch der Überzeugung war, wir liefen jetzt in gemäßigtem Tempo entlang des Kanals, sprintete *Sergent* Briot auf Kommando los, wie von der Tarantel gestochen. Das Feld zog sich schnell auseinander. Unmöglich, so dachte ich, würde auch nur einer der *Section* das Ziel erreichen, wenn Briot dieses Tempo halten wollte – über die vollen 8000 Meter. Dann stoppte er. »Fünf Minuten Pause«, ließ er verlauten. Nun konnten wir uns auf die eigentliche Strecke vorbereiten. Bis ich diese Strecke so ungeniert laufen könnte wie *Sergent* Briot bedurfte es noch einiges an Training. Schließlich würden wir die gleiche Distanz demnächst nur noch mit Rucksack bewältigen – und dieser wog immerhin elf Kilo. Ich hatte mir sagen lassen, daß diese Art von Sport im Fallschirmjägerregiment noch zu den einfacheren Übungen gehörte – ich würde künftig also noch schwer an meiner Kondition arbeiten müssen.

Auch in Camurac sollten wir an unserer Kondition arbeiten. Rosa-Fatela beschrieb die geplante Ausbildungsstation in seiner typischen Manier: Sobald der sachliche Teil der Beschreibung beendet war, mutierte er in solchen Momenten beinahe zu einem Verkäufer, der am Ende den Vertrag vorlegte, in welchem wir unsere »freiwillige« Teilnahme unterschreiben sollten...

Im Lager Camurac wurden die Rekruten-Kompanien im Gebirgskampf geschult. Derzeit lag dort jedoch kein Schnee, daher sollte es für uns an erster Stelle eine Art Trainingslager, eine Vorbereitung auf den RAID-Marsch sein. Hier konnten wir uns auf den Fußmarsch am Abschluß der Grundausbildung vorbereiten, der sich 160 km über die Pyrenäen erstrecken würde.

Rosa-Fatela ließ keine Gelegenheit aus, uns die bevorstehende Woche schmackhaft zu machen; fast wartete ich jeden Moment auf einen Schlußsatz wie diesen: *Na was sagt ihr Jungs, seid ihr dabei oder was?* Wenn man Colin hingegen so betrachtete, mochte man ohnehin schon annehmen, sein Gesicht sei irgendwann einmal während eines Wutausbruchs stehengeblieben; wenn er jetzt aber daneben stand, als Rosa-Fatela die Ausbildungsstation anpries wie Heizdecken, verfinsterte sich sein Gesicht noch um einiges mehr.

Als ich diesen Ausdruck zum ersten Mal bemerkte, hatte ich ihn noch nicht richtig deuten können. Aber heute war es offenkundig, worauf er sich bezog: Einige nutzten die betuliche Art Rosa-Fatelas aus. Insbesondere die Franzosen begannen scheinheilig, belanglose Fragen zu stellen. Und um so mehr Fragen sie stellten, um so länger war unser Arsch im Warmen. Solange der *Adjudant* redete, scheuchte uns auch niemand durch die Kaserne.

Aber es schien nicht nur das scheinheilige Gewäsch zu sein, was Colin reizte; offensichtlich ärgerte ihn auch Rosa-Fatela, der zu allem Überfluß auch noch darauf einging. An der Wand lehnend, ohne den Adjudant weiter zu beachten, fauchte Colin lästige Fragesteller an: »Das braucht ihr nicht zu wissen, ihr Penner«, oder: »Wartet nur – nachher kriegt ihr's schon!«

6 Camurac

Berge, Statisten und Bräute

Als wir das *Quartier Danjou* verließen, vollzog sich die Trennung vom Kasernenleben – verglichen mit der Hektik vor Raissac – schon weitaus routinierter. Die Abwechslung kam nach meinem Geschmack. Die lange Fahrt durch die Berge führte durch Dörfer mit unaussprechlichen Namen, in denen wir teils argwöhnisch, teils voller Bewunderung begafft wurden.

In einem Städtchen kam unser *Camion* an einer Ampel zum Stehen. Ich betrachtete die Menschen und war für einen Moment wie entrückt: Für einen Augenblick erschien mir die Freiheit als unerreichbar nah, urplötzlich war sie bedeutungsvoll, ja, begehrenswert geworden... Ein Sprung über die Ladefläche; nicht umdrehen; einfach um drei Häuser und in der Menge abtauchen; herumschlendern; einkaufen, wie all die Menschen dort unten es auch ganz selbstverständlich taten. Ob es vielleicht hier ganz in der Nähe einem belebten Marktplatz gab?

Kaum einen Meter vor mir passierte eine Frau mit Kind die Ladefläche. Das Kind schaute fürwitzig zu uns herauf. Die Mutter sagte nichts. Sie warf ebenfalls einen Blick herauf und vereinigte all ihre Abscheu in diesem einem Blick. Und der traf ausgerechnet mich. Ich nahm kurz Notiz von ihrer Attraktivität; einen Moment lang sah ich ihr in die Augen, dann ruckte der LKW grob an. Niemand hatte bis dahin ein Wort gesagt, es schien alle kalt erwischt zu haben. Als ich nach links schaute, schmunzelte mich Eddi Souchon an: »*Wow, Schu'*«. Ich lächelte zustimmend. Niemand sprach ein Wort, bis wir den Ort hinter uns gelassen hatten.

Die Laster schleppten uns auf eine Höhe von 1000 Metern über dem Meeresspiegel. Meine Lungen füllten sich mit herrlicher Bergluft, die sich so frisch anfühlte, daß ich nicht genug davon inhalieren konnte. Es war, als atmete ich Gesundheit in Reinkultur, und mein erster Gedanke war, daß ich zu gern zwei Wochen hier trainiert hätte – privat. Genau so schrieb ich es später auch in mein Tagebuch.

Ein abgelegenes altes Landhaus kam in Sicht – wir waren am Ziel. Die Unterkunft gehörte zu jenen ungezählten Gebäuden, welche die Legion an jedem Ort der Welt angemietet zu haben schien – jedenfalls entstand bei mir dieser Eindruck. Denn laufend war zu hören, *dieses Grundstück* gehöre *der Legion* und *jenes Grundstück* gehöre *der Legion*. Woher kamen bloß die ganzen Gelder?

Nach der Ankunft wurde es gewohntermaßen etwas hektisch. Der Bau entpuppte sich als heruntergekommene, baufällige Hütte. Nur wenige Räume gestatteten eine gefahrlose Benutzung – wir mußten alle im zweiten Stock Platz finden. In zwei kleinen Räumen stellten wir Feldbetten auf, zwängten Gestelle dicht an dicht. Am Ende war kaum mehr ausreichend Platz vorhanden, die Dinger im hinteren Teil des Raumes zu erreichen.

An der Außenmauer führte ein dickes Metallrohr hinunter, von der Dachrinne in der dritten Etage bis auf den Boden. Der Fuß der Stange verschwand in einem kleinen Kieshaufen. Unser Getrampel hätte wohl die Treppe, wenn nicht gar das Gemäuer zum Einsturz gebracht.

Anstatt über die Stufen nach unten zu rennen, liefen also 54 Mann zunächst hinauf in die dritte Etage, in einen winzigen Raum, mit einem noch kleineren Fenster. Das Fensterbrett hatte augenscheinlich bereits unter Tausenden von Stiefeln leiden müssen und bot nicht unbedingt einen optimalen Ausstieg. Als mein Vordermann den Blick auf das Loch in der Wand freigab, stockte ich kurz, wollte dann aber nicht unbedingt als kompletter Blödmann erscheinenn. Mit dem lauten *»Allez, allez!«* eines Unteroffiziers im Nacken dachte ich *scheiß drauf!* und lief los. Ich machte einen Satz auf das Fensterbrett, schlüpfte durch die kleine Fensteröffnung, sprang aus dem dritten Stock und knallte einen Meter weiter gegen das angerostete Metallrohr, um mich anschließend daran herunterrutschen zu lassen. Rosa-Fatela belohnte mich mit einem gedehnten *bien Schumaschäär!*. Eine daumengroße Blase an den Sohlen dankte mir die Landung mit stechendem Schmerz.

Der nächste Tag begann mit Sport. In aller Herrgottsfrühe packten wir den Rucksack, bis das Gewicht von elf Kilogramm erreicht war, warfen ihn auf den Buckel und rannten einige Kilometer durch die umliegenden Berge. Die acht Kilometer waren keine ungewohnte Strecke mehr; das Gelände aber war wesentlich bergiger und schroffer als Castelnaudary. Jedoch allein schon die Gebirgsluft ließ meine Leistungsbereitschaft wahrhaft aufblühen. Einzig die Blase unter meinem Fuß wurde zur Plage, und jetzt machte sich an gleicher Stelle sogar noch ein zweiter Quälgeist breit.

Stunden später dachte ich nicht mehr daran, denn Rosa-Fatela schob auf einer großen Wiese, unterhalb des Hügels, eine flüchtige ABC-Ausbildung ein; und die beurteilte ich als um ein Vielfaches nervtötender. Auch Colin betrachtete die Instruktion, welche nunmal zur Grundausbildung gehörte, wohl als völlig albern an: Jemand, der eine ABC-Maske trug, sah in meinen Augen grundsätzlich grotesk aus. Mochte der Hintergrund auch noch so ernst sein – auch nach Jahren hatte ich mich nie an dieses Bild gewöhnen können. Der Anblick erinnerte mich eher an einen Ameisenbären. Diese Maskierung verzerrte jedes propere Erscheinungsbild zu einer Karikatur; unter der Gummihaut verwandelten sich Gesichter in Fratzen, die nur noch mit den Augen kommunizierten. Selbst während der Bombenangriffe auf Tel Aviv hatte ich das Ding nie aufgesetzt.

Gegen zehn Uhr rollte ein Lkw die geschlängelte Schotterstraße hinauf, daraufhin stellten wir den Mumpitz endlich ein. Das Gepäck legten wir am Hang ab. Am Laster wurde bereits das zweite Frühstück von der Heckklappe gereicht. Der fast zahnlose Dumont stand hinten auf der Ladefläche zwischen drei Kartons und gab jedem eine Büchse Sardinen, eine Flasche *Vitamin K* und jeweils für zwei Mann ein Baguette. Erst als ich mich neben Vidàl auf den Rucksack gesetzt hatte, registrierte ich den herrlichen Ausblick. Es bedurfte immer eines Moments der Ruhe, bis ich die Faszination einer solchen Umgebung wahrnehmen konnte. Unter dem Einfluß der Grundausbildung bewegte ich mich bereits wie eine Aufziehpuppe, von ganz allein ständig in Bewegung. Stillstand war selten geworden.

In der Pause bot Lockett den nötigen Ausgleich hierzu. Er fand meist schnell ein ablenkendes Thema und verwandelte den Moment in einen Kurzurlaub; das sonnige Wetter trug den übrigen Teil dazu bei. Danach verfielen wir in Einsilbigkeit und genossen den Blick auf grasbedeckte Hügel, bunte Täler und schneebedeckte Gipfel – irgendwo dahinter mußte Spanien liegen.

Rosa-Fatela schlenderte währenddessen locker durch die Reihen. Er wechselte mit dem einen oder anderen ein Wort, beiläufig kündigte er für den Nachmittag den Beginn eines zweitägigen Marsches an. Meine Blase meldete sich zu Wort, als ich das Bein streckte. Die Tour verhieß eine erfreuliche Abwechslung, ich sah dem Nachmittag mit Freude entgegen.

Nur mühselig hatte ich in dem Durcheinander der Unterkunft mein Eßgeschirr ausmachen können; trotzdem fand ich mich recht zügig zur Essenausgabe vor dem Gebäude ein. Welche Stelle wir zum Verzehr der Mittagsmahlzeit wählten, war den Ausbildern einerlei. Also zog ich mich mit Lockett zurück in die Bude. Das Hinunterschlingen der Mahlzeiten war schon zur Routine geworden, wenigstens wollten wir uns noch einen Kaffee gönnen – in aller Ruhe. Daß etwas dazwischen hätte kommen können, war relativ unwichtig – Zweifler und Zögerer blieben ohnehin auf der Strecke. Und wenn irgend jemand etwas dagegen gehabt hätte – so dachten wir uns –, würden wir schlimmstenfalls etwas mehr Wirbel als üblich haben. Wir würden es spätestens wissen, wenn wir es täten . . .

Zwischen zwei Betten stieg bereits Dampf aus dem wassergefüllten Becher. Hypnotisiert starrten Lockett, Vidàl und ich auf den fauchenden Gaskocher. Auf dem Fußboden zelebrierten wir unser kleines Ritual. Just in dem Moment kam wieder Bewegung in die trügerische Ruhe: Das Getrampel im Treppenhaus wurde lauter, Kameraden stürzten sich zielstrebig auf ihre Gepäck. Sie stießen gegen die Betten und fluchten. »Vergiß den Kaffee Schu'«, meinte Vidàl, der bereits seine Arme tief im Rucksack vergraben hatte, »wir haben zehn Minuten bis zum Abmarsch«. Genauso hatte ich mir es vorgestellt. Ich kam wegen der Enge nicht aus der Bude, hatte zwischen meinen *Rangers* einen heißen Gaskocher, überflüssiges Wasser und eine zur Hälfte geleerte Feldflasche. »Vidàl, kannst du mal die Flasche vollmachen?« »*Bien sûr*«. Er stieg über die Betten und ignorierte die maulenden Kameraden. Ich kippte das Wasser in eine Ecke des Raumes, stülpte den Becher über den glühenden Kocher und verstaute alles unter der Deckelklappe meines Rucksacks. Ob dort wohl etwas anbrennen konnte?

Die Zeit wurde knapp. Auf dem Flur kam ich Vidàl mit unseren zwei Rucksäcken entgegen. Wortlos griff er seinen, verstaute danach noch meine

Feldflasche in der Tasche am Koppel. Solange wie ich die Treppe hinunter rannte, benötigte ich auch, um die Aluminiumflasche mit den zwei kleinen Laschen zu sichern. Deren Druckknöpfe schienen mir jetzt besonders klein.

Die Führungsriege erwartete uns bereits ungeduldig, der Aufbruchstermin schien vorverlegt.

20 Minuten verwandten wir darauf, die Feldbetten in einem angrenzenden Raum zu verstauen; kaum eine halbe Stunde später war die *Section* auf dem Weg in die Berge.

Zum Abendessen ließ der *Adjudant* halten – auf halber Strecke, wie er sagte. Von der letzten karg bewachsenen Bergkuppe hatte Rosa-Fatela uns in ein kleines Waldstück geführt, welches an einen Weg grenzte, der sich in das vor uns liegende Tal wand. Dort sollten wir uns, noch vor Einbruch der Dunkelheit, auf eine Verteidigung bei Nacht vorbereiten. Als einzige Anleitung hierzu verteilten uns die Gruppenführer paarweise entlang des Waldrands und schauten hin und wieder vorbei, um sich den Fortgang anzusehen. Verteidigung wurde mehr als stiefmütterlich behandelt.

Vidàl beschäftigte ich damit, Holz und Material zum Tarnen, als Deckung und als Unterlage für unser Nachtlager zu suchen. Über ein dickes Laubbett breiteten wir einen Poncho; ein zweiter sollte uns vor nächtlichen Niederschlägen sichern. So eingerichtet, gefiel es uns schon ganz gut. Es war kein Appell vorgesehen, wir nahmen uns Zeit, um einen Kaffee nachzuholen. Für die Nacht fertigten wir einen Plan an, der regelte, daß immer einer von uns wach war. Wir sprachen ab, wer was tun sollte, wenn wir abrupt aufbrechen müssten. Derjenige, der gerade wach war, sollte auch die ersten Maßnahmen treffen, bis der andere die Schlaftrunkenheit überwunden hatte. Wir einigten uns über einen Sammelpunkt, legten die Handgranaten zurecht, luden die Gewehre und positionierten die FAMAS – für alle Fälle. Das Zweibein bot hierfür enorme Vorteile ...

Mit vier Jahren Bundeswehr-Verteidigungstaktik im Hinterkopf mußte ich kräftig umdenken, denn die Legion war alles andere als defensiv. Man hielt offenbar nicht viel von gut ausgebauten Feldstellungen und Schützengräben, in denen man doch nur frierend auf den Gegner warten mußte – der einen zu allem Unglück dann möglicherweise nicht einmal fand. Nein, bevor das geschah, waren wir weg – gleich morgen früh. Beweglichkeit und Initiative. Wozu also buddeln?

Gegen drei Uhr Morgens fand uns der *Feind* schließlich doch. Die *Section* richtete ihre ganze Feuerkraft in Richtung Waldweg, auch Vidàl und ich feuerten mit allem, was wir zur Verfügung hatten, mehrere Handgranaten detonierten – der Angriff war abgeschlagen.

Rosa-Fatela sprach am Morgen nicht viel über das nächtliche Manöver, er bemerkte jedoch kurz, daß er zufrieden sei – mit einem so massiven Einsatz unsererseits hätte er nicht gerechnet. Ich hatte mit Unterbrechungen vier Stunden geschlafen, diese hingegen tief und erholsam. Gegen acht Uhr nahmen wir bereits den ersten Gipfel mit etwa 2000 Metern in Angriff. Schnell erreichen wir die Schneegrenze.

Solange kein *Caporal* in der Nähe war, tratsche und alberte ich mit Mollnar und Nicolas herum. Wir vermieden es, apathisch und in uns versunken dahinzutrotten, damit gingen wir einigen Leuten mächtig auf die Nerven. Nicolas blieb neben mir stehen: »*Fuck Schu', I've just seen a Yeti*«. Einen Yeti? Ich mußte lachen; aber Mollnar zog mich bereits energisch und mit gespieltem Ernst am Ärmel: »Guck hier, die Spuren – wirklich!«. Ich lachte noch mehr. Dort zeichneten sich auf den ersten Blick wahrhaft riesige Fußabdrücke ab. Nicolas stampfte daneben mit dem Stiefel in den Schnee und boxte mit der Faust die fünf Zehen darüber. Jetzt sah es aus, als wäre tatsächlich ein Fellmonster mit großen Schritten die Schneewand hinauf gerannt . . .

Stündlich unterbrach Rosa-Fatela den Marsch für eine paar Minuten. Vormittags rasteten wir auf dem ersten kleineren Gipfel. Lange konnten wir dort nicht sitzen bleiben ohne durchzukühlen; für den Moment jedoch hatte ich einen herrlichen Ausblick auf die umliegende Berglandschaft. Ich ließ mich dort nieder, wo kein Schnee lag; jeder plazierte sich dort, wo er gerade stand – kreuz und quer auf den Rucksäcken oder kleinen, aus dem Gras ragenden Felsblöcken. Alle genossen die wärmende Frühlingssonne.

Wenigstens in Sachen Marsch-Tradition zeigten sich Colin und Rosa-Fatela einig. Es wurden selten Marschabstände vorgegeben und eine feste Reihenfolge in der Gruppe gab es so gut wie nie. Außerdem war es jedem selbst überlassen, wie er seine Waffe trug. Und mir persönlich bescherte es einige lichte Momente, wenn ich gehen und stehen konnte, wo und wie ich wollte. Der Zugführer und Colin vermittelten diese Zwanglosigkeit auf ihre ganz eigene Art und Weise. Rosa-Fatela feilte an den Äußerlichkeiten *seiner Section,* er wollte, daß wir uns bei der Rückkehr nach Castelnaudary wie Legionäre aufführten – diszipliniert, aber auch leger im richtigen Moment. Colin hingegen fürchtete wohl eher um seinen Ruf als Schleifer; er hatte offensichtlich das erklärte Ziel, uns zu Legionären der alten Schule zu machen – niemand aus *seiner Section* sollte später sagen können, es wäre unter *Chef* Colin ein Klacks gewesen . . .

Für mich war Tradition belanglos. Der mangelnde Zwang gefiel mir nur aus einem Grund: er war schlicht zweckgebunden. All diese Bilder in Büchern über die Fremdenlegion, an denen ich mich nicht hatte sattsehen können, sie fanden wirklich statt, waren mehr oder weniger sogar alltäglich geworden. Leider erschien heute kein Fotograf, keiner hielt den Moment fest, als ich mit einem Bier in der Hand – das Barett aus der Stirn geschoben – auf dem Berggipfel saß und in die Sonne blinzelte. Um bei solchen Licht-Blicken aber wenigstens für mich selbst eine bleibende Erinnerung zu schaffen, sparte ich immer ein Kronenbourg auf. Passend zur Hochstimmung kam der Hochgenuß. In der einzigen, von außen zugänglichen Tasche des Rucksacks, war ständig für mehrere der kleinen Flaschen ein Platz reserviert. Schließlich ging es oft um wertvolle Minuten.

Der französische Rucksack war zwar bei weitem nicht das beste, was die Armee zu bieten hatte, aber er erfüllte allemal seinen Zweck. Das Fehlen der

Seitentaschen bot bei Gebirgsmärschen immerhin den Vorteil, daß dieser selbst über meine geringe Schulterbreite nicht hinausragte. Denn während wir des öfteren auf schmalen, steinigen Wegen dicht am Abgrund entlang marschierten, war es von Vorteil, daß keine vollgepackte Außentasche an hervorstehenden Felsnasen hängenblieb – und mich womöglich zu Fall brachte. Andererseits bot der Rucksack dafür auch keine schnelle Zugriffsmöglichkeiten auf irgendwelche Dinge – er mußte jedesmal zeitraubend geöffnet werden. Alles was wir brauchten – ob nun für drei Tage oder drei Wochen – war in die große Haupttasche gestopft. Damit auch alle Säcke so adrett aussahen, als wären diese einem Trekking-Katalog entnommen, rollten wir den Schlafsack zunächst locker zusammen, ohne ihn dabei zu falten. Diese etwa einen Meter lange Wurst steckte dann hochkant im Rucksack; in der Mitte schuf ich anschließend eine große Öffnung. Den inneren Teil drehte ich dabei so lange nach außen, bis der Schlafsack dem Rucksack eine stabile Form gab – diese Wurst ließ sich in etwa so handhaben, wie ein gerolltes Poster. Dort hinein – in den Hohlraum des *Posters* –, füllte ich dann die restliche Ausrüstung: die leichten Dinge nach unten, die schweren nach oben. Diese Technik verlagerte den Schwerpunkt nach oben und der Sack paßte sich besser meiner leicht nach vorn geneigten Gehweise an.

Täglich probierte ich neue Lösungen aus. Konzentrierte ich die Packweise stur auf den Tragekomfort, dann lag die leichtgewichtige Ersatzkleidung ganz unten. Dies bedeutete aber, daß ich nicht schnell mal ein trockenes Hemd herausholen konnte, ohne den gesamten Inhalt auszuräumen. Anders herum aber konnte eine winzige Inkorrektheit bei der Packweise zur echten Plage werden, mir den Tag gründlich vermiesen. Die Schichten des Schlafsacks sollten Quälgeister ausschließen. Solche eben, die sich nach zwei Stunden Marsch wie ein Pickel an die Oberfläche mogelten, um an immer der gleichen Stelle des Rückens die Haut abzuwetzen. Ebenso schützte die Polsterung davor, daß sich durch das ständige Stoßen und Werfen die Zahnpasta am Ende des Tages mit dem Rest der Ausrüstung vermengt hatte. Und neben dem einheitlichen und ordentlichen Gesamtbild legte Rosa-Fatela insbesondere auf einen Punkt großen Wert: es durfte kein Klappern nach außen dringen. Eine halbe Hundertschaft konnte sich so gewissermaßen auf leisen Sohlen bewegen...

Nach der Pause auf dem Berggipfel folgten wir dem Weg in einen Talgrund. Der schlanke Pfad fiel vor uns ab und wickelte sich um den jenseitigen grasbedeckten Gipfel, wie eine Lichterkette um einen Tannenbaum. Als Stadtmensch war ich geprägt durch ein Bild, in welchem sich die Erdoberfläche ununterbrochen bewegte. Ein – mein – Stadtbild lebte. Es quoll über vor Fahrzeugen und waberte vor geschäftigem Treiben. In dieser Umgebung aber reichte die friedliche Bewegungslosigkeit soweit wie das Auge. Es bot sich ein scheinbar grenzenloser Blick auf die Landschaft, der mir als Städter sonst verbaut war – oft mit irgendwelchen schmuddeligen Wänden. Große Städte hatten mich oft mit ihren unverwüstlich anmutenden Gebäuden beeindruckt, all das reichte aber beileibe nicht an diese monumentale Umgebung heran.

Der schmale Fußsteig führte durch eine kleine Senke, legte sich dahinter über eine flache Steigung und mündete auf einer großen Bergwiese. Diese wurde von einer vereinsamten Asphaltstraße durchschnitten. Unten stand ein Militärfahrzeug. Rosa-Fatela steuerte darauf zu und verließ den Bergpfad. Dieser Eingriff in die unberührte Landschaft schien von der Natur nur unter der Bedingung geduldet, daß sie Wanderer wieder aus ihr hinausführte.

»Wir machen Pause hier«, vermeldete Fatela. Die gesamte *Section* verstreute sich auf der Weide um den geparkten LKW. Ich ließ mich mit Eddi Souchon etwas abseits nieder und breitete meine verschwitzte Jacke zum Trocknen aus. Auf der anderen Straßenseite stand eine steinerne Schutzhütte mit verschiedenen Wegweisern; gleich dahinter weidete eine Herde Ponys. Eines davon drangsalierte den bulligen Fahrer unseres Lasters. Der kannte sich offenbar mit vorwitzigen Zossen aus, er scheuchte es einige Male davon – jedoch erfolglos. Der Gaul stellte sich als bemerkenswert sturer Hochlandbewohner heraus. Er interessierte sich mehr für unsere Wasserkanister als für den entnervten *Caporal.* Der wiederum packte nun den kräftigen Vierbeiner am Hals und schob ihn energisch beiseite…

»Hey Schumascher, gib mir deine Wasserflasche. Ich geh jetzt rüber und fülle sie auf. Halt ein Auge auf meine Sachen – okay?« Ich knöpfte die Leinentasche auf und reichte Souchon meine Metallflasche. »Schon gehört, wann es weitergeht?« wollte ich wissen. »Jeder soll sich kurz etwas aus der Tagesration zurechtmachen, wie ich gehört habe – 'halbe Stunde schätze ich«.

Als wir schließlich nach Camurac zurückgekehrt waren, hatten wir entgegen Rosa-Fatelas Ankündigungen nicht viel neue Ausbildung erfahren – von der Ausbildung der Beinmuskulatur vielleicht abgesehen. Als ich die *Caporeaux* dann in gelöster Stimmung mit der Seilausrüstung bepackt anrücken sah, wußte ich: dies würde einer von Rosa-Fatelas *Haltet-mir-die-Jungs-bei-Laune-Tagen* werden. Wir marschierten gruppenweise etwa einen Kilometer in Richtung eines Dickichts, gleich unterhalb der felsigen Hügel. Inmitten der Sträucher tat sich plötzlich eine Felsplatte auf, an deren Rand der helle Felsen etwa 20 Meter steil abfiel. Unten stand bereits ein *Capo* und wartete darauf, daß Keller und Peltonemi oben das Sicherungsseil befestigten.

Colin stand daneben und feixte mit den altgedienten *Caporeaux,* während er die jungen mit den eintreffenden Gruppen in verschiedene Richtungen schickte: »Porter, steh hier nicht nutzlos im Weg herum«. Woraufhin Porter gleich überflüssige Befehle erteilte und seinen Ärger an den Nachzüglern ausließ.

Ich beobachtete die Szene aus sicherem Abstand; Roslis panisches Gesicht arbeitete sich durch das Gebüsch. Porter trieb ihn mit einem Schwall an Schimpfworten vor sich her. Colin machte dazu einen Gesichtsausdruck, als wäre sein Bild einer professionellen Armee auf einen Schlag zerstört worden.

»Also, jeder von euch wird erst einmal so hinuntergehen«, schaltete sich Rosa-Fatela ein. Er nahm das doppelte Seil zwischen die Beine und saß jetzt gewissermassen darauf. Das Ende, welches hinter dem Felsüberhang nach unten verschwand, zog er kurz an sich und legte eine Schlaufe über seine linke Schulter...

Ich kannte diese einfache Technik bereits als *Dülfersitz*. Man benötigte keine Hilfsmittel und konnte mit etwas Übung seine Geschwindigkeit beim Absteigen regulieren. Es kam darauf an, in welchem Winkel man das Seilende hinten hielt – entweder an den Körper heran, oder davon weg. Und wie fest oder locker man das Seil griff, während es durch die Hände lief. Gleichzeitig konnte man sich bereits nach dem ersten Mal häßlich die *Kiste* verbrennen. Genauer gesagt: Überall dort, wo das Seil am Körper rieb, konnte es plötzlich sehr heiß werden. Und loslassen war in einem solchen Moment nicht angebracht. Von vier Dingen wußte ich, daß sie hier ganz wichtig waren: Handschuhe an; Kragen hoch: Poncho in die Hose – und auf keinen Fall als erster melden. »Schumascher«, lachte Vidàl, »du übertreibst. Meinst du nicht auch, daß ein Handtuch reichen würde?« Chronisch bequem, beobachtete er zunächst wie gewissenhaft ich meinen Poncho in die Hose stopfte. Vidàl blickte nach links und rechts, sah lachend Souchon und Nicolas zu, wie sie gar nicht schnell genug die Rucksäcke aufreißen konnten, um ebenfalls ihre Ponchos herauszuholen.

Wir standen kaum fünf Meter von dem hektischen Treiben entfernt, waren aber immer noch hinter einer Reihe von Büschen vor den Blicken der Ausbilder geschützt. Unweigerlich kam mir für Sekunden der Gedanke, daß niemand uns vermißte – bereits seit Minuten. Gut einen Kilometer Vorsprung hätte es mir verschafft; solche unbeobachteten Momente setzten wieder und wieder außerordentliche Energien frei. Daß dies nicht allein bei mir der Fall war, erfuhr ich aus Gesprächen mit den anderen. Es waren Momente, die nur für wenige Minuten das Tagesgeschehen zerrissen und nur für Augenblicke den angestauten Gedanken ein Ventil boten: Kaum hatte ich meinen Kopf zur freien Verfügung, begannen ein hitziger Selbstdialog, den ich nur mit Mühe kontrollieren konnte...

Dieser Selbstdialog schien mir bisweilen so eindringlich, daß ich meinte, jeder in meiner Umgebung müsse mithören können. Ich diskutierte über Dinge, die ich jetzt tun würde, wenn ich nur einen einzigen Tag für mich hätte. *Mister Hide* ließ dabei keine Gelegenheit aus, mir exakt die Dinge vorzuhalten, die ich tief drinnen vor ihm zu verbergen suchte. Daß es doch nicht nur ein Tag sein müsse – ich könne doch zu Hause ein bequemes Leben führen, mit allen Annehmlichkeiten... Ich entgegnete, daß ich nicht eben 'mal so hier weg könne. Mein zweites Ich stieß mich immer wieder mit der Nase auf ausgerechnet den Gedanken, den ich nicht denken wollte. Konnte ich nicht doch jederzeit hier weg – wenn ich nur wollte? Gab es nicht Gelegenheiten genug? Und strotzte ich nicht vor Selbstbewußtsein, nicht erwischt zu werden – mich um keinen Preis erwischen zu lassen –, wenn ich nicht wollte? Die Engländer Bradley und Williams waren sicher ebenso von sich eingenommen gewesen. Machte meine fixe Idee da einen Unterschied? War es wirklich nur eine Idee, oder feilte ich gerade ernsthaft – an einem Fluchtplan? Nein. Ich wollte bleiben. Wirklich, die ganzen fünf Jahre?

Wenn ja, wozu hatte ich dann in Castelnaudary auf dem Balkon gestanden – hatte ich nicht jene entscheidenden Dinge ganz bewußt bereits registriert, die für einen Ausbruch wichtig waren? Wozu hatte ich vermeintlich Wichtiges gespeichert: Motivation und Besetzung der Wache; Stellen am Zaun, die im Schlagschatten der Laternen lagen; die Bahnlinie, die unweit vom Zaun verlief...

Und auch Rosa-Fatela lieferte mancherlei Information: »Haut einer ab, dann werden meist in der nahen Umgebung Wäscheleinen geplündert... und wir wissen sofort was los ist«. Blöd genug, die Burschen. Oberster Grundsatz war doch, erst einmal Vorsprung zu gewinnen, gleich in der Anfangsphase so weit weg als möglich. Nein, so eine Hals-über-Kopf-Sache, daß war nicht nach meinem Geschmack.

Meine Vorbereitung sah anders aus: Erst Informationen sammeln; Ausrüstung herbeischaffen, Karten und dergleichen, vernünftige Vorbereitung eben. Und dann erst die eigentliche Fluchtplanung. Ich würde mir ständig im klaren sein, wo ich mich befand, wo mein nächstes Ziel lag. Und in meinem Plan fanden sich keine freundlichen Offiziere, zu denen ich ins Auto stiege. Sollte es tatsächlich auch zur Durchführung kommen, nein, mich würden die nicht erwischen. Ehe ich mich versah, ertappte ich mich bei detaillierten Planungen. Ich wollte diese gedanklich nicht zu Ende führen; dann aber mußte ich handfeste Gründe finden, die mich zum Bleiben zwangen – solche, die auch *Mr. Hide* mundtot machen konnten...

Um meinen Bedenken etwas entgegenzusetzen, ließ ich mich auf Gespräche mit denen ein, die solche Probleme nicht zu haben schienen.

Lockett hatte eine einfache Antwort parat. Er hatte nach eigener Aussage bei Pferdewetten Haus und Hof versetzt – seinen Rückweg buchstäblich verspielt. Aber auch ihn schienen seine Zweifel zeitweise schier zu zerfressen. Ich beobachtete oft, wie er sich von uns abkapselte, um diesen inneren Kampf durchzustehen; in den seltensten Fällen war er auf diesen Punkt ansprechbar.

Mit Duchesne, dem Kanadier aus Montreal, war das anders: Er war ein ausgesprochener Idealist. Duchesne lebte nur ein weiteres seiner erträumten Abenteuer und nutzte die Zeit dazu, mehr über sich selbst zu erfahren. Zeitweise war seinen Gesprächen kaum zu entnehmen, ob er über einen oder seinen Dienst in der Fremdenlegion sprach. Die Erfahrung war alles – der Anlaß hingegen austauschbar.

Nicolas war ebenfalls Kanadier. Er war Duchesne sogar ähnlich, nur mischte Nicolas seinen Aussagen teilweise äußerst kindliche Zutaten bei. Seine ungebrochene jugendliche Energie bescherte ihm einen Leistungswillen, der ihn in die Spitzengruppe des Zuges brachte. Alle Zukunftsängste prallten an seinem gewinnenden Wesen einfach ab. Meine Gespräche leider auch, insbesondere wenn sie ihm zu real wurden.

Eddi Souchon war eher ein Gesprächspartner für tiefgründige Themen. Am einfachsten läßt sich seine Person mit der Floskel *Everybodys Darling* beschreiben. Für jeden hatte der Amerikaner ein gewinnendes Lächeln übrig. Eddi war immer gut für originelle Geschichten, aber er besaß auch den nötigen Ernst, wenn dieser geboten war. Der Eintritt in die Fremdenlegion stand bei ihm am Ende einer Reihe erfolgloser Versuche, seiner Person gesellschaftliche Anerkennung zu erschaffen. Bis kurz vor seinem Eintritt hatte Eddi noch ahnungslose Touristen an der Côte d'Azur geködert. Mit seiner Redekunst drehte er ihnen überteuerte Ferienwohnungen an. Die einzige Antwort, die Eddi Souchon auf die nächsten fünf Jahre hatte, war: *Mal sehen, was hier noch so passiert!*. Nach genau dieser Einstellung lebte er; es würde alles so kommen, wie es eben kam, wozu also der Sache auf den Grund gehen?

Dann gab es noch Leute wie Kadde – als Gesprächspartner denkbar ungeeignet. Der große Blonde aus Estland war derart von sich eingenommen, daß seine Person das einzig wichtige Thema für ihn darstellte. Wahrscheinlich war Kadde sein ganzes Leben nur angeeckt; er hatte den maximalen Grad an Verbitterung erreicht. Den Grund, warum er nicht schon in den ersten Wochen desertiert war, hatte er mir gegenüber in Aubagne kurz erwähnt: Zuhause mochten die örtlichen Mafiosi seine überhebliche Art wohl auch nicht. Anscheinend hatte sich Kadde Aufsässigkeit zum Credo erhoben: Grundsätzlich befand er alles von vornherein als *scheiße* – und zwar dreisprachig. Und sein Umfeld bestand, wie er sagte, nur aus *Arschlöchern* – außer jenen selbstverständlich, von denen er sich gerade persönliche Vorteile erhoffte.

Die Ungarn Mollnar und St. Peteri waren wiederum Unterhaltung in Person. Feixend erzählten sie von ihrer Kindheit. Beide waren keine Leuchten, was die französische Sprache anging. Ging es aber darum sich mitzuteilen, dann waren Mollnar und St. Peteri fest entschlossen, jede Barriere zu überwinden. Beide umringten mich regelmäßig und feuerten ihre Salven ab: unzählige *Hey, Schumascher; Schumascher; Schumascher; écoute, Walter!*, begleitet vom Ziehen und Zerren an meiner Jacke.

Niemand, den sie in ihr gewinnendes Sperrfeuer nahmen, konnte sich diesen Momenten entziehen. Für einen Moment achtete ich auf die wilden Gesten Mollnars, im nächsten lauschte ich den französisch-ungarischen Satzbrocken St. Peteris. Unterbrochen wurde das Durcheinander regelmäßig von ausgelassenen Lachsalven, so, als hätten sie sich soeben an ein gemeinsames, längst vergessenes Husarenstück erinnert. Nach vollendeter Pointe und meinen erlösenden Verständnis-Bekundungen sackte St. Peteri fast in sich zusammen. Auch er schien sich meist nicht sicher zu sein, ob die kleine Geschichte den übermäßigen Energieverbrauch wert war. Nie konnte ich genau klären, was ihnen die Rückkehr nach Ungarn verbaute. Fest stand jedenfalls, schon als Kinder hatten Mollnar und St. Peteri den Eltern offensichtlich graue Haare wachsen lassen ...

»Warum bist du zur Legion gekommen?« wandte ich mich Mollnar zu. Die Frage hätte ich nicht jedem stellen können; auch von den Ausbildern war sie nicht gern gehört. Ob ich Mollnar oder St. Peteri irgend etwas fragte, machte prinzipiell keinen Unterschied, sie schienen seit jeher stets eine Einheit zu bilden. Eine erste Antwort entnahm ich Mollnars Miene. Er blickte mich zunächst mit einem entschuldigenden Ausdruck an, sein unverkennbares Mienenspiel nahm ernsten Beschreibungen jegliche Schärfe. Die Mimik war die eines Vaters, der seinen Lausbuben vom Nachsitzen abholt und sich vor der Lehrerin für seinen Sprößling entschuldigt. Kurz beschrieb Mollnar seinen Schritt in ein neues Leben; Details der Umstände blieben dabei auf der Strecke. Sein Französisch war einfach lausig. Am Ende schien beiden einfach die Polizei im Nacken gesessen zu haben. »Also«, ergänzte St. Peteri, »ich geh' zu Mollnar und sage: willste mit? Gut sagt er, laß uns los«. Hals über Kopf hatten sie sich auf den Weg nach Frankreich gemacht. »Einfach so?« wollte ich wissen. »Paß 'mal auf Schu' – in Frankreich gibt es viele schöne Frauen…« Er unterstrich die Aussage mit einer gönnerhaften Geste, als wolle er mir die Unendlichkeit seines Landbesitzes verdeutlichen. »Man gibt mir Essen, ich hab mein Bett und Geld… vielleicht gehe ich auch nach Djibouti«. Die Argumente wirkten bestechend einfach. Den Annehmlichkeiten eines Zivillebens schienen beide nicht nachzutrauern.

Auch wenn der *Adjudant* sonst alles Neue als wichtige Bewährungsprobe hochlobte, fehlte dieses Mal der beschönigende Teil. Die Einweisung für diesen Tag war spärlich ausgefallen. »Wir werden heute einige Übungen durchführen. Sergenten üben mit euch die Führung einer Gruppe. Am ersten Tag zu Fuß, am zweiten mit dem Fahrzeug. Also achtet drauf, was euch gesagt wird«.

»Statisten für eine Führungsübung spielen – oder was?«. Lockett faßte es gelangweilt zusammen. Daran gab es eben nichts schönzureden.

Lockett hatte die Lage treffend beurteilt. Stunden später liefen wir über Äcker und Wiesen. Der *Sergent,* dem wir zugeteilt waren, fuhr aus der Haut: »Verflucht, beweg dich darüber, du Idiot… Seid ihr denn alle zu blöd?« Der *Haufen*, der ihm als Gruppe zugdacht war, bestand aus bunt zusammengewürfelten Rekruten unserer *Section.* Ich mühte mich ab, seinen Vorstellungen gerecht zu werden. Die vier Legionäre zu seiner Linken dirigierte er mit dem Arm. In der Rechten hielt er sein FAMAS, konnte daher keine Zeichen geben. Auf dieser Seite manövrierte er meist mit Flüchen und Kommandos – wobei sich das eine vom anderen kaum unterscheiden ließ…

Kurz bevor sich die Reihe in Bewegung gesetzt hatte, waren wir dem »Eisenfresser« zugeteilt worden. Wir hatten in Sichtweite gewartet, als sich die schlanke Person aus der Runde der *Sergenten* löste. Er warf einen kurzen Blick auf uns, betrachtete die Schar auf die Schnelle und bemerkte trocken, er habe keinen Dunst, woran er mit uns geraten sei. Das Fallschirmjäger-Emblem am Barett stach sofort ins Auge, er war von Calvi hierher zu Weiterbildung gekommen. Der Ausbilder von den Profis auf Korsika hatte also ein Spiel abzuliefern, das ausschlaggebend für seine Vertragsverlängerung sein sollte. Und zu diesem Zweck war ihm ausgerechnet die Verantwortlichkeit für den Schnupperkurs des Vereins aufgebürdet worden…

»Du sollst auf meiner Höhe bleiben – zu fett, oder was? Dich werd' ich schon in Bewegung bringen!« Lockett stolperte durch die Ackerfurchen, suchte nach der nächstliegenden Deckung. Der *Sergent* war von den Fallschirmjägern anderes gewohnt. Hektische Gefechtsübungen auf den von heißer Mittagssonne ausgetrockneten Feldern machten uns eindeutig schneller müde, als seine wüstenbewährten *R.E.P.tiles*.

»So, das war's für heute«. Wir hatten genug geübt. Der knochige Charakter entließ uns; schritt davon, ohne sich umzusehen. Er überließ jedem sich selbst. In der Gewißheit, ausgewachsenen Legionären müsse man nicht sagen, was sie nun zu tun hatten. Der *Sergent* stapfte von dannen, um sich der Manöverkritik zu stellen.

Wir Rekruten trotteten führerlos in den Schatten der Bäume. Die Fahrzeuge warteten bereits. Der Fahrer des Transporters fummelte immer noch an der Verankerung der Sitzbänke herum, Lambert war ihm zur Hand gegangen. *Sergent* »Knochenhart« näherte sich. Er wollte nichts von Lamberts *wir sind gleich soweit, Sergent* hören. Er scheuchte den Fahrer nach vorn und übersah Lamberts schmeichlerisches Gesicht. »Los, rauf da!« bestimmte der *Sergent* den weiteren Ablauf. »Was ist denn das für eine verfluchte Scheiße hier, kann der Idiot keine Sitzbänke richtig einbauen? Los, raus damit!« Unwirsch legte er selber Hand an und begann, das Gestell herauszureißen. »Schmeißt das da in die Ecke und setzt euch auf die Rucksäcke«. Der LKW rollte bereits. Ich suchte an einer der Außenklappen nach Halt. In einer großen Pfütze schaukelte uns der Lkw gleichmäßig hin und her; die herunterhängende Heckklappe donnerte gegen das Vehikel. Der *Sergent* saß an der offenen Ladeklappe; seine Beine baumelten aus dem Heck. »Paß bloß auf, du!«, feixte er mit dem Beifahrer des nachfolgenden Transporters. Er zog eine Übungshandgranate vom Gürtel und drohte damit. Der Sicherungsbügel landete vor meinen Füßen und die Granate in einer Wasserlache vor dem darauffolgenden Fahrzeug. Es knallte laut. Der Beifahrer hinter uns lachte jetzt ausgelassen und der Laster wich aus, als die Wolke aus Kalk und Spritzwasser am Vorderrad emporstieg. Zum Ausgleich verfehlte ein zweiter Sprengkörper unsere Ladefläche nur knapp und detonierte zwischen der Fahrzeugkolonne. »Habt ihr noch mehr davon?«, drehte er sich nach hinten. »Du mußt sie noch länger in der Hand behalten«, verkündete er, zog er den Splint ab und ließ den Bügel springen, »siehst du – so!« Eine Granate überrollte der Fahrer, der Lärm wirkte unter dem Gefährt doppelt laut. Die nächste landete auf der Plane, kugelte hinunter und überraschte die Mitfahrer auf der Ladefläche nicht schlecht. Unser Sieg war damit erwiesen. »Die haben wohl genug! Hohoho!«

Er wechselte einige Sätze mit Lambert, drehte sich zu Vidàl und stellte auch hier einige kurze Fragen auf französisch. »Und du . . .« sprach er Duchesne an, »liebst du deine Braut?« »Braut? Ich verstehe nicht *Sergent*«. »Deine Waffe«, gab Vidàl Hilfestellung. Der *Sergent* redete weiter auf den verwirrten Duchesne ein: »*Alors*, sie hat alles, was du brauchst. Hat sie nicht eine tolle Figur?« streichelte er über sein FAMAS. »Sie ist immer für dich da, wenn du sie richtig behandelst und . . . und sie hat auch ein Loch – hier, siehst du?« Er bohrte den Finger in die Mündung. »Habe ich recht, oder was? Na also. Los, nehmt eure Braut jetzt zwischen die Beine«, bezog er uns alle ein. »Gut. Du da . . .«, deutete er auf mich. »Küss' sie jetzt! Gut. Jetzt du, los – küssen. *Bien, Légionnaire*«, wandte er sich zufrieden ab. »Habt ihr wieder dazugelernt . . .«

Die verbleibende Zeit saß der Sergent da und schaukelte schweigend vor sich hin. Episodisch unterbrach er das Schweigen mit Klagen darüber, daß er froh wäre, wenn er endlich wieder ins Regiment zurückkehren könne – nach Calvi.

Rosa-Fatela nahm uns in Empfang: »Insgesamt war ich mit euch zufrieden heute. Morgen machen wir das gleiche noch einmal – mit Fahrzeugen. Strengt euch an, dann haben wir kein Problem. Verstanden?« Offenbar erwartete Rosa-Fatela keine Antwort. »Sucht euch dort hinten etwas zum Schlafen«, knüpfte er an. Das verschachtelte Buschwerk verschluckte uns, einschließlich der Fahrzeuge. »Schumascher, du nimmst das PP13«. »*A vos ordres, mon Adjudant!*« »Morgen früh meldest du dich bei mir. Hier sind die Frequenzen für morgen«.

Ich schrieb die Kanäle für den Funkkreis der Führung in mein kleines Notizbuch und ging zu einer Buschgruppe, wo sich bereits Mollnar, Duchesne und Nicolas für die Nacht einrichteten. »Gib deinen Poncho und deinen Schlafsack heraus, Schu'«. Nicolas nahm mir die Arbeit ab, während ich das Funkgerät für den nächsten Tag vorbereitete. »Los, ihr vier, faßt mal mit an . . . «, kam Peltonemi unversehens aus den Büschen. Ein Dutzend Leute mühte sich dort an einem LKW ab; offensichtlich ließ dieser sich nicht starten, nur beschwerlich kam er auf dem unebenen Gelände ins Rollen. Der Motor stotterte und spotzte, bis er schließlich – unter der vereinten Kraft von 15 Legionären – nachgab und seinen Dienst wieder aufnahm . . .

»Bei der Rennerei gestern und heute hab ich mir 'ne Blase gelaufen«, rückte ich meine Socken zurecht. Eddi ging kurz darauf ein: »Ja, ich werde meine auch nicht los. Hab die gleiche schon seit einer Woche«.

Auch diesen Tag hatten wir zur Zufriedenheit Rosa-Fatelas abgeschlossen. »Ihr habt noch etwa eine Stunde. Macht euch euer Essen. Die *Caporeaux* sorgen für Sauberkeit hier. Um 20 Uhr will ich die *Section* marschbereit haben . . . Porter!« »*A vos ordres, mon Adjudant!*« Ich verzog mich mit Nicolas, Souchon und Duchesne an die Hauswand, packte die nötigen Utensilien aus, bevor ich mich auf dem Rucksack niederließ. »Was schätzt du Walter – wenn wir um acht losmarschieren, sind wir doch vor 22 Uhr nicht im Lager«, spekulierte Eddi. »Soll ein bequemer Fußmarsch werden, hab ich gehört«. »Ja, lockere Sache. Etwa 20 Kilometer«, bestätigte Duchesne.

Zum Zeitpunkt des Abmarsches war die Sonne bereits am Untergehen. Der rote Ball erreichte bedrohlich nah die am Horizont gelegenen Wälder und belegte alles mit einem glühenden Schimmer. Der frische Abendwind hatte längst den Staub des Tages aus meinem Kopf geblasen. Rosa-Fatela ging leichten Fußes voraus. Ohne eine bestimmte Ordnung vorzugeben, begann er den Fussmarsch wie einen Spaziergang. Mehrere waren noch mit ihren FAMAS beschäftigt, um die für sie bequemste Trageweise ausfindig zu machen. Als auch die Nachzügler in der langen Reihe ihren Platz fanden, hatte das Tageslicht bereits seine wärmende Kraft verloren. Die grüne Schlange züngelte sich in Richtung Lager, ihr Kopf tauchte weit vorn bereits in den Wald ein.

7 Canjouers

So kurz vor dem Ziel

Ich nutzte die freie Minute nach dem Unterricht, um mit Vidàl noch einmal meine Notizen zu vergleichen. »*Bien* Schumascher – du kommst voran«. Auf dem Bett lagen unsere Notizbücher ausgebreitet. Pflichtbewußt begleitete er meine täglichen Anpassungs-Bemühungen und gönnte seiner Gutmütigkeit währenddessen keinen Tag Urlaub. »Okay«, nahm ich das Gespräch wieder auf, »als nächstes habe ich hier Kong...«. »Quatsch, Schumascher«, lachte er und zog das *U* in meinem Namen übertrieben in die Länge. »Can-ju-äärs, verstanden?« Nicht, daß der Name mir zunächst viel bedeutet hätte, er beinhaltete für mich lediglich drei Wochen irgendwas, irgendwo. Entscheidend war: das Ende der Grundausbildung rückte näher. Zwar schloß sich noch der Abschlußmarsch an, jedoch waren alle vor uns liegenden Hürden nur noch Zeitwerte. *Von hier ab nur noch sechs Wochen* und *danach schon Vorbereitung* auf dieses und jenes. Und nach jenem Ereignis *nur noch eine Woche*. Wichtig war, bloß keinen Stillstand zu haben – die Zeit verging eben schneller. Denn alles worauf wir schielten, war die *Orientation*. In Gesprächen lag Castel bereits hinter uns: »Ich geh auf alle Fälle ins R.E.I.. Da bin ich nicht am Arsch der Welt – wie du, Vidàl. Und ich hab den Heimatort fast um die Ecke«. »Halts Maul, Demir. Wer will den schon in Frankreich bleiben, wenn er in die *Legion* geht?« Die Stimme Demirs war ebenso tief wie seine Haut schwarz war. Er reihte noch einige phrasenhafte Flüche über die Legion aneinander und brachte seine gespielte Abneigung gegen mein *Binôme* zum Ausdruck. Vidàl ging nicht auf die Provokation ein, er wandte sich wieder meinem Studium zu. Wie ein Lehrer, der die Wißbegierigkeit seines besten Schülers würdigen wollte, mißachtete er alle weiteren höhnischen Bemerkungen seiner Landsleute.

»Also Schu': Canjouers – drei Wochen, klar. Da kommst du auf deine Kosten. Jede Menge Schießen, Häuserkampf, den ganzen Scheiß. Keine große Sache. Bißchen Sport und Berge. War schon einmal mit den Regulären da«, belegte er seine Glaubwürdigkeit. Hinter dem Begriff verbarg sich, wie er später ergänzte, der größte Truppenübungsplatz Westeuropas. Auf einer Fläche von 40 Kilometern Länge und zehn Kilometern Breite boten sich jede Menge Übungsraum, größere und kleinere Schießbahnen, einschließlich einer Ortskampfanlage. Für die nächsten drei Wochen hatten wir einen 35.000 Hektar großen Spielplatz, mit Höhenunterschieden zwischen 600 und 1600 m über NN, mit Hitze und Staub.

Die Vorbereitungen waren auch nicht umfangreicher als die vorangegangenen es gewesen waren. Was nicht in den Rucksack gehörte, landete im Seesack. Es gab kurze Anweisungen; meist von Porter, der einmal mehr Gelegenheit sah, sich aufzuspielen. Der pickelige Truster packte hinter seinem Spindaufbau allerhand Zeug zusammen, das er – jedesmal wenn irgend jemand mit einer Frage zu ihm kam – vor uns zu verbergen suchte. Vidàl machte sich einen Spaß daraus, sich hinter ihn zu schleichen. »Hast du gesehen, was der für'n Designerkram einpackt?« kam er zu mir. »Die *Capos* leben hier wie die Maden im Speck«. »Vidàl, du Arschloch!«, drängte sich Porter durch das Getümmel an der Zimmertür. »Pack dir ja nichts zu freßen ein! Bist fett genug«. Da niemand Porter so witzig fand wie er sich selbst, zog er weiter zur nächsten Stube. »Penner«, fluchte Vidàl seine Wechselwäsche an und stopfte sie in den Sack. Von glücklicher Hand war er zu Porters Vorauskommando ausgewählt worden. »*Écoute*, Schumascher. Wenn ihr dort eintrefft, halt dich an mich. Ich such uns was Anständiges zum Schlafen und besorge etwas aus der Küche«. Dagegen war nichts einzuwenden. In diesem Punkt war auf ihn Verlaß. Denn für auch noch so erlesene Kostbarkeiten aus der Küche hätte ich der Made Lambert nie den Hof gemacht – Franzosen untereinander konnten so etwas besser.

Die Fahrt der Kolonne endete an einem asphaltierten Plateau, umringt von einer weiten, kargen Landschaft. Bewaldete Hügel begrenzten die dürren Felder, sie verschwanden hinter dem Horizont und tauchten weit entfernt als kahle Felsen wieder auf. Direkt vor unserem Fahrzeug waren große Mannschaftszelte aneinandergereiht, wie Musterhäuser zur Besichtigung. Ich hielt Ausschau nach Vidàl. Weiter hinten huschte Lambert mit gehetztem Gesichtsausdruck um sein Küchenzelt. Als sei er völlig überlastet, ignorierte er uns und wandte sich wieder seinen selbst auferlegten, fadenscheinigen Aufgaben zu.

Nach und nach lösten sich aus dem Zeltdorf vereinzelte Gestalten. Wie Einsiedler einer abgeschiedenen Postkutschen-Station strömten sie heran, um skeptisch die Gäste zu empfangen, die hier einmal jährlich vorbei kamen. Noch bevor alle Transporter endgültig zum Stillstand gekommen waren, steigerte sich die Lautstärke von Gesprächen und Kommandos, übertönt nur noch vom metallischen Getöse entriegelnder Heckklappen. Porter schleuderte wahllos überflüssige Befehle zwischen das Treiben. »Hoh … Du da – los, bewegt eure Ärsche. Ihr kotzt mich an, Mistpack!« Damit hatte er sein Soll erfüllt und biederte sich bei Colin an. Vidàl erschien, grüßte knapp und half mir, den gekennzeichneten Seesack aus dem grünen Berg zu fischen. Er führte mich in eines der Mannschaftszelte. Im Inneren standen dicht nebeneinander die üblichen ausgeblichenen Feldbetten, hinter jedem Kopfende die Seesäcke. Ich schob meinen Rucksack unter das Bett und rollte den Schlafsack aus. Ich war zuhause.

»*Quatrième Section – Rassemblement!*« Porters Stimme provozierte auf der Stelle Auflehnung. »*Fuck off!*« bestätigte Cohen mein Empfinden. »Was will der Scheißer schon wieder?« Er fummelte hektisch an seinem Koppeltragegestell, Lockett ging ihm wortlos zu Hand. »Weiß nicht. Hey, Eddi – guck mal, was er will«. Roslis Aufnahmekapazität war bereits erschöpft, er schien die Unruhe aller Anwesenden in sich zu sammeln. Ab einem bestimmten Punkt schien es ihm einfach unmöglich, die aufkommende Hast zu übergehen und sich den notwendigen Tätigkeiten zu widmen. Ohne eine rettende, richtungsweisende Information, verzettelte er sich in Nebensächlichkeiten. »Verfluchte Scheiße... Rooooosliiii«, blaffte Kadde ihn an. »Nimm dein FAMAS – und glotz nicht so blöd!« Auch nach Monaten konnte ich aus Roslis Vokabular nichts heraushören, das auch nur annähernd französisch klang. Durch den stark rollenden Akzent wäre es wahrscheinlich ebenso wenig verständlich gewesen, hätte Rosli fließend französisch gesprochen. Ich war sicher, er hörte den Klang der Worte genau, und er war auch pfiffig genug, diese zu behalten. Aber Rosli schien nicht in der Lage, diesen finnischen Knoten aus seiner Zunge zu lösen. In meinen Ohren klang die Melodie stets gleich – wie ein Imitat von Treckergeräuschen.

Draußen brachten Truster, Montalbano und Porter das Drunter und Drüber schnell in militärische Formen. »Wichser...«, erregte Kadde die Aufmerksamkeit von Montalbano. Der lange *Caporal* überragte selbst Cohen. Mit einem forschen Schritt stand Montalbano zwischen den Reihen, auf Armeslänge vor Kadde: »Auch Du hältst jetzt die Fresse, Kadde, sonst bekommst du von mir eine rein«. Er deutete mit dem Zeigefinger auf ihn. »*Comprendre?*« »*Oui, Caporal*«, entschlüpfte es dem überraschten Kadde. Montalbano wandte sich erneut der *Section* zu. Kadde hob seine Faust vor den Bauch und bedeutete dem grinsenden Breault, daß die Angelegenheit zwischen ihnen später noch geregelt werden würde. »*Allez, vite* – Waffenabgabe!« Mit einem gedämpften »*Fuck you, Porter!*« setzte sich der Troß in Marsch.

»Schumascher, wo ist dein Gehörschutz?« Der *Adjudant* stand hinter mir und tippte mit dem Zeigefinger gelassen auf sein rechtes Ohr. In der Annahme, seine Worte wären in den Schüssen untergegangen, wiederholte er die Frage: »Keine Ohrstöpsel?« »*Non, mon Adjudant!*« Ich unterbrach den Zielvorgang und sicherte die Waffe. Er griff nach zwei am Boden liegenden Hülsen, wischte flüchtig darüber und hielt sie mir hin. Im gleichen Moment erblickte ich Eddi Souchon, notgedrungen mußte ich lachen. Eddi lag einige Schritte zu meiner Rechten, ebenfalls mit Patronenhülsen im Ohr. Er sah aus wie Frankenstein – das Messing ragte wie große Schrauben aus seinem Kopf.

Ich verschoß die restliche Munition, dreihundert Meter weiter staubte es hinter der Pappscheibe. »Fertig Schumascher?« »*Oui, mon Adjudant!*« »*Alors*... dann geh rüber zum Funkgerät – du kommst gleich mit mir«. Ich ging über den steinigen Wall; der Großteil der *Section* feuerte noch. Peltonemi saß vor der Munitionskiste: »Willst du Munition?« Ich verneinte.

Gewissermaßen als Vertrauensbeweis faßte ich auf, daß der *Adjudant* gemächlich die Straße hinaufschlenderte, ohne sich weiter nach seinem Funker umzusehen. Rosa-Fatela ließ mir Zeit mich zu ordnen, solange ich nicht offensichtlich trödelte. Um ihn einzuholen, legte ich einen kurzen Dauerlauf ein. »Eingeschaltet?« »*Oui, mon Adjudant!*« In Erahnung der nächsten Frage

Beim Gefechtsschießen mußten Patronenhülsen als Gehörschutz herhalten.

nannte ich auch die eingestellte Frequenz. Mit kurzen Fragen begann er ein Gespräch. »Und Schumascher – so viel anders hier?« Er spielte auf meine Bundeswehrzeit an. Ich hatte die Wahl zwischen einer sachlichen, einer gefühlsbetonten oder einer militärischen Antwort. Ich entschied mich für die sachliche Variante und ließ einige Gedanken zum Vergleich der Unteroffiziere verlauten. Mehr gab mein Wortschatz ohnehin nicht her. Er hörte geduldig zu, sah mich nicht an; vielmehr suchten seine Augen den Horizont nach ergänzenden Antworten ab. Wir gingen lange schweigend nebeneinander. Ich stellte an ihm jene Gedankenverlorenheit fest, mit der die Legion im Laufe der Zeit scheinbar auch die gesprächigsten Charaktere prägte. Rosa-Fatela beendete unseren gemeinsamen Weg, indem er mich zum *Camion* schickte – ich solle etwas essen.

Die Tage schwanden dahin. Das Wetter wurde beständiger, auch in Canjouers – schließlich war es beinahe schon Juni. »Zieht euch um. Sportzeug«. Truster gab Anweisungen zum weiteren Ablauf. Vidàl begann, seinen Seesack zu öffnen: »'Bißchen ruhig heute morgen – oder Schu'? Die scheinen alle keine rechte Lust zu haben«. Der Zelteingang flog auf: »Ich brauche einen Friseur... Ein Friseur unter euch Pennern?« »*Oui Caporal, présente!*«, antwortete Hall mit englischem Akzent. »Gut. Draußen liegt eine Haarschneidemaschine – mich zuerst, klar. Die anderen gehen Klamotten waschen. In zwei Minuten seid ihr umgezogen«. Porter sprach sicher auch außerhalb des Dienstes in solchen Halbsätzen. Und da bei ihm alles nicht schnell genug gehen konnte, ergänzte er diese regelmäßig durch ein *Dööö minüt – Vite!*

Nicolas und ich hielten draußen ein Schwätzchen, während wir zwischen zwei Zelten Wäscheleinen spannten. *Caporal* Peltonemi gesellte sich dazu. Seit bekannt war, daß wir uns das *Deuxième R.E.P.* zum Ziel gesetzt hatten, sprachen wir gelegentlich vom *Wiedersehen im Regiment*. Vorteile ergaben sich daraus keine, Keller vermied allzu offenkundige Sympathie-Bekundungen ebenso wie Peltonemi – dienstliche Distanz blieb bestehen. Ein gewisser Gemeinschaftssinn grenzte uns jedoch unübersehbar aus. Cliquenbildung in der Clique mochte niemand gern, die Kameraden nicht und noch weniger die Ausbilder…

Journalisten und Publizisten aller Couleur hatten massenhaft Umschreibungen für diese Waghälse aus Calvi parat. Formeln wie *Der Super-Eliteverband der Fremdenlegion* sollten Außenstehenden vermitteln, welchen Status das Barett mit dem geflügelten Dolch seinen Trägern verlieh. Hochgespielte Fernsehberichte umschrieben Legionäre als *Hunde des Krieges* – das R.E.P. hingegen als *perfektionierte Kriegsmaschine*. Selbst Kameraden bedachten uns – die wir dort hin wollten – nicht selten mit verständnislosem Kopfschütteln, oder taten uns als komplette Spinner ab.

Tatsächliche Berührungen mit diesem Mythos fanden, sah man von Peltonemi und Keller ab, nur vereinzelt in Castel statt; beispielsweise, wenn eine Ausbildungsklasse künftiger *Sergenten* die nahegelegenen Unterrichtsräume verließ. Ich dachte an einen solchen Fall, es war in den ersten Tagen in Castel: Die Tür eines Schulungszimmers wurde forsch geöffnet. Ein Wortschwall ging der Menschentraube voraus, die uns entgegenströmte. Allesamt *Caporeaux* auf Sergenten-Lehrgang. Manche gaben sich ausgelassen, andere spähten nach Landsleuten unter uns Rekruten. Sie ignorierten lümmelhaft den *Caporal* vor unserer Front und tauschten kurze Sätze in der Landessprache aus. »*Parlez français!*«, zeterte Porter, sichtlich um seine Autorität bemüht. Unter den angehenden Sergenten waren natürlich auch vereinzelte Fallschirmjäger, sogenannte *R.E.P.tile*. Nicht nur, daß diese Typen alle Blicke auf sich zogen, sie hoben sich tatsächlich in irgend einer Form von der Masse ab. Was es genau war, vermochte ich später nicht mehr zu sagen. Aus dem Gedränge lösten sich jedenfalls deutlich zwei Gestalten völlig unterschiedlicher Natur. Einer, unübersehbar und fast so lang wie Cohen, der andere klein und bullig, mit dunkler Hautfarbe. Der lange Kerl stolzierte mit einem Rundblick aus dem Raum, als würde ihn draußen etwas erwarten, etwas, dem er nicht so recht traute. Der Kleine sondierte die Umgebung und ging ebenfalls mit ernster Miene seines Weges. Beide trugen eine eigenbrötlerische Bestimmtheit nach außen – derart, als bereite ihnen die Bändigung der eigenen Kräfte Probleme.

Ein Großteil der *Section* verdrehte immer noch die Hälse. Eine Windbö von Ausgelassenheit blies durch unsere Formation. Porter sah sein Ansehen deutlich gefährdet, er hatte aber keine weiteren Mittel zur Verfügung, um die Situation zu retten. Offenkundig reichte seine Intelligenz auch nicht aus, um seinen Neid zu verbergen.

In solchen und ähnlichen Eindrücken sah ich meine Idealbilder bestätigt, denn ich war nicht hergekommen, um Kompromisse einzugehen. Immer ganz vorn; Sport bis zum *Geht-nicht-mehr;* bessere Bezahlung und jede Menge Bewegung – bloß keinen Stillstand. Alles ganz nach meinem Geschmack.

Begegnungen dieser Art bewirkten bei Vidàl genau das Gegenteil. Er ordnete mich schlicht unter der Rubrik »unverbesserlich« ein...

In Castel hatten wir schon einige Trockenübungen mit der Panzerfaust *L.R.A.C. 89 (Lance Roquette Anti Char de 89 mm)* gemacht. Hier in Canjouers sollten wir nun Gelegenheit zum scharfen Schuß bekommen. Rosa-Fatela stand neben einer der beiden Betonplatten, die auf der kleinen Anhöhe aus dem Boden ragten. »Fertig Schu'?« Vidàl rückte seinen Helmriemen zurecht. Ich war fertig und folgte Fatelas Aufforderung, zu ihm zu kommen. Auf halbem Weg zur Stellung erzeugte der Spalt zwischen den Steinen eine unwirkliche Perspektive: Die ungefähr einen Meter breite Tür stand schmucklos auf einer Erhebung, gerahmt von diesen zwei abgenutzten Steinwänden – sie führte einfach ins Nichts. Dahinter eröffnete sich eine kilometerweite, karg bewachsene Schießbahn. »*Alors* – wer ist der erste von euch?« fragte Rosa-Fatela, noch bevor wir ihn erreichten. Vidàl meldete sich, legte sich in Position und nahm das große Rohr auf seine Schulter. Ich kniete daneben und entleerte den kleineren Tubus vor meinen Füßen, ließ die Rakete in meine Hand gleiten. Mit einem Klaps auf den Helm signalisierte ich meinem *Binôme,* daß die Granate geladen und scharf war.

In 300 Metern Entfernung bewegte sich eine Leinwand über das zerfurchte Feld und kam auch durch den Treffer Vidàls nicht zum Halt. Wir tauschten unsere Plätze. Mit einem enormen Knall verließ auch mein Geschoß das Rohr und traf den künstlichen Panzer. »Sehr gut ihr beiden. Könnt wieder nach unten gehen«. »*Wow!* Gar nicht so schlecht das Ding«, kam mir Eddi entgegen. »*Shit* – wie siehst du denn aus, Walter!« Souchon riß die Augen weit auf und – als reiche sein Staunen nicht aus – zog er gleichzeitig Nicolas heran, um mich zu überzeugen. »Scheiße, du blutest überall im Gesicht«, bestätigte Nicolas. Montalbano war neugierig geworden und blickte über die Runde hinweg, um mich zu begutachten. »Ah«, wiegelte er ab, »normal. Steine, die beim Schuß hochspritzen. Keine große Sache. Wasch's dir ab Schuhmascher...«.

Mit den letzten Tagen in Canjouers kam die letzte Hürde der Grundausbildung auf uns zu. Es galt, die 160 Gebirgs-Kilometer nach Castelnaudary innerhalb von fünf Tagen und Nächten zu Fuß zurückzulegen. Dies hörte sich schlimmer an, als es tatsächlich war. Der Marsch verlief derart monoton, daß ich kaum Erinnerungen daran behielt. Für Duchesne jedoch begrub ausgerechnet diese letzte Station alle Illusionen, die er mit der Fremdenlegion verband: Eines Morgens stellte er eine Entzündung am Schienbein fest, vermutlich Folge eines Insektenstichs. Derartige Reaktionen häuften sich, da uns allen die Abwehrstoffe zu fehlen schienen – gegen Insektenstiche ebenso wie gegen die bleierne Müdigkeit. Die Stelle an Duchesnes Schienbein verfärbte sich innerhalb Wecken und Abmarsch so dunkel, daß selbst Rosa-Fatela besorgt schien. Wir hatten alle unsere Wehwehchen, aber was dort heranwuchs, breitete sich derart schnell aus, daß e nem schon vom bloßen Zusehen angst und bange wurde. Der *Adjudant* ließ Duchesne mit dem Lkw abtransportieren, obwohl der Kanadier ganz und gar nicht wollte – nicht so kurz vor dem Ziel.

Als wir später in der Kaserne eintrafen, war von Duchesne keine Spur mehr. Irgend jemand kam in der gleichen Woche aus einem Krankenhaus außerhalb der Kaserne zurück und behauptete, man hätte Duchesne dort den Unterschenkel amputiert.

Ich habe jedenfalls nie mehr etwas von ihm gehört oder gesehen – dem freundlichen Idealisten aus Montreal.

8 Orientation in Aubagne

Dicht an der Sonne

Ein zweites Mal rollten wir durch das von Steinpfosten gerahmte Eisentor Aubagnes. Der steinerne Schriftzug – *Légion Étrangère* – hatte nichts Fremdes mehr an sich; vielmehr war es eine Rückkehr zu etwas Vertrautem, fast wie eine Heimkehr. Der Fahrer manövrierte den Bus um die Panzersperren; der Wachhabende würdigte uns keines Blickes. Der Eingangsbereich sah immer noch genauso aus wie vor fünf Monaten: poliert, begrenzt durch die akkurat geschnittene Hecke. In den Monaten meiner Abwesenheit hatte sich in Aubagne offensichtlich nichts verändert, und doch regte das gepflegte Buschwerk meine Fantasie an. Ich sah mich selbst auf allen Vieren dahinter herumkriechen und Zigarettenkippen aus dem Blattwerk pulen. Und solange ich auch hinsah, in meinen Augen hatte der Busch seinen unbefangenen Status einfach verloren.

Im Bus war es still. Draußen blickten einige Legionäre neugierig auf, während unser Omnibus durch den Kasernenbereich fuhr. Jemand aus einer Gruppe am Straßenrand entdeckte St. Peteri und grüßte. Jener übermittelte seinerseits Grüße und erregte Mollnars Aufmerksamkeit, indem er ihm überschwenglich etwas auf ungarisch zurief und auf die Gruppe deutete.

Wir ließen den Bereich der Anwärter weit hinter uns und hielten vor einem Kasernenblock, dort, wo sich die Steigung der abschüssigen Kasernenstraße bereits wieder verlor. Im Gebäude selbst herrschte ein unglaubliches Durcheinander. Hunderte von Durchgängern wimmelten durch die Flure. Kaum ein *Capo* fühlte sich für irgend etwas verantwortlich. Nur vereinzelt schritt einer ein, meist dann, wenn die Grenze zum Verfall jeglicher Disziplin erreicht schien. Ständig streiften Gruppen von Legionären durch die Flure. Sie erkundeten, wo es etwas zu holen gab, wo man sich möglichst unbemerkt aus dem Gebäude stehlen konnte und ob unter den Ankommenden Bekannte waren. Jeder suchte nach Landsleuten, war auf der Jagd nach Neuigkeiten. Ein Riesen-Basar für Informationen und Erfahrungen blühte auf, wie er im arabischen Viertel von Marseille kaum lebhafter hätte sein können.

Dumpf tönend brachte ein *Sergent* das Stimmengewirr zum Schweigen: »Ihr da... ! Du und du... Fegen und Wischen. Und Ihr zwei, Toilette. *Niiieekel, comprendre*!« Ein halbes Dutzend Legionäre hielt sich gerade in unserer Stube auf. Halb überrascht, halb irritiert kommentierten sie unser Verhalten. Wir waren derart übermütig mit unseren persönlichen Anliegen beschäftigt, daß wir die Alltagspflichten in der allgemeinen Verwirrung auf sich beruhen ließen. Ich

117

wartete, bis die *besten* Jobs vergeben waren und zeigte mich auf dem Flur. Der *Sergent* teilte mich zum Fegen des Treppenhauses ein.

»Leute... Mann, Leute, ich war gerade unten im *Foyer*«. Nicolas platzte mit einer prall gefüllten Einkaufstasche herein. »Laß mal sehen«, Eddi heftete sich gleich an seine Fersen. Den Inhalt breitete Nicolas auf dem Bett aus. »Und du bist da einfach so rein- und wieder rausmarschiert?« Auch für mich waren die neuen Vergünstigungen ein wenig gewöhnungsbedürftig. »Bevor ich ins Regiment gehe, werde ich mich noch ordentlich mit Zeug eindecken«. Nicolas war ganz bei der Sache. Er plante, organisierte sich seine Ausrüstung, als müsse er in einer Stunde bereits an einem Afrikaeinsatz teilnehmen. Meinem Einwand – sich hier in Aubagne einige sorglose Tage zu machen – schenkte er nicht die geringste Beachtung.

Montalbano federte vorweg, führte uns – geschätzte vier Monate zu spät – in den hinteren Teil der Kaserne. Legions-Historie war hier auf zwei Stockwerken eingefangen. Ein Besuch im Museum barg für den Junglegionär Saatgut aus Altem und Neuem. Streng genommen gehörte es demnach eher an den Anfang der Grundausbildung. Denn der geistige Boden war bereits grob aufgepflügt und dann wieder eingeebnet worden. Spekulierte Rosa-Fatela etwa auf eine letzte Infektion mit Heroismus? Rechnete er mit einem Befall durch Heldentum vergangener Zeiten, der uns für das Regiment wappnen sollte?

Durch geregelte Öffnungszeiten räumte die Fremdenlegion auch Zivilisten die Möglichkeit zum Besuch ihres Museums ein. Heute jedoch waren wir unter uns. Lange vor meinem Beitritt hatte ich diese Stätte schon mehrfach betreten, um meine Neugier an einer sagenhaften Armee zu befriedigen, um die sich so viele Geheimnisse und Mythen rankten. Ich hatte mich damals nicht sattsehen können an den Abzeichen, Fotos und Souvenirs von größeren und kleineren Kriegsschauplätzen. Wenige Vitrinen waren seitdem umgestaltet worden. Große, gläserne Schaufenster schützten die Ausstellungsstücke vor dem Staub der Zeit. Die äußere Hülle war von hingebungsvollen Soldatenhänden wieder und wieder poliert worden. Sie erlaubte einen klaren Blick, verhinderte jedoch, daß allzu Neugierige den Dingen zu nahe kamen.

In meiner jetzigen Sicht der Dinge verblaßte die Politur. Nach nunmehr fünf Monaten besaß ich so meine eigene Erfahrung mit den Dingen, war mitten drin, scheinbar ein Teil davon geworden. Die lebensgroßen Puppen kleideten sich in alten, originalen Uniformen. Sie standen dort wie eingefroren, auf einem winzigen Fleck einer der vielen Schauplätze. Sie brachten ihre Waffen in Anschlag oder trugen sie über der Schulter. Auch ohne großes Interesse für die Krieger vergangener Zeiten fesselte mich jede einzelne dieser alten Monturen für Minuten. Allesamt stammten sie aus Zeiten, in denen der Grundsatz der Tarnung höchstens eine Nebenrolle spielte. Bunt und steif standen die Legionäre da. Einst von Feld-Herren geführt, die über ausreichend Truppen verfügten, über genügend Menschenmaterial, um auf den ausgedehnten Feldern das Schlachten zu führen.

Bestimmt war meine Ausrüstung, war unsere heutige Taktik weit überlegen. Die Schußgeschwindigkeit der Gewehre hatte sich wohl verhundertfacht; das Tötungspotential der Granaten wohl auch, aber Krieg war damals nicht weniger lebensgefährlich. Und dennoch, schien er mir jetzt nicht... menschlicher?

Mein entrückter Blick ließ die Szenen auf den verblichenen Abbildungen aufleben: Das für heutige Maßstäbe primitive Handwerkszeug war schwer, wog mindestens das doppelte. Endlose Märsche, dichter an der Sonne als irgendwo sonst. Wüstenstaub im Hals, Uniformröcke aus heißem Filz, kantige Tornister. Wüstenkrieger im Solde Frankreichs, aufgestellt in Reih und Glied, Gewehre entschlossen im Anschlag. Zweifelsohne waren alle kühne Haudegen, behelmt mit dem weißen Sonnenschutz – ich zollte jedem von ihnen unbegrenzten Respekt. Mann für Mann hatten sie den Ehrenkodex der Fremdenlegion über die Jahre und die gesamte Welt geschleppt. Als scheinbar einzige Hinterlassenschaft. Nur vergilbte Abzüge blieben zurück, kaum erkennbare Gestalten auf Papier. Stolz, straff geordnet und ohne für sich selbst etwas Bleibendes geschaffen zu haben.

Stellte mich eine nächste Generation hier irgendwann einmal auch zur Schau? Betrachtete ich nicht mich selbst – durch die Augen eines der unzähligen Nachfolger, der eines Tages hier stehen würde, und für den ich dann ebenfalls nur noch vergilbtes Papier wäre? Verlöre mein Leben in einem solchen Augen-Blick gleichermaßen jegliche Bedeutung?

Bei aller Achtung vor den Helden von einst, hielt sich meine Begeisterung doch in Grenzen. Ich stand dicht vor den Relikten, aber der springende Funke blieb hinter Glas. Überhaupt: Konnten markige Sprüche, geäußert von Generalen während des Algerienkrieges, noch Ansporn für mich sein? Machten sie vielleicht meinen Rucksack leichter?

Die gute Fee

Mit den Worten: »Der Nächste!« kam Lockett endlich aus der Tür. Lange Wartezeiten schienen ein eigentümlicher Bestandteil von Aufenthalten in Aubagne zu sein...

Zuerst das unendliche Warten darauf, ob man überhaupt angenommen wurde, oder ob sie einen womöglich wieder dorthin zurückschickten, wo es eigentlich gar kein Zurück mehr gab. Dann schließlich 16 Wochen ausgiebiger Bewegung, die zum Ende wiederum in ein einziges Fiebern auf das Regiment wechselten. Und auch jenes Warten vollzog sich abermals in Aubagne.

Nach dem Herumhängen als *Engagé Volontaire* war mir seinerzeit jede Aktivität recht gewesen, dem an den Nerven zehrenden Spiel mit der Ungewißheit ein Ende zu bereiten. Nach über drei Wochen kam endlich die Erlösung, doch sie wurde lediglich verdrängt von der nächsten Anspannung. Damals, bei der Abfahrt nach Castel, verbreitete sich einmal mehr das (vertraute) flaue Gefühl im Magen – doch endlich bewegte sich überhaupt etwas.

Es war beinahe vergleichbar mit der sportlichen Kondition. Kaum spürbar baute sich da eine weitere Fähigkeit nebenher auf, welche durchaus ihre Vergleiche in der Leibesertüchtigung fand: Jeder Tag forderte nicht nur das Überwinden sportlicher Grenzen, sondern auch ein ständiges Bezwingen dieses üblen Rumorens im Bauch, das sich immer dann meldete, wenn es am wenigsten erwünscht war. Wir bekämpften Lampenfieber und die Angst vor Wettbewerben mit dem jeweiligen Wettkampf selbst. Wir bekämpften peinliche Situationen (und davon gab es reichlich) mit möglichst regungslosem Gesicht, damit wir der Lächerlichkeit keine Angriffsmöglichkeit boten.

Je öfter ich das lästige Gefühl meinem Willen unterwarf, um so trainierter wurde ich darin. Ein »Brings hinter dich, Junge« entwickelte sich als natürlicher Reflex auf Hürden jeglicher Art. Und wenn ich es nicht tat, besorgten es die Ausbilder; so oder so bekam der innere Schweinehund seit vier Monaten nur Diätkost.

Jener Schwung, der so hilfreich bei der Überwindung von Ausbildungs-Hürden war, wurde nun jäh gebremst. Die totgeglaubte Warterei von Straßburg und Aubagne forderte mir, wie auch den meisten anderen, einige Mühe ab.

Man hatte uns aus (Erziehungs-) Prinzip zunächst ordentlich Feuer unterm Hintern gemacht, die Maschine lief auf Hochtouren, und hier blieb nun plötzlich der Werkstoff aus.

Lockett hingegen schien etwas mehr Ruhe für die auferlegte Atempause zu besitzen. Ganz nach englischer Art tat er einen weiteren Schritt auf seinem Weg, ohne großes Aufhebens davon zu machen...

Gemäß einer Verlautbarung sollte jeder bei der bevorstehenden *Orientation* drei Wünsche über seine künftige Verwendung äußern dürfen. »Hast du irgendwo einen Kumpel, Schu'?« hatte mich Vidàl einmal während eines Gespräches über unsere Zukunfts-Vorstellungen gefragt. »Ich meine, kennst du jemanden in dem Haufen hier?« ergänzte er, als sei ich bereits zehn Jahre vor ihm eingetreten. Mir kam es reichlich seltsam vor, daß – nachdem uns täglich der Arsch aufrissen wurde – uns plötzlich eine gute Fee drei Wünsche erfüllen sollte. Denn gemessen am Ausbildungsziel hatten wir gerade die Stufe von Primaten erreicht. Ich sah mich noch nicht vor einem Colonel stehen, um ihm mitzuteilen: »Guten Morgen, Euer Unerreichbarkeit, ich will dieses und jenes«. Ich ging davon aus, daß alles ein ausbildungstaktischer Schachzug war, um uns bei der Stange zu halten.

Letztlich sollte es sich doch bewahrheiten. Vielleicht war es nicht gerade die gute Fee, offenbar war unsere Meinung aber diesesmal gefragt...

Jetzt stand unsere kleine Gruppe von etwa zehn Mann vor dem Zimmer des *Chef de Corps*. Vor dem Machtzentrum, von dem aus der *Colonel (Oberst)* das gesamte 4. Regiment befehligte, warteten wir nun darauf, daß er jedem einzelnen die Orientation verpaßte.

Lockett hatte über zehn Wochen lang über diesen Moment nachgedacht. Nach langem Abwägen entschied er sich, gänzlich unspektakulär, für das

Zweite Infanterieregiment in Nîmes. Anfänglich schien der Mythos Fallschirmjäger ihn auch gepackt zu haben, je mehr Zeit aber verstrich, um so weniger sah Lockett darin seine Zukunft. Es handelte sich wohl um einen Grenzfall der natürlichen Wahl. Hierunter fiel jene Gattung Legionäre, die Leistung für kein erstrebenswertes Ziel erachteten und es sich so bequem wie möglich machen wollten. Für sie gab es einen regen Handel von Informationen. Irgendein feister Franzose wußte stets Einheiten zu benennen, in welchen er über Bekannte verfügte, die ihm wiederum gesteckt hätten, daß...

Dieser Schlag Soldaten fiel somit von vornherein aus, da er schon durch allerhand Gerüchte geschreckt wurde: »Was, Fallschirmjäger – bin ich denn bescheuert?«

Bei der Auslese für das *R.E.P.* standen sportliche Leistungen obenan. Rosa-Fatela drückte sich in etwa so aus, daß natürlich nur die Besten gefragt würden...

Während vier Jahren Bundeswehr hatte ich gegenüber solchen Floskeln ein gesundes Mißtrauen entwickelt, mit denen auch Rosa-Fatela uns die Fallschirmjäger-Truppe schmackhaft machen wollte.

Ich vermutete, daß auch Rosa-Fatela gewisse Quoten zu erfüllen hatte. Und wenn er nicht gegen die Vorbehalte gegenüber der Fallschirmtruppe anging, würden sich in seiner *Section* keine Freiwilligen für Korsika finden. Möglicherweise würden entsprechende Vermerke seine Beurteilung nachteilig beeinflußten.

Wer Karriere machen wollte, mußte nach den Regeln spielen. Und was die Riege der Offiziere anging, waren deren Regeln wohl seit jüngster Zeit mehr unter politischen Druck geraten als dies noch vor Jahren der Fall war:

Die europäischen Grenzen öffneten sich; die Fremdenlegion gab sich verschlossen wie eh und je. *Wir sind um eine grenzüberschreitende Bekämpfung der Kriminalität bemüht*, sagten die Politiker, *ich hau ab in die Legion*, sagten nicht wenige Kriminelle.

Die internationalen Heerscharen waren Frankreichs Linken von jeher ein Stachel im Hintern gewesen. Die Armee mußte also handfeste Gründe vorweisen können, wenn sie weiterhin staatenlose Abenteurer für (heikle) nationale Aufgaben verwenden wollte. Sie mußte sich auch mit dem lästigen Argument auseinandersetzen, daß einerseits Tausende von Francs in eine professionelle Ausbildung investiert wurden, andererseits aber zahlreiche halbfertige Legionäre desertierten, bevor sie ihre Schuld an Frankreich getilgt hatten.

Was Fatela betraf, so machte er ganz deutlich, daß im Falle eines Falles es später nicht heißen sollte, einer seiner *Caporeaux* wäre schuld daran gewesen. Leider erfuhr ich nicht, was Rosa sich wegen der beiden Deserteure unserer *Section* hatte anhören müssen.

Viel konnte es nicht gewesen sein. Und insgesamt stellten Williams und Bradley sich ohnehin zu blöd an, um ihm weitere Schwierigkeiten zu verursachen.

Williams und Bradley hatten sich für den Rest ihres Leidensweges gegen das Joch der Ausbilder und den Spott der Kameraden verbündet. Sie erhofften sich heute hier eine zweite Chance, den Vertrag ihrerseits zu kündigen. *Probezeit* hieß der Hoffnungsfunke, auf welchen sie momentan alles setzten. Wir unterschrieben zwar alle einen Fünfjahresvertrag, angeblich fiel jedoch die endgültige Entscheidung offiziell erst nach sechs Monaten. Innerhalb dieser Zeit stand es jeder der Parteien frei, von dem Kontrakt zurückzutreten. Ebenso offiziell unterlag die Fremdenlegion ja auch dem Reglement der französischen Armee. Gleiche Disziplinarmaßnahmen und was sonst noch an Vorgaben bestand; alles wie bei den Regulären auch. Nur in der Umsetzung hatte man so seine eigenen Vorstellungen.

Keiner der beiden wollte den Raum allein betreten. »Sei kein Idiot, Williams«, bekam er auf die Frage zu hören, ob irgend jemand sich bereit erkläre, dem Kommandeur sein Anliegen zu übersetzen. »Geh' einfach hinein und sag, du willst nicht mehr«, sagte einer mitfühlend, »die haben kein Interesse daran einen zu halten, der nichts bringt«.

Vorweg war dennoch die Reihe an mir. Die Aufregung war auch auf mich übergesprungen. Ich betrat das Zimmer so, wie ich es vom ersten Tag in Castelnaudary getan hatte und wie ich es auch gegenüber Vorgesetzten in ganz Frankreich, Französisch-Guayana oder einem Winkel sonstwo in der Welt getan hätte. Die allerorts zu wahrende Form war eine hilfreiche Medizin gegen die Nervosität...

Als ich den Raum orientiert und erleichtert wieder verließ, vernahm ich letzte Diskussionen zwischen dem entnervten Montalbano und dem mittlerweile kreidebleich gewordenen Williams. Lockett bot sich endlich als Fürsprecher an. Er folgte Williams ins Kommandeurszimmer, der aussah, als würde er sich jeden Moment vor Aufregung in die Hose machen...

Später berichtete Lockett, Williams hätte zur Antwort gegeben: »*Civil, mon Colonel!*« »Ihr müßt euch das vorstellen«, schilderte Lockett, »da steht Rosa-Fatela und schlägt den Jungen mit den Augen tot. Der *Colonel* sitzt hinter seinem Schreibtisch, verzieht keine Miene und fragt nochmals: *Bon*, und dein zweiter Wunsch, Legionär? Und Williams klappt fast zusammen und antwortet: Ich möchte zurück... ins Zivilleben, *mon Colonel!*«

Ich betrachtete den abseits stehenden Williams und sah kurz dessen Gesicht, welches keinen Zweifel daran offen ließ, daß ihm drinnen keine gute Fee erschienen war.

»...und der *Colonel* fragt auch noch'n drittes Mal; kriegt aber die gleiche Antwort, verzieht keine Miene. Und wißt ihr, was er dann sagt...« Lockett blickte zu dem Häufchen Elend hinüber, als wolle er nach dessen Verfassung entscheiden, ob er die unheilvollen Worte aussprechen könne: »*Bon, Deuxième Régiment d'Infanterie – Guyane...*« Bumms, Akte zu. Als hätte der es sich sehnlichst gewünscht... und: Der Nächste bitte«.

Bradley erlitt dasselbe Schicksal. Urteil: Afrika. Ein Dritter, der sich vorgenommen hatte, den Wunsch auf Entlassung hartnäckig durchzusetzen (du mußt ihnen nur klarmachen, daß du nutzlos für sie bist), prüfte sein Ansinnen noch einmal. Er entschied sich hastig für das Musikkorps. Williams sprach diesen Tag nur noch von Schlangen, totbringendem Ungeziefer; von Vorgesetzten, welche wahrscheinlich nur auf Leute wie ihn warteten – und davon, daß man ihn beseitigen – ihn umbringen – wolle. Ich beneidete ihn auch nicht gerade um seine Perspektive; ich bemühte mich eher, dem Nervenbündel aus dem Wege zu gehen.

Wie die Axt nach Aubagne kam

Es sollte mein zweiter Wachdienst werden. Vermeintlich zufällig pickte ein unbekanntes Gesicht einige Leute heraus und teilte sie für die Nachtwache an der Pforte ein: Als *Sergent* war er über eventuelle Fragen erhaben. Soundsoviel Legionäre benötige er, Fragen zu Anzug und Ausrüstung beantwortete er nur widerwillig.

Nicht ohne einen gewissen Hochmut trugen wir den erkämpften Status Legionär nun schon einige Tage durch die Kaserne. Allerdings fand kein Vorgesetzter Gefallen an solch verfrühter Überheblichkeit. Auch dieser las momentan die Namen von den Jacken ab und notierte sie demonstrativ. Seine Befehle wanderten in die Jackentasche. Das Übrige blieb uns selbst überlassen.

In stiller Eintracht vertrat man die Meinung, die allgemeingültigen Gepflogenheiten seien bereits älter als die meisten von uns; irgendwo würden wir also jemanden finden, der wußte wie es hier läuft.

Ich suchte mir einen Deutschen, der mich schließlich aufklärte, was es mit dem Wachdienst so auf sich hatte: »Also, du suchst dir 'n paar Sachen zusammen... Waschzeug un so. Wache mach'n hier is nich wie Castel. Nur *Tenue de combat un' Képi*, keine große Sache eben. Du reißt deinen Service ab, fertig«.

Am späten Nachmittag sollten wir uns als auserwählte Wachmannschaft schließlich vor der Stube einfinden. Montalbano ließ einen prüfenden Blick über die Gruppe streifen und führte uns auf der abschüssigen Asphaltstraße zum Wachgebäude. Abgesehen vom vertrauten Gesicht Montalbanos war nichts Gewohntes ausfindig zu machen. Ich war nicht einmal sicher, ob er selbst wußte, wie die nächsten Stunden ablaufen sollten. Zu fünft standen wir etwas abseits der Torwache und beobachteten altgediente Angehörige des Vierten Regiments, die gerade mürrisch aus dem Gebäude traten. Der *Capo* ließ sie auf der Straße, an der weißen Linie antreten. Auf Kommando knallten die flachen Hände auf die Oberschenkel; die Gewehrriemen, die das FAMAS vor den gewölbten Brustkörben hielten, strafften sich; die Klingen der Bajonette ragten unbeweglich über die linke Schulter der Männer. Der *Sergent* nahm eine zackige Meldung entgegen und überließ das Wachpersonal vom Tage dem Kommando des *Caporals*. Wortlos marschierte die kleine Gruppe an uns vorbei und verschwand aus meinem Blickwinkel.

Nachdem Montalbano unsere Gruppe gemeldet hatte, wies der *Sergent* uns ein. »*Alors, Caporal* – hast du deinen Männern schon gesagt wie's hier läuft?« »Nein, *Sergent*«. »Gut. Ich werd euch sagen, wie das hier läuft: Die Gewehre hier bleiben im Gebäude. Da schlaft ihr und dort könnt ihr euch morgen früh rasieren. Von denen, die aus der Kaserne gehen, kontrolliere ich die *Permission* und den Anzug. Wer reinkommt, hat den Ausweis vorzuzeigen. Kommt da nach zehn Uhr irgend so'n besoffenes Schwein, dann meldet ihr mir. Klar?« »*Oui, Sergent!*« »Also, Caporal, teile deine Leute ein, und dann an die Arbeit.

Der *Sergent* hielt mir einen speckigen Axtstiel hin, der mir bis an die Hüfte reichte; am unteren Ende war er nachträglich mit einer Handschlaufe versehen worden. »Hier, du machst die erste Wache«.

Mit der ersten Wache hatte ich es gut getroffen. Bisweilen verließen zwar Legionäre das Gelände – manche davon sogar in zivil –, diese zeigten aber dem *Sergent* unaufgefordert ihren Ausgangsschein vor. Für mich blieb kaum mehr zu tun, als wichtig auszusehen. Solche, die keine Uniform trugen, blieben meist kurz vor dem Häuschen stehen und tauschten einige Halbsätze mit ihm: Gerade angefangen, oder was, war meist zu hören. »Äh«, stöhnte der *Sergent* dann verächtlich, »morgen is die Scheiße vorbei«. Seine Bitterkeit war für mich unverständlich, im Grunde schoben wir doch eine ruhige Kugel. Die Ursache schrieb ich den beim Militär üblichen Verwünschungen gegen alles und jeden zu, ich verschwendete daran keinen weiteren Gedanken.

Für mich würde ab morgen sowieso ein neues Kapitel beginnen; ich war ganz gewiß weg, bevor es wirklich *scheiße* werden würde.

Alles was ich besaß, füllte den Rucksack, einen Seesack und meine Sporttasche vom Typ Luftlandetruppen. Eine überschaubare Sache, hätte man mir nicht zu allem Überfluß meine kleine Tasche zurückgegeben, welche ich aus Deutschland mitgebracht hatte. Eine Jeans, ein Paar Palladiums und eine Jacke ließen den Beutel voll werden. Das Zeug, von dem ich mich vor fünf Monaten so schwer getrennt hatte, empfand ich jetzt als absolut störend.

Kurz vor Verlassen der Stube schulterte ich noch einmal versuchshalber den übergroßen Seesack und nahm danach den prallen Rucksack vor die Brust. Eddi amüsierte mein Anblick. Er meinte, ich sehe aus wie ein Michelin-Männchen mit *Képi*; unter dem ganzen Oliv waren nur noch gebügelte Beine und die weiße Kopfbedeckung zu erkennen. Ich griff nach meinem *Sac TAP* und war marschbereit für die Überfahrt nach Calvi.

Vorerst kam ich wohl nicht umher, obendrein auch den lästigen privaten Plunder mitzuschleppen.

Im Hof strömte die komplette *Section* – die genaugenommen schon keine mehr war – in Grüppchen zusammen. Hier das *Deuxième R.E.I.*, dort das *Deuxième R.E.P.* und so fort. Jeder gesellte sich an die entsprechende Stelle der künftigen Einheit. Breault blieb allein – er wollte anfänglich desertieren, dann den Vertrag lösen, hatte sich im Verlauf der Orientation aber zur Militärmusik gemeldet.

Erst jetzt wurde uns in aller Deutlichkeit bewußt, daß wir in alle Winde verstreut würden. Lockett sprach mich eben auf belanglose Dinge an, als jemand Breault aufrief. »Breault!«, rief der hochgewachsene *Premier classe (Oberschütze – kein vergleichbarer BW-Dienstgrad)* noch einmal in klangvollem

Französisch. Breault besaß etwa meine Körpergröße; er war aber um einiges dünner und hatte während der Ausbildung noch einmal das eine und andere Kilo verloren. Betrachtete man die unter Säcken und Taschen vergrabene, magere Erscheinung, mochte man meinen, die dürren Beine brächen jeden Moment unter der Last. Er drehte sich im Fortgehen, so gut es ihm möglich war, in unsere Richtung, hob den freien Arm und verabschiedete sich mit den Worten: »Wir sehen uns dann«. Dies hielt ich für sehr unwahrscheinlich...

Alle fieberten darauf, daß irgend jemand Namen aufrief, um das Warten endlich zu beenden. Ich stand neben Lockett und hatte nicht sonderlich viel zu sagen. »Wenn du wieder Luft hast Schu'... im Regiment meine ich, schreibste mal?« »Kann ich machen«, gab ich zurück und hielt Ausschau nach Rosa-Fatela, der uns nach Calvi bringen sollte. »Keine Ahnung, wo sie mich hinstecken, aber... *anyway*, meinen Namen haste ja Schu'«. »Werd schon 'ne Möglichkeit finden«, sagte ich. Dann tauchte Rosa auf, um Nicolas, Mollnar, St. Peteri, Souchon, mich und die anderen sieben abzuholen.

Mit dem Bus ging es zum Hafen nach Marseille. »Die Fähre geht erst in einigen Stunden«, informierte uns Fatela. Auf dem Pier war noch wenig Betrieb. Die übrigen Reisenden fanden sich nur zögernd ein; die Stelle, an der er uns die Bagage ablegen ließ, befand sich etwas außerhalb der Stelle, an der bald der eigentliche Trubel einsetzen würde. Er ging mit uns in eines der Bistros unweit des Piers. Es dauerte eine Weile, bis ich mich an den Umstand gewöhnte, plötzlich – seit fast einem halben Jahr – nicht mehr nur von Soldaten umgeben zu sein.

Die Bar war um diese Zeit – es war noch keine zehn Uhr am Morgen – so gut wie leer. Die Barfrau gab sich, angesichts der offenbar zahlungsfähigen Kundschaft, bemüht. Wir bestellten eine Runde Bier und setzten uns an einen größeren Tisch. »Also, wer möchte«, begann der *Adjudant-chef* ruhig, »der kann auch die zwei Stunden in der Stadt verbringen«. »*Wow*«, brach es aus Eddi hervor. »Hey, Schu', was hälst du von 'nem kleinen Spaziergang?« Ohne zu zögern gingen wir los. Eddi Souchon, Nicolas und ich liefen ohne ein bestimmtes Ziel durch die Straßen und schlugen immer dort ein, wo sich am meisten bewegte. Viel von den Eindrücken, welche die Gegend bot, konnten wir nicht mitnehmen; ich genoß jedoch intensiv diese Stunde der Ungebundenheit. Legionäre gehörten in der Hafengegend Marseilles ebenso zum gewohnten Straßenbild wie Seeleute oder arabische Gemüsehändler. Gleichwohl erregten wir vereinzelt Aufsehen: In einem Obstladen erstanden wir einige Früchte für die Überfahrt. Der ohnehin kleine Laden ließ vor lauter Obst- und Gemüsekisten kaum Platz für mehr als die anwesenden drei Kunden. Der kraushaarige Algerier verschwand trotz seiner Größe hinter der alten Waage auf dem kleinen Stehpult. Als er uns erspähte, blieb sein Blick kurz an Nicolas *Képi* haften. Unverzüglich wandte sich der Lockenkopf von der übrigen Kundschaft ab und bediente uns erstaunlich zuvorkommend. Niemand schien sich daran zu stören. Im Hinausgehen drehte ich mich noch einmal um und bemerkte verwundert, wie der Laden wieder zur alten Betriebsamkeit zurückkehrte.

Nach wie vor trug ich die kleine Tasche mit dem englischen Tarnmuster umher. Wo sonst *Clochards* an jeder Straßenecke auf mildtätige Fremde lauerten, fand sich heute einfach kein dankbarer Abnehmer dafür. Die Stadt war im Begriff zu erwachen; aber auch die Berber in dieser Gegend erwarteten wohl vor Mittag kaum gewinnbringende Spenden.

Marseille besaß gerade in diesen Morgenstunden jene schmuddelig-charmante Ausstrahlung, der auch eine noch so moderne Flotte der Stadtreinigung nicht beikommen konnte. Dieses Flair zog mich schon seit Jahren in den Bann. Bei keinem Urlaub in Frankreich hatte ich es versäumt, zwischen neun und elf Uhr vor einem der zahllosen Bistros zu sitzen, um etwas von dieser südländischen Ruhe einzufangen, mit der man hier den Tag begrüßte. Die Hafenstadt kommentierte den Morgen mit klassischen Geräuschen, wie jede Tageszeit ihre eigenen besaß. In diesen frühen Stunden war es das gelegentlich aufwallende Knattern einer Vespa oder das monotone Brummen eines der vielen Reinigungsfahrzeuge.

Einige Passanten kamen uns entgegen und machten einen größeren Bogen auf dem ausladenden Gehsteig als es vielleicht nötig gewesen wäre; eine Frau wechselte überdies eilends die Straßenseite. »*Oh, boy*«, kommentierte Eddi. »Is doch bloß 'ne Uniform«. Nicolas deutete auf die Straßenseite gegenüber: »Hey Schumascher, da drüben kannste vielleicht dein Zeug loswerden«.

Zwei Stadtstreicher saßen in den ersten Sonnenstrahlen und bereiteten sich vor einer Hauswand Kaffee zu. Die beiden nahmen wenig Notiz von uns. Sie ließen sich auch nicht im geringsten von ihrem Ritus abhalten, als ich einen ansprach: »Bist du vielleicht Deutscher?« Er war Franzose, aber nachdem ich die Tasche weiter unbeirrt vor ihm emporhielt, begriff er endlich, daß ich für sie einen neuen Eigentümer suchte. »Willst du sie nun, oder was?« Langsam wurde ich ungeduldig. Souchon und Nicolas standen hinter mir; sie gaben sich angesichts der unverständlichen Skepsis etwas gereizt: »Nimmt der Typ das Ding jetzt, oder will er noch Kohle dazu...«. Nicolas sah auf den *Clochard* hinunter und warf den Kopf auffordernd in den Nacken.

Der Berber nahm die Sachen, immer noch zögernd, an sich und öffnete den Reißverschluß. »Is ja fast neu... und die Jacke... Warum willste das denn weggeben?« »Ich brauch's nich mehr«, verabschiedete ich mich im Gehen. Er rief mir verschiedene Dankesworte hinterher und was für ein toller Kollege ich sei. Solange, bis ich schon beinahe brüllen mußte, um ihn mit den Worten: »Kein Problem!« zum Schweigen zu bringen.

9 Im R.E.P.

Die Kriegsmaschine

Die Überfahrt von Marseille nach Bastia dauerte einen halben Tag. *Na*, dachte ich, als ich vom Oberdeck auf die See blickte, *wenn das nicht ein rundes Bild ist*: zwölf Legionäre beobachten vom Sonnendeck, wie das Schiff den Heimathafen verließ und sie durch den Golf von Lion einem neuen Lebensabschnitt entgegenbrachte.

Am Nachmittag legten wir in Calvi an und gegen Abend bog unser Bus, der schon am Hafen gewartet hatte, in die Einfahrt der Kaserne, die direkt an der Küstenstraße lag.

Vorerst sah ich im *Camp Raffalli* wenig, was ich nicht schon von meinem ersten, zivilen Besuch her kannte. Ich erinnerte mich auch wieder an das Wachhäuschen rechts der Einfahrt. Ein rechteckiger Pfeiler aus massiven Steinblöcken war schätzungsweise auf eine Höhe von knapp über zwei Meter gemauert; rechts neben dem Pfeiler hatte damals ein regungsloser Posten gestanden, heute war der Platz leer. Weiße Steinplatten rahmten das Ganze ein, ließen alles wie eine halb geöffnete und seitlich aufgestellte Streichholzschachtel aussehen. Auf der oberen Seite (wo man in dem Fall einen Streichholz entzündet hätte) steckte ein armlanger Metallstab, auf welchem ein überdimensionales Fallschirmspringerabzeichen aus Metall stand. Zudem nahm ein ebenfalls eisernes Emblem der 11. Luftlandedivision die obere Hälfte des Pfeilers ein. »*Oh boy,* jetzt isses so weit. Hier hört der Spaß auf«, kommentierte Eddi die Einfahrt vorbei am geöffneten Schlagbaum. Die Legionäre an der Tür des Wachgebäudes bedachten uns mit dem vertrauten Grünschnabel-Blick, der uns zu »Frischfleisch« degradierte.

Der Bus steuerte ein von weißen Steinen gesäumtes Dreieck an, das etwa die Größe eines Verkehrskreisels besaß und auf dessen Mitte die Trikolore vom Mast flatterte. Überhaupt schien die Kaserne riesige Ausmaße zu besitzen, was von der Straße nicht zu erkennen war. Abgesehen von einem Appellplatz, wie ich ihn so riesig noch nicht gesehen hatte, verfügte nahezu jedes Gebäude noch über reichlich eigenen Raum für Fahrzeug- oder Antreteplätze.

Seit der Abfahrt in Bastia (und die Fahrt hatte einige Zeit in Anspruch genommen) war ein Gefühl in mir hochgestiegen, wie ich es seit meinem ersten Fallschirmsprung nicht mehr erlebt hatte: Nach wochenlanger Bodenausbildung hatte es für mich keinen Zweifel daran gegeben, daß ich springen wollte. Zwei extreme Eindrücke hatten aber dafür gesorgt, daß mir am Abend davor hundeelend zumute gewesen war. Die mächtige Spannung hatte sich mit der natürlichen Angst vor dem Unbekannten vermengt.

In aller Ruhe entluden wir das Gepäck. Niemand tauchte auf, um etwa zu demonstrieren, *wie das hier mit Frischlingen läuft*. Ich hätte es fast als beruhigender empfunden, wenn ein Vorgesetzter mit steinerner Miene etwas Bewegung in die Sache gebracht hätte. Stattdessen warteten wir geradezu lässig auf Rosa, der seit einigen Minuten irgendwo Papierkram erledigte. »Ich hab gehört«, prophezeite Eddi in die Runde, »also, . . . ich hatte da'n Kumpel . . . und als die hier angekommen sind, da war nichts, von wegen erstmal in die Quartiere und so – genau wie jetzt. Erst Ruhe, und dann . . .«. »Was, und dann?« Im Grunde wollte ich den Rest gar nicht hören.

»Na ja, da kommt also irgend so'n Typ und sagt: *So Leute, ich zeige euch jetzt 'mal die Kaserne*. 'Hat er dann auch gemacht. Da sind die mit Seesack, Rucksack und dem ganzen Scheiß, den sie noch so hatten, im Laufschritt durch die Kaserne. *Und hier . . .*, sagt der Typ, *und dort seht ihr das und das*, und macht sich 'nen riesen Spaß daraus. Und nachher war natürlich alles total im Arsch«, dabei machte er eine Handbewegung vor seinem Körper, als hätte er sich soeben mit irgend etwas von oben bis unten beschmutzt. »Stell dir vor«, trug Souchon weiter vor, »der Anzug . . . Zwei Stunden Bügeln; alles im Arsch. Und dann mit *den* Schuhen! Die waren schon völlig fertig, da hatten sie noch nicht 'mal die halbe Kaserne gesehen«.

Hörte man Souchon so erzählen, mochte man glauben, er wäre selbst dabeigewesen. Ein Fremder hätte Eddis Berichte nicht unbedingt für bare Münze genommen; ich hingegen hatte nun schon fünf Monate beinahe 24 Stunden täglich mit ihm verbracht und wußte um seine Art, die Dinge so bildhaft zu schildern. Ich wußte allerdings auch, daß Eddi dabei keinesfalls zu Übertreibungen neigte.

Große Lust verspürte ich auf derartige Aktionen ebenfalls nicht. Wie jeder, der sich Eddis Geschichte anhörte, begann auch ich zu prüfen, ob zu guter Letzt die Gepäcke wenigstens so gefüllt waren, daß diese nicht zu allem Überfluß noch Ecken und Kanten aufwiesen, die alles unnötig erschweren konnten. »Scheiß drauf«, resignierte Cohen, »mehr als fertigmachen können sie uns nicht«.

»Auf geht's Leute, da kommt unsere Reiseleitung«, machte Eddi auf Rosa-Fatela aufmerksam, der in Begleitung einer Person über den Platz kam. »Sieht ganz friedlich aus, der Typ«, mutmaßte Cohen. Nicolas bemühte sich um einen korrekten Eindruck; er nahm seine Hände auf den Rücken und wandte sich von uns ab. Cohen bastelte noch am Rucksack herum und erntete dafür einen ärgerlichen Blick Rosas. Nicolas wies ihn flüsternd zurecht: »*Fuck* . . . Cohen!« Rosa-Fatela stellte seinen Begleiter vor: »Das ist *Sergent-chef* Salier. Er wird euch durch die Fallschirm-Ausbildung begleiten«.

Salier war von durchschnittlicher Größe und ganz und gar nicht der Typ Eisenfresser, den wir erwartet hatten. Er besaß eine schlanke Statur und wirkte weder besonders athletisch noch draufgängerisch. Insgesamt ähnelte er mit seinem ruhigen, abgeklärten Auftreten durchaus Rosa-Fatela, wirkte aber etwas älter. Das Gesicht wies einige verwegene Spuren auf, es war weniger jugendlich als das von Rosa. Als der *Sergent-chef* durch die Sonne geblendet

St. Peteri (2. von rechts) treibt seine Spässe mit dem blonden Nord.

In den frühen Morgenstunden weist Rosa-Fatela die *Section* in eine weitere Tagesetappe ein.

Kapitel 8

Auf zwei Etagen stellt das Museum der Fremdenlegion in Aubagne zahlreiche Erinnerungsstücke aus den Feldzügen seit 1831 aus.

Nächste Seite: Der Wachtposten am Eingang des Camp Raffalli in Calvi (Aufnahme von 1983). So zwanglos der Gefechtsdienst ist, so streng sind die Vorgaben für den Postendienst. Der Legionär bleibt in dieser Haltung unbewegt stehen – bis er nach zwei Stunden abgelöst wird.

Kapitel 9

Mit anglegtem Sprung- und Gefechtsgepäck warten wir auf den Check von *Sergent-chef* Salier. Von links nach rechts: Nicolas, Schmidt, Mollnar. Das flache Gebäude rechts im Hintergrund ist die Wohnbaracke.

Sergent-chef Salier prüft den Sitz des Übungsgurtzeugs während der Bodenausbildung in Calvi.

Die Springer beim Besteigen der C 160 Transall. Auf den Helmen ist die farbige Kennzeichnung der Kompanie zu erkennen, in dem Dreieck die jeweilige Zahl der *Section*.

Auf dem Flugplatz von Calvi bereitet *Caporal* Mc Lean neben einer C 160 Transall sein
Sprunggepäck vor. Im Hintergrund kniet Eddi Souchon.

Sprung über der Bucht von Calvi. Neben der Einmündung des Kanals ist das *Centre Amphibie* gut zu erkennen. Dieses Kampfschwimmer-Trainingszentrum der 3. Kompanie liegt, seiner Aufgabenstellung entsprechend, dicht am Strand.

Kurz nach dem Sprung begeben wir uns zur Fallschirm-Pack-*Section (SEPP).* Rechts der lange Engländer Cohen.

Die Zitadelle von Calvi mit dem Munitionsdepot Maillebois und der Samperio-Kaserne der Fremdenlegion.

Legionär fertig zum Sprung. Vorn der Reserveschirm (TRP 511), darunter das Sprunggepäck mit seitlich angeordnetem Sturmgewehr FAMAS. Auf dem Rücken der Hauptschirm (TRP 696/26). An den roten Farbgebungen ist das Übungsgerät zu erkennen. Im Normalfall ergibt die Ausrüstung ein Gesamtgewicht von etwa 50 kg.

Die *605ème Promotion* gruppiert sich um das eigenhändig angefertigte Gemälde nach Verleihung des Springerabzeichens. Vorne, von links nach rechts: Schmidt, Pisa, Gostol, Nicolas, St. Peteri, Nowakowski. Hinten: Kadde, Popa, Cohen und Souchon. Mollnar und *Caporal* Geward sind aufgrund ihrer Verletzungen nicht mehr von der Partie.

Auch noch im Regiment wuschen wir alle Kleidung von Hand. Hier versuche ich mit Bürste und Waschmittel, die Sportsocken wieder weiss zu bekommen.

Ein KRAKA an der Einfahrt zum Camp Raffalli. Der Wachhabende kontrolliert den Passier-schein, bevor er dem Fahrzeug Einlass gewährt.

Für einen Fünf-Tage-Marsch bringen uns die Lkws in das Gebirge Korsikas. Die Insel ist 83 Kilometer lang und 183 Kilometer breit. Steile Gebirgskämme überziehen das Eiland und bieten dem *2ème R.E.P.* ideale Übungsmöglichkeiten.

Tatfahrzeug: Auf dieser französischen Fähre gelang die Flucht von Korsika nach Italien.

Abends bei der Ankunft in Italien.

wurde, konnte man die ausgeprägten Krähenfüße um die Augen erkennen. Sein Mienenspiel ließ die hohen Wangenknochen noch ausgeprägter erscheinen und bildete mit der robusten Nase eine Hügelkette. Er wirkte auf mich wie ein distanzierter, berufserfahrener Soldat, der so fair war wie er ebenso konsequent sein konnte. »Ihr geht jetzt erst einmal mit dem *Caporal,* nachher zeige ich euch dann die Kaserne«, erklärte Salier trocken.

Rosa verabschiedete sich mit einigen knappen Worten, ging dann mit Salier davon und überließ uns dem hochgewachsenen *Caporal,* der inzwischen dazugestoßen war. Der Spießrutenlauf war also zunächst aus der Welt. »*Alors,* ich bin *Caporal* Renard«. Der *Caporal* hielt eine gerollte Liste in der Hand, die er jetzt öffnete. »Souchon!« »*Présente, Caporal!*« »Schumaschääär!« »*Présente, Caporal!*« Nacheinander las er die Namen ab und schaute danach jeden intensiv an.

Wir marschierten quer durch den rechten Teil der Kaserne bis in den technischen Bereich. Fast am äußersten Ende bezogen wir in der Nähe des Zaunes eine karge Holzbaracke. »Waschgelegenheit und Toiletten findet ihr dort. Duschen werden wir vorerst in einem anderen Gebäude«. Renard wendete keine Mühe auf, um etwa zu verhehlen, daß auch ihm dieser Umstand mißfiel. »Hinter dem Bau könnt Ihr Kleidung waschen. Noch Fragen? Keine? Gut. Kommt schon noch mit der Zeit. Jetzt macht eure Arbeit!« Von nun an waren wir die 605. *Promotion*, wie uns der *Caporal* noch wissen ließ.

Die Bretterbude war vermieft, eng und beherbergte derzeit noch reichlich Tageshitze. Die *Wäscherei* befand sich, wie von Renard angesprochen, hinter dem Gebäude. Sie bestand aus einem Betonsockel, einer ausladenden Betonplatte – mit Vertiefung für den besseren Wasserablauf – und dem altbekannten Gerüst, einschließlich sechs Wasserhähnen.

Nachdem wir uns fürs Erste eingerichtet hatten, teilte Renard einige Dienste ein, um die Bude in Schuß zu bringen. In der kleinen Gruppe von zwölf Mann die wir waren, bildete sich binnen kurzer Zeit ein erfreulicher Gemeinschaftssinn. Ich griff mir einen Mülleimer, Eddi fegte den Laden durch und jeder erledigte etwas Nützliches; wir wollten den Tag schließlich beenden, es war mittlerweile 20 Uhr geworden. »Wenn das hier immer so läuft, gefällt mir das R.E.P. gar nich' übel, glaube ich«. Souchon bestätigte damit nur meine Gedanken, in denen ich mir wünschte, in Castel hätten sich alle derart bewegt.

Bei Kadde sah ich diesen Prozeß nicht, obwohl er ständig davon redete – er würde sich schon anpassen, wenn er es als notwendig ansah. Bis dahin verfiel er gemäß seiner Natur in den althergebrachten Trott.

Der faule blonde Sack aus Estland erledigte selbstredend zuerst seinen ganz persönlichen Kram. Danach stahl er sich auf leisen Sohlen aus der Tür. Je nachdem, was gerade zweckdienlich war, stellte sein Blick eine Mischung aus überheblichem Grinsen und beschäftigtem Ausdruck dar. »Der verschissene Russe verpißt sich schon wieder«, fluchte Cohen; erbost schoß er aus der Tür an mir und Eddi vorbei. »Wart's ab, Cohen«, beruhigte Souchon.

Kadde zündete sich ungeniert eine Zigarette an, während er den anderen beim Putzen zusah: »Halt deine Fresse, Cohen, hörst du!« Nicolas war in der

Nähe, bekam jedoch von all dem nichts mit, so engagiert war er bei der Sache – jedenfalls bis Renard aus der Tür kam.

»Mach die Zigarette aus, du Arschloch!« Der *Caporal* tat einen nachdrücklichen Schritt in Kaddes Richtung. Cohen grinste im Hintergrund. Die Ungarn verfolgten die Angelegenheit freudig. Eddi machte eine Kopfbewegung, die wohl ausdrücken sollte, daß dem Burschen eben nicht zu helfen war; niemand der bei Sinnen war kam hierher, um gleich am ersten Tag aufzufallen. Renard nahm den Fauxpas unvermittelt zum Anlaß für eine lautstarke Maßregelung, zu der er alle in der Bude versammelte. Seine tiefe Stimme bekam in dem Holzbau erst den richtigen Klang. Er hielt eine minutenlange Moralpredigt über Zusammenhalt und dergleichen, so daß selbst Kaddes Ohren geklingelt haben mußten.

Weitere Höhepunkte bot der Rest des Tages nicht. Renard gab sich wieder recht einsilbig, er schien nicht nachtragend zu sein. Der ungehaltene Gesichtsausdruck gehörte eher zu einer Auseinandersetzung, die er mit sich selbst ausfocht. Die mehrfach gebrochene Nase ließ ihn nicht unbedingt unsympathisch erscheinen, ja, sie harmonierte sogar mit dem ovalen Gesicht, das die Züge weniger hart erscheinen ließ.

Das *Petit déjeuner* um halb sechs Uhr morgens fiel nicht gerade üppig aus; es trug nicht einmal die Bezeichnung »Kleines Frühstück« zu Recht. Der ersten Mahlzeit im neuen Domizil maß ich doch einige Bedeutung zu. Während der vergangenen Monate war das Essen im Allgemeinen und dessen Qualität im Speziellen unser Lieblingsthema geworden. Offenbar sollten andere Kompanien erst später den Saal füllen, das Geschirr stand noch unbenutzt an der Ausgabe. »Nehmt euch da 'n Kaffee . . . Hier ist Baguette«. Renard füllte sich ebenfalls eine der Schüsseln mit Kaffee. St. Peteri wühlte durch den Korb mit geschnittenem Brot, vergebens auf der Suche nach einem Brocken, der nicht knochentrocken war. »Eins reicht«, schickte der *Caporal* Kadde zurück, der sich zwei Stücke aufgeladen hatte.

In der Mitte der Halle hob sich eine orangefarbene Getränketheke vom fahlen Grün der Wände ab. Vom Eingang her führte ein Geländer im rechten Winkel um den Ausgabetresen; auf der gegenüberliegenden Seite reihten sich die Tische entlang der Fensterfront. Die Anordnung war jeweils nach drei Tischen durch einen Sichtschutz aus Glas unterbrochen. Alles in allem weniger freundlich als Castel, aber es ließ sich hier wohl aushalten. Die Nahrungsaufnahme schien aber, wenn auch nur momentan, Nebensache zu sein; Renard schickte sich bereits zum Gehen an. Etwas perplex drückte ich den letzten Bissen hinunter, stand ebenfalls auf und schüttete noch etwas von dem lauwarmen Zeug in mich hinein.

»*Caporal,* du bereitest die *Promotion* für den Sport heute morgen vor«. Salier gab ruhig einige Anweisungen und erwartete uns um kurz vor sieben Uhr außerhalb der Kaserne, zum Gepäcklauf über acht Kilometer. Abgesehen von der Beschaffenheit des Geländes gab es da nichts Unkonventionelles in der Art, wie die Fallschirmtruppen den gleichnamigen Lauf durchführten. Zunächst jedoch jagten wir Salier sechs lange Minuten und 1500 m hinterher; der stellenweise tiefe Sandboden machte es uns nicht unbedingt leichter, sein Tempo zu halten. Ich konnte nicht erkennen, daß *ihn* das Tempo auch nur ansatzweise anstrengte. Während wir zehn Minuten verschnauften, deutete er auf den eigentlichen Kurs, welcher uns anschließend bevorstand.

Die Sonne erhellte Calvi, einzelne Wolken zogen über die Stadt. Die Kaserne Camp Raffali hingegen lag noch im Schatten der Berge. Der staubige Rundkurs war leicht zu übersehen, er verlief irgendwo dort um den Absetzplatz mit schwacher Steigung den Hügel hinauf. Auf der Kehrseite war der Weg von Bäumen gesäumt und stellenweise verdeckt.

Die elf Kilo des Rucksacks machten sich im Moment noch nicht allzusehr bemerkbar, aber auf den acht Kilometern konnte das Gepäck gehörig unbequem werden, wenn ich später nur noch gegen mich selbst und die Stoppuhr lief.

Wie sich anschließend herausstellen sollte, hatte es diese nicht einsehbare, leichte Steigung hinter diesen Bäumen in sich: der Weg verlief hinter der Baumreihe schier unendlich weit den Hügel hinauf und knickte auf halber Strecke nach links. Als ich glaubte, den Hügel endlich bezwungen zu haben, setzte sich die Steigung noch einmal über die gleiche Strecke fort.

Zu Beginn der zweiten Runde zauberten die Sonnenstrahlen einen feuerroten Schimmer über die Landschaft und brachten mich noch mehr ins Schwitzen; der Staub stand in der Luft und sammelte sich mit jedem Atemzug auf der Zunge. Es war ausgeschlossen, daß ich für speziell *diese* Lauferei irgendwann einmal eine wirkliche Schwäche entwickeln würde. Jeder Schritt den Berg hinauf war mir verhaßt und noch mehr die schorfigen Stellen, an denen der schlenkernde Rucksack die Schnallen der Hosenträger unaufhörlich in den Rücken trieb.

Nach 50 Minuten aber war es vorüber und spätestens unter der Dusche faßte ich bereits den Vorsatz, in Zukunft schneller zu laufen, um meine Zeiten zu verbessern.

Eine Steigerung auf 43 Minuten brachte ich immerhin bis zum Ende der Sprungausbildung zuwege, dennoch, zwei Gastläufer – die *Super humans*, die Übermenschen, wie Eddi sie nannte – ließen mich aussehen wie einen Gelegenheitssportler. Diese beiden, noch recht jugendlich wirkenden Zwillinge aus Rumänien (angeblich zwei ehemalige Angehörige der *Securitate),* waren an diesem Tag unvermittelt zu unserem morgendlichen Training erschienen. Beide überholten uns schon nach der ersten Runde und kamen durchs Ziel, als wenn sie sich eben warmgelaufen hätten.

Salier bemerkte knapp, beide würden sich auf den Aufnahmetest der *C.R.A.P. (Commandos de Recherche et d'Actions dans la Profondeur* = in etwa: Fernspäher mit Kampfauftrag) vorbereiten.

Gesehen hatte ich bislang noch kein Mitglied dieser Aufklärungstruppe aus Supermännern, der selbst innerhalb des elitären *Deuxième R.E.P.* ein besonders elitärer Status zuerkannt wurde. Offensichtlich gab es noch eine weitere Steigerung als das R.E.P. »Das Training ist intensiv und rigoros«, las ich als Schlußsatz in einer Broschüre über die *Commandos de recherche et d'action dans la profondeur.* Sie sind bei Einsätzen – als Kommandos und Fernspäher hinter den feindlichen Linien – die Speerspitze des Fallschirmjägerregiments. Erst Wochen später ließ Salier sich ganz nebenbei darüber aus, daß er ebenfalls diesem Fernspähzug angehörte und erzählte in diesem Zusammenhang auch Einzelheiten des Auswahlverfahrens.

Ich sah mich an diverse Zeitungsmeldungen erinnert: In bezug auf die Legion war die Bezeichnung *Hunde des Krieges* eine reißerische Schlagzeile; was stellten dann die *C.R.A.P.* wohl dar – vielleicht die Rudelführer? Militärisch gesehen waren diese Burschen gewissermaßen die Augen und Ohren des Regiments. Salier referierte sachlich und knapp darüber. Nichts von dem was er sagte, war irgendwie heroisch eingefärbt. Plötzlich, während er sprach, stellte ich bei mir fest, daß viele Begriffe nicht mehr die gewohnten Reize auslösten. Worthülsen, die mit *Spezial* und *Elite* begannen, kannte Saliers Sprachgut offenbar nicht. Er wußte offenbar nichts von der Gigantomanie, die ich von daheim mitbrachte. Bei gewagten Aktionen aber funktionierte doch nichts ohne Spezialeinheiten, das wußte man doch aus Film und Fernsehen! Hätte ein Rambo sonst drei Filme überlebt? Keinesfalls. Dazu mußte man schon in Vietnam gekämpft haben – diente nicht auch er in einer speziellen Einheit? Wo genau, daß wird nicht erwähnt, aber das Prädikat allein reicht aus, um Zuschauer in Staunen zu versetzen. »Spezialeinheit? *Wow!*« Lange Erklärungen wurden nicht verlangt.

Raubte einer Banken aus oder fiel sonstwie aus dem sozialen Rahmen, mußte oft seine Vergangenheit in einer Spezialeinheit – oder noch schlimmer: in der Fremdenlegion – als Erklärungsmuster herhalten. Mit einem Wort ließ sich so vieles doch so umfassend erklären.

Lag es wohl an den Medien oder eher an den Konsumenten, die den aufgetischten Phrasen-Salat kritiklos schluckten? Wer nicht in dieser und jener Einheit Dienst leistete, der konnte demnach kaum auf eine bewegte Vergangenheit zurückblicken. Mit etwaigen Erklärungen anderer Art beeindrucken zu wollen, minderte lediglich die Wertigkeit als kugelsicheres Ein-Mann-Waffensystem.

Ein gerüttelt Maß dieser Reflexe hatte sich in mir längst abgebaut; ich stellte schnell fest, daß wenn sich hier jemand hervortat, dies nur durch Ergebnisse und Leistung geschah. Niemand trug irgend ein werbewirksames Prädikat schützend vor sich her. Und auch ich fühlte mich auch bei noch so viel Training nicht kugelsicher. Im Gegenteil, ich war nur sensibler für viele Dinge geworden...

Wenn Salier die Voraussetzungen der *C.R.A.P.*-Bewerber darlegte, wollte er keinen Eindruck bei uns schinden. Er schilderte lediglich eine Tätigkeit, die gewisse Qualifikationen erforderte, so wie wir sie alle für unsere Aufgabengebiete mitbringen mußten. Was mir dagegen ohne Frage imponierte, war die Leistungsfähigkeit des Einzelnen. Demnach mußte sich ein Kandidat schon als eierlegende-Woll-Milch-Sau qualifizieren, bevor er überhaupt daran denken konnte, den *C.R.A.P.* beizutreten. Wer in der Oberliga mitspielen wollte, mußte sich zunächst die Patente *Brevet Moniteur commando; Nageur de reconnaissance; Tireur d'élite; Brevet d'Alpinisme et de Skieur militaire* und andere verdient haben.

Die Einheit rekrutierte ausschließlich Führungskräfte des Regiments, die im Laufe der Jahre alle vier Kompanien (und deren jeweilige Spezialisierung) durchlaufen hatten. Und wer hier als Dienstgrad noch durch herausragende Leistung glänzte, der eignete sich grundsätzlich, der konnte zum physischen Test antreten. Dieser Test wiederum unterschied sich »geringfügig« von unserem Test. So liefen wir beispielsweise unsere acht Kilometer, während die Titanen in spe ihre 30 rannten – mit Helm, Waffe und Gepäck. Anschließend folgte das übliche Fünf-Meter-Seilklettern. Die Bewerber der *C.R.A.P.* kletterten mit Helm, Waffe und Gepäck. Hinzu kamen verschiedene Übungen, wie Bauchaufzüge, Klimmzüge oder das Schwimmen mit Bekleidung. Alles selbstredend unter bestimmten Vorgaben. Unser Eingangstest war als Leistungskontrolle bestimmt und löste sich im Betrieb dieser ersten Woche auf. Die *C.R.A.P.*-Bewerber zogen alles in einem Abwasch durch, innerhalb von zwei Tagen eben.

Als Salier über das Unerreichbare sprach, dachte ich an den Sprint mit dem Sandsack, der ebenfalls zum Test gehörte – *40 kg? Kein Problem!* hatte ich geglaubt.

Dieses Ding hatte da auf dem Boden gelegen und glich, bedingt durch die ungleiche Verteilung des Sandes, einem übergroßen, olivfarbenem Sparstrumpf. Nach dem Startsignal riß ich ihn an den zwei seitlichen Trageschlaufen hoch. Als die Wucht der unförmigen Wurst meine rechte Schulter traf, wäre ich beinahe in die entgegengesetzte Richtung geflogen. Nach 90 Metern trippelte ich wie auf Eiern durchs Ziel.

Wie mochten sich wohl die *C.R.A.P.*-Bewerber anstellen, mit dem beißenden Muskelkater eines 30-km-Marsches vom Vortag in den Beinen?

Nach bestandenem Aufnahmetest durchliefen sie die Kommando-Ausbildung, um sich danach auf einem Fachgebiet zu spezialisieren: Sabotage; Irreführung; Gesundheitswesen; Nahkampf oder auch Fahrzeug-Mechanik und Funkwesen. Die Elite der Elite übte in der Regel im Rahmen des *Deuxième R.E.P.*, darüberhinaus ließ sie sich von der *GIGN* schulen, eine Art französischer GSG-9. Die *Groupe d'Intervention de la Gendarmerie Nationale* vermittelt den Legionären regelmäßig Taktiken aus dem Bereich Bekämpfung von Schwerstkriminalität und Terrorismus. »Die *C.R.A.P.*«, erklärte Salier, »war im Gegensatz zum übrigen Regiment auch während der Operation *Daguet* im Golfkrieg eingesetzt, bei der zwei Unteroffiziere verwundet wurden«.

Als er dies alles so bedacht erzählte, hörten alle mucksmäuschenstill zu. Keiner fragte oder hakte ungläubig nach, wollte die Zahl der Kilometer noch einmal hören, da er glaubte sich verhört zu haben. Sich aufzuspielen war nicht die Art des *Sergenten;* er wiederholte einiges oder überließ es auch dem entsprechenden Nebenmann, den jeweiligen Kameraden aufzuklären. Alle blieben ernst, niemand versuchte sich etwa mit dem alten *Hohoho-da-geh-ich-hin-Spruch* (den ich zu Bundeswehr-Zeiten so oft gehört hatte) Vorab-Bewunderung einzuheimsen. Mögliche Gedankenspiele in Sachen *C.R.A.P.* behielt jeder tunlichst für sich.

Die Tage mit *Sergent-chef* Salier verliefen in fast familiärer Atmosphäre. Außer ihm, *Caporal* Renard und uns Zwölfen gab es niemanden, der auf den täglichen Dienstbetrieb direkten Einfluß nahm. Ein *Caporal* Mc Lean stieß in der gleichen Woche noch dazu; er hatte sich aus dem *Deuxième R.E.I.* hierher versetzen lassen und wollte seinen Vertrag um weitere zwei Jahre – auf sieben – verlängern. Gegen Ende der zweiten Woche wuchs unsere Gruppe schließlich auf 14 Mitglieder an: Ein *Caporal* Geward kam von der regulären französischen Armee. Er war schlank, sportlich und viel jungenhafter als die *Caporeaux*, die einem hier über den Weg liefen.

Caporal Mc Lean vom *Deuxième R.E.I.* war hingegen ein milchgesichtiger Typ, kaum größer als ich und dazu noch ziemlich hager. Insgeheim hegte ich Zweifel, ob dieser für den Schlag Mensch stand, dem das Infanterieregiment zu einem Wechsel nach Calvi riet. Es dauerte noch Monate, bis ich diese Voreingenommenheit abschüttelte.

Die Tage vergingen und boten wenig Höhepunkte. Trotz Routine-Diensten und -Abläufen konnte man sich über Mangel an Abwechslungen nicht beklagen. Der Tag begann mit dem Wecken, meist irgendwann zwischen halb fünf und halb sechs, dann folgte ein kleines Frühstück – Baguette, Butter, Marmelade und Kaffee, und spätestens gegen sieben Uhr trieben wir Sport. Mal liefen wir im Kampfanzug, meist aber in Sportzeug; mehrmals rannten wir auch am Strand entlang, überwiegend aber durch die Berge, gemeinhin über Etappen zwischen zehn und 25 Kilometern. Um zehn Uhr war der Frühsport für gewöhnlich erledigt. Wir hatten geduscht, uns umgezogen und Renard organisierte das Notwendige für die Bodenausbildung.

Bis in die Mittagsstunden waren wir unendlich oft aus der Holzattrappe einer Hercules C-130 gesprungen: Nach Einnahme der Absprungposition ertönte ein schrilles und gedehntes »Go!«, dann schrie man die Zahlen heraus und landete – anstatt den üblichen Windstoß nach dem Absprung zu erfahren – unsanft im Sandloch unter der Tür. Dies entlockte vielen von uns ein mädchenhaftes Geräusch. Dann – auch hier nichts Neues – Überprüfen von Kappe und Fangleinen; anschließender Blick ringsum, nach eventuellen Gefahrenquellen im Luftraum. Links – nichts. Rechts – Mollnar und St. Peteri, gaffend und grinsend im Übungsgurtzeug. Überprüfen der Landezone – auch hier alles in bester Ordnung. Nur der Sand war etwas tiefer ausgehöhlt als beim ersten Sprung.

»*Roule,* Schumascher!« Vor einem gelangweilten *Caporal* Renard ließ ich mich in den staubigen Boden sinken und vollführte einen Landefall.

Staubig und verschwitzt, wie wir nunmal waren, ließ uns Renard vor dem Essen einige Male das Seil hinaufklettern und – wie grundsätzlich vor jeder Mahlzeit – ein paar Klimmzüge machen.

Mittagspausen waren nicht vorgesehen. Stattdessen gingen wir zum Schwimmbecken hinter der Sporthalle und absolvierten dort die 100 Meter in Grünzeug und *Rangers*. Um der Pflichtübung etwas Wettkampf-Atmosphäre zu verleihen, veranstaltete Salier noch ein Staffelschwimmen, bei dem die Gruppen ihre Schwimmer lautstark – in mindestens fünf Landessprachen – anfeuerten.

In den Stunden bis zum Abendessen wurde uns meist irgendeine Betreuung im Regimentsrahmen zuteil. Einen Tag führte Salier uns durch das Museum, einen anderen Tag schleuste Renard die *Promotion* durch langatmige Überprüfungen in der Krankenstation. Dann wieder besichtigten wir die riesigen Hallen, in denen die Fallschirme gepackt und gewartet wurden.

Nach 18 Uhr gestaltete ausnahmslos Renard das Programm. Damit bis zum Zapfenstreich keine Stunde ungenutzt blieb, übten wir Marsch mit Gesang in abgelegenen Winkeln des Kasernengeländes. Der Scharfsichtigkeit Renards entging kein auch noch so geringer Ausrutscher. Wir sangen stundenlang Marschlieder der Legion, die wir am Tag zuvor gelernt hatten und von denen wir kaum die Hälfte verstanden. Mit schwerfällig anmutenden 88 Schritt in der Minute stolzierten wir durch den Abend, zu Texten, mit denen wir uns die Nächte um die Ohren geschlagen hatten. Und trotzdem war es selten möglich, Renard vor 22 Uhr zufriedenzustellen. Einmal sangen wir uns einem farbenprächtigen Sonnenuntergang entgegen – über die Betonpiste robbend. Ein anderes Mal sah Renard einem nach dem anderen scharf aufs Maul und drückte seine Unzufriedenheit darüber aus, daß nicht alle fähig waren, den Text frei zu singen. Der lange *Caporal* baute den kleinen Tschechen Pisa vor uns auf und ließ ihn alle Strophen vorsingen. Solange, bis dessen Kopf vor Scham fast zu platzen drohte. Pisa gab eine bodenlos lächerliche Figur ab, aber niemand lachte an diesem Abend darüber.

Für die letzten zehn Tage der Sprungausbildung bezogen wir schmucke Räume im Gebäude der *Compagnie d'Eclairage et d'Appui*. Die Stuben der *C.E.A.* waren modern eingerichtet, hell und sauber. Die Betten, sechs in jeder Stube, ließen ausreichend Zwischenraum und waren hier nicht übereinander, sondern nebeneinander längs in den Raum gestellt. Je drei befanden sich an der linken und rechten Wand, neben jedem Bett stand ein gelber Spind, an den sich ein weiterer Hängeschrank anschloß. Weitere zwei Zimmer belegten wir für unsere Übungsfallschirme und das übrige Material.

»Schumascher, du gehst mit mir in die *Infirmerie* heute morgen!« Renard verließ die Stube. Kurze Zeit später führte er die *Section* zum Speisesaal und trottete mit mir, müde und ohne Frühstück im Bauch, quer durch die Kaserne. »Worum gehts?« wollte ich wissen. »Blutabnahme«. »Ich war doch schon in den ersten Tagen zur Blutabnahme«. »Weiß auch nicht«, gab er resigniert zurück. Im Sanitätsgebäude schien niemand von unserem Eintreffen unterrichtet sein. Alles war noch dunkel. Der *Caporal* schoß entnervt durch den Flur und öffnete eine Tür nach der anderen. In der Mitte des Ganges wurde er schließlich fündig, er sprach gedämpft etwas in den völlig abgedunkelten Raum hinein. Eine Whiskystimme brummte etwas zurück. Kurz darauf erschien ein verschlafener Legionär in einer Art... Kimono! Renard konnte sein Staunen ebenfalls nicht verbergen. Er sah mich an, als hätte er vor der hier herrschenden Subkultur kapituliert. Der große, bleiche Typ begutachtete mich kurz, als wolle er sich mit eigenen Augen von der tatsächlichen Ursache dieser frühen Störung überzeugen. Übel hustend verschwand er wieder in seinem schwarzen Loch und gab Renard zu verstehen, er wolle sich kurz umziehen. Wir sollten schon mal ins Behandlungszimmer gehen.

Wenig später kam ein *Sergent* hinzu. Gleich darauf folgte der verschlafene Sanitäter. Ich wickelte mir bereits den Gummischlauch um den Arm – die Sache sollte nicht länger dauern, als nötig. Der Atem des Kerls stank unerträglich nach Alkohol, als er sich mit der Kanüle über mich beugte und sich an meinem Arm zu schaffen machte. Er stach zu; er fummelte; redete fortwährend und kniff die glasigen Augen zusammen. Der *Sergent* fragte schließlich: »Sag mal, ist das richtig so?« Er sah Renard an, beugte sich dann prüfend über meinen Arm und blickte zum Sanitäter, der in den Regalen nach irgend etwas suchte.

Ich musterte den kleinen Zylinder, der sich nur bescheiden mit Blut füllte. »Normalerweise geht das schneller mit meinem Blut«, beantwortete ich Renards fragenden Blick. Die kurze Diskussion veranlaßte den Typ, sich das Ganze noch mal anzusehen. Daraufhin stach er weitere drei Mal in die Vene, bis seine zittrigen Finger endlich meine Arterie fanden. Das Glasröhrchen füllte sich flott mit dunklem Saft.

Danach gaben Renard, der *Sergent* und der Sanitäter sich sichtlich zufriedener – die Sache war erledigt und ich konnte gehen.

Seit knapp drei Wochen hatten wir nun weder FAMAS noch Gefechtsausrüstung getragen. Ich bewegte mich immer noch ungewohnt leichtfüßig, während ich in gebückter Haltung der Ladefläche des Lkw entstieg. Der Flugplatz von Calvi schien kaum größer zu sein als die betonierte Fläche vor dem Eingang. Das Gelände lag direkt an einer Landstraße nach Süden und war keine fünf Kilometer vom *Camp* entfernt. Und doch wirkte das Flugplatzareal einsam auf weiter Flur, umrahmt nur von schroffem Gebirge. Die wenigen geparkten Autos diesseits des Zauns unterstrichen den verwaisten Eindruck.

Wie ein übergewichtiges Insekt wartete die C-160 *Transall* auf dem Rollfeld auf ihre Fütterung. Ich ging hinüber zum zweiten *Camion,* wo ein *Premier classe* die Hauptschirme ausgab. Unter den wenigen Pkws entdeckte ich einen Golf mit Wolfsburger Kennzeichen, was mich eigenartiger Weise – angesichts des ersten indirekten Kontaktes zur Heimat – sofort in Hochstimmung versetzte. Am Zaun hingen mehrere Zuschauer, die sich mit den knielangen Bermudas und wehenden T-Shirts so gar nicht in das sonst so einheitliche militärische Geschehen einfügten. »Gehört der Golf dort euch?«, sprach ich die bunten Zuschauer an. Die gesamte Gruppe starrte mich völlig verdattert an, so als wäre ich ein Wesen aus einer anderen Welt.

Das Reservegerät hielt ich in der einen Hand, den schweren Schirm in der anderen. Augenblicke verstrichen; ich wartete, sie starrten. »Der Golf, der mit dem Wolfsburger Kennzeichen, ist das eurer?« wiederholte ich die Frage. Ein Rotschopf ergriff das Wort: »Äh, nein...« Wo seid ihr denn her? »Deutschland... aus Deutschland.« »Das ist mir schon klar, woher denn da?« »Äh, Hildesheim.« »Tatsächlich, und woher genau?« »Hildesheim«, kam es zögerlich, so als hätte ich ohne Wiederholung nicht begriffen. »Ja, ja, aber woher dort?« Endlich verstand man, er nannte mir den Ortsteil. »Ah ja, da habe ich auch mal gewohnt«, entgegnete ich. Die Umstehenden verfolgten die Unterhaltung mit einigem Staunen; nun schaltete sich ein weiterer aus der Gruppe ein: »Und wo wohnst du jetzt?« »Dort drüben«, deutete ich in Richtung der Kaserne. *Caporal* Maurin stieß mir sein Fallschirmpaket in den Rücken: »Quatsch nicht so viel, Schumascher. Los, geh da rüber zu den anderen«.

Der Zufall wollte, daß ich den Rotschopf später in Deutschland noch einmal treffen sollte. Er entpuppte sich als Arbeitskollege eines langjährigen Freundes...

Die folgenden Vorbereitungen für den Sprung hielten mich auf Trab – einen kurzen Moment lang dachte ich noch an Hildesheim – bis mehrere tausend Pferdestärken die Propeller in Gang setzten und nach Kerosin stinkenden Staub über uns verteilten.

Von den sechs Pflichtsprüngen des Lehrgangs lagen noch drei vor uns. Die Flugzeit war so kurz bemessen, daß sich das Setzen kaum lohnte. Mir war dies nur recht, denn im Bauch der *Transall* war es laut, eng, es stank nach Kerosin und den Ausdünstungen von mehr als 60 Legionären – die Sommerhitze besorgte den Rest dazu. Ich wollte schnellstmöglich heraus aus dem Vogel.

Allein der Blick durch das kleine Bullauge lenkte mich etwas ab. Ich sah auf das blaue Meer, auf die Bucht von Calvi, auf die winzigen Gestalten am Strand und verlor mich für einen Moment im Wunschtraum, mit einem der vielen Touristen zu tauschen.

Auch wenn dort unten nicht gerade Stille herrschte – immerhin war es dort mit Sicherheit angenehmer als in dieser lärmenden fliegenden Sauna, in der gebrüllte Befehle der Absetzer nun Unruhe aufkommen ließen.

Ich stand als erster Springer an der rechten Tür. *Caporal* Geward stieß mit jedem Schaukeln der Transall von hinten gegen meinen Fallschirm. An der linken Tür stand Mollnar und stierte nervös nach draußen, fast taub von den ohrenbetäubenden Windgeräuschen. Im Loch vor ihm zeichneten sich Berge ab. Der Absetzer auf meiner Seite hielt sich mit beiden Armen am Türrahmen fest. Sein Gesicht hing hinaus, beobachtete die nahende Landezone und wurde durch den Flugwind zu einer schrulligen Maske verformt. Er zog sich wieder hinein und nahm den linken Arm beiseite, damit ich die Absprungposition in der Tür einnehmen konnte.

Der Ausblick war überwältigend. Runde um Runde hätte ich so drehen können; das Meer, das eine tiefblaue Bucht aus der Insel genagt hatte, lag fast unter uns; kleine Boote, die sich wie winzige weiße Fliegen um ein Stück Strand scharten; das *Centre Amphibie* und die Kaserne waren unbedeutend klein. Das Getöse aus dem Innenraum erreichte mich hier draußen nicht mehr. Böen schlugen gegen den Windabweiser zu meiner Linken und übertönten den Tumult im Bauch der Maschine. Der *Sergent-chef* schlug mir kräftig auf den Packsack und ich sprang.

Stille. Schlagartig absolute Ruhe. Genau dies war das erhebende Moment bei der Springerei.

Ich beobachtete die grünen Kappen um mich herum, wie sie geräuschlos über dem Meer hingen. Ich kramte meine *Minox* aus der Beintasche, um ein paar Aufnahmen zu schießen. »Ruhe!«, kam es vom Boden. Jemand gab durch ein Megaphon Anweisungen, um vereinzeltes Freudengeschrei zu ersticken. Sofort war wieder Stille eingekehrt. »Reserve ziehen . . . zieh deine Reserve!« Weiter hinten hatte jemand mit einer Fehlöffnung zu tun und rauschte mit einem Knäuel aus Leinen und Schirm zu Boden. Die weiße Reserve schoß aus der hektisch hantierenden Figur und bremste die Fallgeschwindigkeit jäh. Beim Blick auf die Landezone stellte ich überrascht fest, daß ich die wechselnden Winde zwischen Gebirge und Meer unterschätzt hatte. Ich trieb bereits über dem Kasernengelände. Ohne hinzusehen verstaute ich meine Kamera mit einer Hand in der Tasche, während die andere nach den Steuerleinen griff. Steuerleinen war in dem Fall eine nicht ganz korrekte Bezeichnung – mehr als beeinflussen ließ sich der Kurs damit kaum. Nur träge drehte sich die Kappe gegen den Wind. Ich verlor zusehens an Höhe, ohne in die Nähe einer guten Landestelle gelangt zu sein. Auf den letzten 50 Metern bekam der Schirm etwas Fahrt, so daß ich noch über den Kasernenzaun glitt, sogar den breiten Weg dahinter überquerte und etwas unsanft zwischen einigen Sträuchern landete.

Mollnar war auf der gleichen Position wie ich, jedoch an der gegenüberliegenden Tür gesprungen; er hätte also in meiner Nähe landen müssen. Aber auch am Sammelplatz tauchte er nicht mehr auf. Man hatte seine Landung beobachtet und fand ihn später in der Kaserne, vor dem Gebäude, welchem ich gerade noch ausweichen hatte können. Seine Fallschirmkappe war an einer Antenne hängen geblieben, dadurch ging dem Schirm buchstäblich die Luft aus und Mollnar schlug hart auf dem Bordstein auf. Unglücklicherweise trat er mit einem Fuß exakt auf die Kante und knickte um. Da half auch der vorbildliche Landefall nichts mehr. Ein Außenband war gerissen.

Caporal Geward, der im Flugzeug hinter mir gestanden hatte, erwischte es noch schlimmer. Er stellte sich saublöd an – denn Geward verfügte über mehr Erfahrung als Mollnar, konnte mehr Sprünge als ich verzeichnen.

Auch er ging innerhalb der Umzäunung nieder; im Unterschied zu Mollnar bot sich ihm jedoch eine Chance. Er streifte zunächst einen großen Baum und trieb dann – mit dem Rücken voran – auf einen freien Platz vor dem Gebäude zu. Anstatt hier nun eine Rolle hinzulegen, streckte er panisch beide Hände nach hinten aus – und brach sich Gelenke.

Später besuchten wir die Verletzten im Sanitätsbereich. Beide kamen gleichzeitig von der Toilette. Mollnar humpelte auf Krücken heraus; Geward trug zwei gegipste Hände wie Fremdkörper vor sich her. Für den Spott brauchte Geward nicht zu sorgen. Was nun mit ihnen passieren würde, wollte Mollnar von *Caporal* Renard wissen. »Ihr müßt den Kurs noch einmal machen.« Mollnars Grinsen verschwand und Geward war anzusehen, daß er die Antwort bereits kannte.

Wenn ich mich recht entsinne, war ihm eine Sonderregelung zuteil geworden, wodurch er als *Caporal* Ausbildungsabschnitte hätte überspringen können. Dieser Einstieg war jetzt in Gefahr, er sollte wohl wieder in seine Einheit zurück. Ich sah ihn jedenfalls im *Camp* nicht wieder.

9. August, mittags. Die *Promotion* war mächtig in Schale geschmissen. Salier begutachtete noch einmal sein Werk und ging durch unsere Reihen. Der Abstand zwischen den Angetretenen ließ genügend Platz für den *Chef de Corps,* der jedem gleich persönlich das *Brevet parachutiste* verleihen wollte ...

An dem Tag des letzten Sprunges händigte uns Salier eine Kopie der Gesamtwertung aus. Aus dieser Tabelle gingen sowohl die Plazierungen als auch die Wertungskriterien hervor.

In der oberen Reihe standen nebeneinander: Liegestütz; Bauchaufzüge; Klimmzüge; Seil; 1500 m (Lauf); 8000 m (Lauf); Allgemeinwissen zur Gliederung der Legion; Auftreten und Verfassung; *Niveau générale;* die Gesamtpunktzahl und die daraus resultierende Plazierung.

Auf der Linken Seite waren von oben nach unten die Namen aufgeführt. Nach *Caporal* Gewards Ausfall wies mich der Zettel als Nummer Eins aus. Dazu erklärte Salier: »Die Abzeichen, die ihr bekommt, sind mit laufenden Seriennummern versehen. Es beginnt mit Nummer 550060 für den Erstplazierten, es endet mit 550072 für den letzten. Die gleiche Nummer steht auch auf der Urkunde.«

Renard schaltete sich ein, nicht ohne Hohn in der Stimme: »Also, Schumacher, du wirst morgen bei der Verleihung den *Code d'honneur* vortragen.« Sein Tonfall bestätigte nur, daß ich intuitiv richtig handelte, keine Freudensprünge über mein Dasein als Preisträger aufzuführen ...

An diesem 10. August händigte mir Salier also ein Holzbrett aus, von dem ich die sieben Strophen des Ehrenkodex ablesen sollte.

Ich sagte meinen Text auf; Hände wurden geschüttelt; einige Worte an uns gerichtet, und die Sache war ausgestanden. Jetzt erst begann aber der heimliche Höhepunkt, der wirklich interessante Teil des Tages: Ein offizielles Begrüßungs-Essen. Einige Offiziere kamen; Salier wurde beglückwünscht; wir stimmten Lieder an, waren sonst aber nur mit halbem Herzen bei der Veranstaltung. Das war auch gut so. Aus der allgemeinen Gelassenheit ergab sich

Zeit zum Plaudern und für ein paar gemeinsame Biere. Dies empfand ich als recht angenehm, denn ich hatte am Vorabend mit Andrea telefoniert und brauchte ein Gegengewicht zum Heimweh, das mich unterschwellig plagte.

Nicht etwa, daß ich wirklich zurück wollte – ich sehnte mich, nach mittlerweile einem halben Jahr Kasernendienst, lediglich nach ein paar Stunden in anderer Umgebung. Salier steuerte fix einen ausschlaggebenden Teil dazu bei, damit die schweren Gedanken kein Oberwasser bekamen. Er hatte uns mit der Ankündigung in ekstatische Vorfreude versetzt, daß er am nächsten Tag mit uns die Stadt besichtigen wolle. Ab diesem Zeitpunkt war unsere Ungeduld nur durch unaufhörliche Gespräche über das, was wir dort alles tun wollten, zu bremsen. Es war schließlich der erste Ausgang seit einem halben Jahr. Natürlich erwartete ich nicht, daß wir allein auf die Stadt losgelassen würden, aber immerhin kamen wir »unter Menschen«.

Bevor es aber losging bügelten wir stundenlang an den Uniformen herum: die 15 Falten waren messerscharf ausgearbeitet, jede Kante im Hemd stieß auf die andere ohne sie zu kreuzen; hinten ergab der Abstand von Falz zu Falz 5,3 cm; vorn exakte 3,5. Das blendend weiße *Képi* war blitzsauber und lag bis zum letzten Moment an einem sicheren Ort. Bei vielen war es zusätzlich durch einen Plastikbeutel geschützt – für alle Fälle.

Nadel und Faden, dazu eine Sicherheitsnadel, kamen unter die Klappe der Brusttasche – für alle Fälle. Denn niemand von uns wünschte sich ein vorzeitiges Ende *dieses* Ausgangs, nur weil eine Militärpolizei-Streife einen fehlenden Knopf entdeckte. Die Taschen selbst blieben natürlich leer. Unter das *Képi* steckte ich meine Telefonkarte und einige Banknoten, insgesamt etwa 300 Franc.

Unser Bus wand sich wenig später mühsam durch den alten Stadtkern. Die hochbetagten Gassen und Mauern hatten schon vor Jahrhunderten die unterschiedlichsten Besucher empfangen und kannten wahrscheinlich noch Geschichten über das wirkliche Leben etruskischer, phönizischer und griechischer Seefahrer, die den Stoff für das berühmte Seemannsgarn lieferten. Calvi mußte bereits vor Urzeiten ein bedeutender Ort gewesen sein. Nach Aussagen der Reiseführer wurde die christliche Basilika schon vor anderthalb Jahrtausenden errichtet. Die gewaltigen Steinmassen hatten Belagerungen durch französisch-korsische und andere Horden getrotzt, wie auch den heutigen Touristen, die Jahr für Jahr mit zehnfacher Übermacht (gemessen an der Einwohnerzahl) die Stadt heimsuchten. 90% der Bürger lebten inzwischen vom Tourismus.

An einem wahrscheinlich ähnlich schönen Sommertag vor rund 200 Jahren hatte die britische Flotte unter Nelson die Festung Calvi beschossen. Dabei soll der berühmte Seeheld sein rechtes Auge verloren haben – dort drüben vielleicht? Wenn es mit meinen Geschichtskenntnissen auch nicht weit her war: sogar ich kannte seine legendäre Augenklappe – überdies nun auch den Ort ihres Ursprungs...

Wir stoppten auf dem Parkplatz der Zitadelle, wo massenhaft Volk in bunten Klamotten zusammenströmte, um Urlaubserlebnisse und Historie mit der

Kamera einzufangen. Neben uns verließen – unverkennbar – japanische Reisende ebenfalls ihren Bus, um für zehn Minuten historischen Boden zu berühren und ein Gruppenfoto mit dem Kriegerdenkmal im Hintergrund zu erbeuten.

Aus verschiedenen Reiseführern, die ich während meines ersten Besuches auf Calvi gelesen hatte, entnahm ich eine vergleichbare Geisteshaltung gegenüber der Fremdenlegion, oder den Legionären persönlich. Demnach bezogen nicht wenige – wenn sie denn schon mal Calvi ansteuerten – auch Fallschirmjäger in ihr Besichtigungs-Programm ein.

Wir scharten uns um den *Sergent,* der gleich begann, etwas über den *Place Christophe Colombe* zu erzählen. »Calvi behauptet – wie übrigens auch reichlich italienische und spanische Städte – es sei der Geburtsort des Christoph Columbus. Später zeige ich euch noch in der Zitadelle eine Gedenktafel, die auf die Stelle seines Geburtshauses hinweist«.

Er deutete auf die Stelle über dem Tor, dem einzigen Zugang zur Zitadelle. »Da oben sind das Stadtwappen und der Wahlspruch Calvis eingemeißelt: *Civitas Calvi Semper Fideles* – die stets treuen Bürger Calvis«.

Eddi schien wenig daran interessiert; er hielt lieber Ausschau nach hübschen Touristinnen, und ein Blick über den Platz verriet mir, daß wir gleichsam Interesse auf uns zogen. Während andere Urlauber ihre Berührungsängste mit verschämten Blicken aus sicherer Entfernung demonstrierten, erregte ein lauter Wortwechsel weiter vorne meine Aufmerksamkeit.

»Über die Rampe gelangt man zum...« stockte *Sergent-chef* Salier. Eine schnatternde Schar bunter Hemden tauchte hinter der Schnauze unseres Fahrzeugs auf und übertönte seine Ausführungen. Saliers Brauen zogen sich zusammen und bildeten eine wulstige Furche über seiner Nase; diesen wenig einladenden Ausdruck schien ein zappeliger Amateurfotograf völlig zu übersehen. Er wandte sich uns zu und knipste aus einigen Metern Entfernung drauflos. »Verflucht noch mal...«, fuhr ihn Salier an, »du, komm mal her!« Die übrigen Teilnehmer der Gruppe blieben irritiert zurück, als der junge Bursche der Aufforderung zögernd nachkam. Salier trat den letzten Meter flott auf ihn zu. »Hast du eben ein Foto von mir gemacht?« »*Oui Monsieur*«. »Los, den Film her«. Ein kurzes Aufflammen von Widerstand in den Augen erstickte im entschlossenen Blick des *Sergents.* Der eben noch so forsche Urlauber mühte sich – peinlich berührt – um Kontrolle seiner zittrigen Finger, welche das Öffnen der Kamera ungewohnt schwierig gestalteten.

Während Salier den Film aus der kleinen Dose zog, um diesen unbrauchbar zu machen, erging ein Schwall belehrender Worte auf sein Gegenüber. Salier schloß seine Ausführungen – wobei er jetzt wieder völlig beherrscht dastand – mit dem Versprechen, daß er bei einem erneuten Versuch die Kamera gleich mit zerstören würde.

Dann wandte er sich wieder unserer Führung zu: »Also, dies war der am stärksten gesicherte Teil der Festung, da er auf der Landseite liegt...« – er beschrieb mit dem Zeigefinger einen Halbkreis – »über diese kleine Gasse gehen wir jetzt hinauf zum *Place d'Armes*, heute befindet sich im einstigen Herrenhaus die Samperio-Kaserne der Fremdenlegion. Die Kirche Johannes des Täufers, etwa 80 m über dem Meer, ist die höchste Stelle der Altstadt«.

Niemand würdigte den Touristen noch eines Blickes. Wir besichtigten das *Centre Repos* – wobei ich mir schwerlich vorstellen konnte, meinen Urlaub ausgerechnet hier zu verbringen – und besahen uns von außen das heutige Munitionsdepot *Maillebois*.

Anschließend wackelten wir durch die Innenstadt und nahmen in verschiedenen Kneipen ein Bier, bis Salier zu unser aller Überraschung mitteilte, wir könnten jetzt über den Rest des Tages verfügen. Das wars. Im Nu verschwanden wir in alle Richtungen. Ich ging mit Nicolas ins nächste Restaurant, wo wir uns drei Gänge frische Seefrüchte auftafeln ließen; eine Flasche Wein rundete das feudale Mahl ab. Gegen neun Uhr schließlich sollten wir am Bus sein, bis dahin ließen wir es uns gutgehen.

Im Foyer des Regiments deckten wir uns obendrein reichlich mit gekühltem Kronenbourg ein. Gleich nach dem Zapfenstreich versank ich in einen tiefen, traumlosen Schlaf.

Der Tag danach

Die Trillerpfeife riß mich mitten aus dem Tiefschlaf in einen Dämmerungszustand, aus dem ich nur undeutlich wahrzunehmen vermochte, was im Zimmer vorging. Salier tauchte in der Tür auf und gab erste Anweisungen. Irgendwer im Zimmer schien sie sogar zu verstehen, denn jemand gab dem *Sergent-chef* verschlafen Antwort. Es war Sonntagmorgen, halb sechs. In wenigen Stunden würde mein Körper unter einem schweren Kater zu leiden haben, dessen war ich mir sicher. Gegenwärtig wurde dieser aber noch von einem ordentlichen Schuß Restalkohol verdrängt. Meine Konzentration erreichte als bleischwere, klebrige Masse nicht die Stellen, an denen sie mir auf irgendeine Weise Nutzen gebracht hätte. »Was ist los?« Ich richtete die Frage ziellos in den Raum. »Wir solln uns fertigmachen«, kam es aus dem Nebel, der mich umgab. »Fertig? Wozu?« »Für'n Marsch!«

Als die wärmende Sonne über die Berge lugte und unsere schweißgebadeten Gesichter traf, hatten wir die Kaserne bereits weit hinter uns gelassen. Salier legte ein ordentliches Tempo vor. Geschickt wie ein junger Gemsbock lief er flink den staubigen Bergpfad hinauf. Sein Ziel war ein Schießplatz an der Küste, jenseits der Berge. Stündlich rasteten wir für kurze Minuten; sonst kämpften wir gegen die Augusthitze, das Dornengestrüpp und den Alkohol an. Es sei nicht sehr weit, tröstete Salier ganz ohne Zynismus – er wolle die Strecke auf zwölf bis 15 km abkürzen.

»Dort unten ist es«. Der *Sergent-chef* deutete auf einen kahlen Platz neben der Straße. Vom Bergrücken aus war da nicht viel auszumachen. Ich schenkte seinem Hinweis keine große Beachtung. Das dichte Strauchwerk verschluckte uns sofort wieder. Ich folgte der Gruppe, bis wir nach einer Weile endlich auf die Küstenstraße trafen. Ein *Caporal,* den ich bis dahin nie gesehen hatte, wartete bereits; er wirkte ziemlich verloren auf dem Gelände, das nur schwer als Schießstand zu erkennen war. Der militärische Bereich war nicht eingezäunt, sondern erweckte den Anschein, als sei hier schlicht etwas Gelände an die Küste geschüttet worden. So, als hätte sich das Regiment die Insel kurzerhand für seine Bedürfnisse etwas vergrößert.

Die Schußrichtung wies auf die offene See hinaus, ebenso wie das Monster vor den Füßen des *Caporals.* Salier tauschte einige Sätze mit dem schlanken Kerl, der sich der legeren Art des *Sergenten* fügte, ohne dabei großspurig zu wirken – es war schließlich Sonntag. Ohne daß einer der beiden etwas hätte sagen müssen, scharten wir uns neugierig um dieses futuristische Kracheisen: Das Gerät besaß eine insgesamt recht kantige Erscheinung; es stand auf einem Zweibein und entbehrte fast gänzlich der Gestalt eines herkömmlichen Gewehrs. Das imposanteste Teil saß vorn, am Ende des Rohrs. Es war ein kombinierter Mündungsfeuer- und Rückstoßdämpfer von der doppelten Größe einer Zigarettenschachtel.

Der *Caporal* kniete sich seitwärts der Flinte nieder und beschrieb einige technische Eigenheiten; aus dem langen schwarzen Koffer neben ihm entnahm er etwas, das aussah wie zwei Video-Kassetten und steckte besagtes Teil in den Magazinschacht.

Aus einem gefüllten Ersatzmagazin entfernte er eine Patrone, welche an die Länge eines Kugelschreibers heranreichte, und erläuterte verwendbare Munitionsarten...

Die einzige mir bekannte Waffe im 50er Kaliber (Das US-Kaliber .50 entspricht der Patrone 12,7 mm x 99), war das berühmte Maschinengewehr M2 von Browning. Beim Schießen auf Dreibeinlafette stemmte der MG-Schütze beide Füße gegen das riesige Dreibein, während er sich mit beiden Händen an den Doppelgriff mit Daumenauslöser klammerte – dieses Bild von einem Truppenübungsplatz-Aufenthalt bei der Bundeswehr hatte sich unauslöschlich in mein Gedächtnis gebrannt und unterstrich meine Einschätzung, daß es sich dabei um ein kaum zu bändigendes Schießgerät mit verheerender Wirkung handeln mußte.

Ein befreundeter englischer Soldat hatte sich früher einmal über die Vorzüge größerer Kaliber etwa wie folgt ausgelassen: »Weißt du, das mit dem neuen, leichteren Kaliber ist so eine Sache... Klar können wir jetzt mehr Munition mit uns 'rumschleppen, aber früher... Bei einem Einsatz in Nordirland, da wurden wir 'mal von einen Scharfschützen unter Feuer genommen, der saß hinter einem Schornstein auf dem Dach. Er kam nicht weg und wir auch nicht. Da haben wir einfach alle draufgehalten, mit der 7,62er Munition, oder wir haben das 50er geholt. Irgendwann fiel er dann samt Schornstein herunter – mit dem 5,56 mm SA 80 geht das eben nicht mehr...«.

Im Unterschied zum vollautomatischen Browning-MG war dieser Halbautomat des US-Herstellers Barrett anderen Aufgaben gewidmet, wie der *Caporal* sogleich klarstellte. Denn diese übergroße Büchse bot, insbesondere für die heutigen taktischen Anforderungen des Gefechtsfeldes, einige Vorteile: Auf den neuzeitlichen Schlachtfeldern – in aller Regel lokal begrenzten Konfliktherden – ging es darum, Widerstand gezielt zu brechen, als mit Feuerwalzen alles in Schutt und Asche zu legen. Die Zeiten, in denen man wegen eines kranken Organs den ganzen Körper auslöschte, waren eindeutig vorüber.

Dieses großkalibrige Scharfschützengewehr stellte somit ein ideales Werkzeug für die Fremdenlegion also, die heutzutage ohnehin eher in Kleinkriegen als bei großen Schlachten zum Einsatz kommen würde.

Das Geschütz zu unseren Füßen brachte natürlich einige Pfunde auf die Waage, aber es bot für den Schützen achtbare Vorzüge. So besaß es mit um die 1000 m beispielsweise eine deutlich höhere (mittlere) Einsatzreichweite als die üblichen Scharfschützengewehre. Das abgefeuerte Geschoß benötigte für diese Entfernung nicht einmal eine Sekunde. Es riß einen Gegner von den Füßen, lange bevor er den Knall hören konnte. Mündungsfeuer und Rauchentwicklung konnte der Gegner auf diese Distanz nur schwer ausmachen; gegen die üblichen Handfeuerwaffen war der Schütze größtenteils gefeit. Ein Scharfschütze war also in der Lage, dem Feind empfindliche Verluste beizubringen – durch gezieltes Herauszuschießen von Führern etwa –, ohne sich selbst dicht heranwagen zu müssen. Mit der entsprechenden Munition konnte er sogar technische Anlagen und millionenschweres Gerät zerstören und selbst leichtgepanzerte Fahrzeuge aufhalten.

Im Vergleich zu einem sündhaft teuren Luftangriff war diese Spritze ja wohl rundum – finanziell, strategisch und politisch – eine passable Alternative.

Der Autor Paul Balor schrieb 1988 in seiner Anleitung für werdende Söldner, man solle sich doch Folgendes einmal vor Augen halten: *Der tödlichste Mann einer Armee* sei der Scharfschütze. Gemessen am Verhältnis personeller Aufwand zu Feuerkraft brächte der Einsatz von Scharfschützen *die höchsten Resultate in der Kriegsführung*.

Das Monstrum, das da vor unseren Füßen lag, würde diese Statistik künftig verbessern helfen . . .

Wir wurden nach dem Springerlehrgang auf die unterschiedlichen Kompanien aufgeteilt. Die meisten von uns kamen in die Vierte, nur Eddi wurde in die Dritte versetzt.

Ich wurde bei *Capitaine* Belanaunay vorstellig, der mich mit knappen Worten in der Kompanie begrüßte und mich dem einzigen Zug zuteilte, der von einem Offizier geführt wurde. Dies hätte mich mißtrauisch machen müssen.

Zunächst aber dachte ich mir nichts dabei und meldete mich bei der neuen Einheit. Ich betrat die Stube neben dem Treppenaufgang und legte eine Meldung hin. Der baumlange *Lieutenant (Oberleutnant)* gab sich wenig freundlich; er ließ mich die ganze Zeit über weiter stramm stehen und leitete seine Begrüßung geradewegs mit Ermahnungen ein.

Auf dem Tisch lag meine Personalakte, in die er immer wieder blickte, bevor er einen neuen Satz begann. Ich sei hier jetzt in dieser und jener Abteilung . . . , und ich solle mir bloß nicht einbilden, daß . . . Er machte deutlich, daß es hier gar nichts bedeutete, daß ich früher bei der Bundeswehr einen Dienstgrad besessen hätte. Hier liefe das anders.

Ich kam mir vor, als hätte ich etwas verbockt, von dem ich selbst noch gar nichts wußte. Wieder sah er auf die Akte und redete streng auf mich ein. »Ich verstehe nicht«, brachte ich meine Verwunderung zum Ausdruck.

Ich bezog mich weniger auf das Gesagte, als auf seine feindselige Haltung; schließlich war ich doch eher beglückt, endlich an meinem Bestimmungsort zu sein. »Du verstehst schon ganz gut, *Legionär*!« Er fuhr ärgerlich aus seinem Stuhl hoch und belegte das letzte Wort mit einem verächtlichen Tonfall. Die Art und Weise, wie er danach noch einen Aktenvermerk hervorhob – der sich auf meine Tätigkeit als Funker bei Rosa-Fatela bezog –, gefiel mir überhaupt nicht. Damit war ich entlassen. Ich sollte mich für weitere Dinge erst einmal an meinen *Caporal* halten.

Der *Caporal* schien ebenfalls von irgend etwas zu wissen, was mir bisher verborgen geblieben war – scheinbar hatte man mich hier unverzüglich zum Arsch des Tages befördert. Er saß an einem Tisch in der Stube und empfing mich wie einen Störenfried. Ich durfte Strammstehen wie ein Rekrut. »Los, fünfzig!«, lauteten seine ersten Worte. Ich fing an, Liegestütz zu machen. Der Rest der Stube sah interessiert zu. »Zähl... Du sollst zählen dabei!« Ich begann zu zählen. »Laut! Zähl lauter!«

Nach einer Weile wurde ihm das Spiel zu langweilig. Er beauftragte einen *Premier classe* mit meiner Betreuung.

Die verbleibenden Stunden des Tages vergingen mit verschiedenen Arbeiten rund um mein neues Quartier. Als Neuankömmling hatte ich natürlich nebenbei auch für blitzblanke Toiletten zu sorgen, das verstand sich ja von selbst.

Eine Willkommensfeier hatte ich nicht erwartet, aber mir mein Debüt schon anders vorgestellt – schließlich sollte mir die Kompanie für die nächsten vier Jahre Freunde, Familie und Zuhause ersetzen.

Mit diesem Gedanken endete der Tag der Aufnahme.

Eine frische Brise

Die Dämmerung zog einen grauen Schleier über das Amphibische Zentrum. Ich stand im Schatten einer Baumgruppe, inmitten moderner Bungalows. Zur Seeseite trennte eine kniehohe, weiß getünchte Mauer das Gelände vom Badestrand. Die breite Promenade schlängelte sich entlang der seichten Wellen, wurde schmaler und schmaler, bis sie – soweit sich dies mit den Augen erfassen ließ – ins immer noch unbeleuchtete Calvi mündete. Der letzte sonnenhungrige Gast hatte den Strand längst verlassen und die Bauten lagen still da, wie eine moderne Ferienanlage in der Vorsaison.

Zu meiner Rechten, keine 50 Meter entfernt, hatte das Meer feinen weißen Sand angespült, der vor der kleinen Mauer bucklige Dünen aufwarf und an manchen Stellen mit Kieselsteinen förmlich übersät war. Die Kuppen der Dünen waren von unförmigen Grasflecken befallen, deren lange Halme die Sonne vergilbt hatte. Diesseits der Mauer kroch der Sand weiter über das Gelände und verschwand in einem lichten Pinienwald.

Weiter oben wurde der Wald von der nahen Küstenstraße aufgehalten. Das Meer verwischte nach und nach die unzähligen Fußstapfen am Ufer, die bis vor die Mauer reichten.

Dahinter aber, auf militärischem Grund, wirkte alles arrangiert: der Platz um den Flaggenmast war säuberlich geharkt, der Rasen kurz geschnitten, die Wege mit feinem Kies aufgeschüttet und von weiß gestrichenen Steinplatten begrenzt. Urlaubern, die hier vorbeigingen, bot sich der Eindruck einer modernen maritimen Sportschule, wie es sie an fast jedem Strand der Welt gab – allenfalls der Flaggenmast verwies auf eine militärische Nutzung.

Das *Centre Amphibie* – rund hundert Meter vom *Camp Raffalli* entfernt – spielt eine zentrale Rolle in der Ausbildung der Kampfschwimmer und Zodiac-Piloten der dritten Kompanie. Die Fahrer der schnellen, kleinen Schlauchboote wurden hier darauf trainiert, Legionäre zu vor der Küste wartenden Unterseebooten oder – bei küstennahen Einsätzen und Landeoperationen – vor Ort zu bringen. Eddi Souchon hatte es also mit seiner Versetzung in die Dritte gut getroffen...

Vor drei Stunden, während der Einweisung für die nächtliche Wache, hatte der *Sergent* die Aufteilung in Unterkünfte und Lagerräume auf dem Grundstück beschrieben. Er teilte uns mit, auf welche Gebäude wir besonders zu achten hätten. Kurz und knapp leierte er seinen Sermon, von dem ich einiges nicht verstand, herunter; dabei deutete er noch kurz auf die linke Ecke des Bungalows, in dem wir schlafen sollten. Als er das zu bewachende Material aufführte, erinnerte er nochmals an die *scharfe* Munition in unseren Waffen und an die Personen mit Zutrittsberechtigung. Im Zusammenhang mit dem hochwertigen Gerät, daß es zu schützen galt, nannte er auch das Tauchen als zweiten Ausbildungs-Schwerpunkt der Dritten. Für ein Aufgabengebiet, das darauf abzielte, anderen – vornehmlich nachts – von See her das Licht auszublasen, Hafenanlagen zu sabotieren, oder die Speerspitze für Landeoperationen zu stellen, empfand ich den Begriff *Tauchen* als recht bescheiden.

Ich hatte meinen Schlafsack auf dem Feldbett ausgerollt, den Rucksack darunter gelegt und mich auf meine erste Runde um 22 Uhr vorbereitet.

Vor der Tür lud ich mein FAMAS durch, durchschritt den Teil des Grundstücks der in dem Kiefernwäldchen lag und erreichte wenig später den Schlagbaum am Eingang.

Von hier aus übersah ich nun die Domäne der 3. Kompanie, die sich in einer fast malerischer Umgebung befand. Geruhsam schlenderte ich umher und erkundete das Grundstück. Ich blieb im Schatten der Büsche stehen und sah lange auf das Meer hinaus, beobachtete vereinzelt spazierende Zivilisten, welche mich nicht sehen konnten und auch sonst keine Notiz vom Ausbildungszentrum nahmen. Gemächlich überquerte ich die Kieswege in Richtung Schlafsaal, um von der kleinen Mole dahinter einen Blick auf das nächtliche Calvi zu werfen. Beschaulichkeit war eingekehrt. Irgendwo dort draußen formte der Wind kleine Rollen auf dem Ozean, die nun einen Weg durch die

Bucht Calvis gefunden hatten. In dem schmalen Kanal hinter unseren Bungalows griff der Wellengang nach den ruhenden Booten. Wie Nachen schaukelten sie sanft von einer Seite zur anderen, die Stahlseile, welche tagsüber bunte Segel hielten, klopften monoton gegen das Aluminium der Mastbäume. Dann und wann wischte eine Brise über das Hafenwasser und spritzte es unter die Mole.

Ein frischer Luftzug spülte mir den pelzigen Belag miefiger Bundeswehr-Wachlokale vom Gaumen. Er wehte auch die eingestaubte Konzentration fader *Wach*-Dienste aus meinem Kopf und war überhaupt die genaue Kehrseite dessen, was mit vergangenen Postendiensten einherging: Ausgestoßene, längst verbrauchte Luft, bereits für Stunden eingesperrt; farblose Mauern mit vergitterten Fenstern, endlose Regen-Stunden entlang Stacheldraht-bewehrter Zäune...

Es war an der Zeit, den Standort zu wechseln. Ich steuerte – im Schatten der gelblichen Beleuchtung – die linke Seite der Gebäude an. An besagter Ecke, auf die uns der *Sergent* besonders aufmerksam gemacht hatte, bog ich ein, um etwas mehr vom Yachthafen sehen zu können. Im selben Augenblick schwoll ein leises Pfeifen – wie es das Öffnen eines langen Reißverschlusses verursacht – so bedrohlich an, daß ich schlagartig den Griff meiner Waffe umfaßte. Ich nahm instinktiv eine leicht gebückte Haltung ein.

Mit zusammengekniffenen Augen versuchte ich, einen möglichen Eindringling gegen den Horizont auszumachen. Kaum eine Sekunde später raste er direkt auf mich zu. Mir blieb gerade noch Zeit, das Gewehr in den Hüftanschlag zu reißen und mich mit einem Sprung rückwärts zu retten. Die Zähne des Schäferhundes schlugen direkt vor mir ins Leere. Das bösartige Anschlagen endete in einem gurgelnden Geräusch, als sein Kopf von einer Kette barsch zurückgerissen wurde.

Etwas benommen richtete ich mich wieder auf und trat einen weiteren Schritt zurück. Der Köter lärmte weiterhin ordentlich vor sich hin. Sein Kläffen war noch eine Weile zu hören, obwohl ich längst um die Ecke war.

Nur den Bruchteil einer Sekunde mehr, und ich hätte ihn... erschossen. Der Sicherungshebel meines Gewehrs bestätigte das Einrasten durch ein deutliches *Klick*. Ich verspürte Erleichterung. Beruhigung darüber, mich nicht gegenüber einem *Sergent* rechtfertigen zu müssen, warum ich ausgerechnet seinen Wachhund niedergestreckt hätte.

Ich hatte etwas dazugelernt. Der *Sergent* hatte es in seiner Ansprache erwähnt: *Chien* (Hund) würde ich künftig vom häufig benützten Begriff *Chaîne* (Kette) – das ich wohl irrtümlich herausgehört hatte – zu unterscheiden wissen.

Nur eine Frage

Heerscharen neuer Eindrücke zwangen mich an einen Tisch des Promenadenkaffees: Die Fluten von Urlaubern, die nächtliche Beleuchtung Calvis, der laue Atem des Meeres. Hunderte Stimmen, vermischt mit Musik; da war diese

Spannung der vielen, auf meine Uniform gerichteten Blicke – und dann wieder dieser überwältigende Ausgleich: der Ausgangsschein in meiner Tasche brachte Bewegungsfreiheit. Bis zum nächsten Morgen konnte ich frei über die kostbaren Stunden verfügen.

Drinnen in der Bar stritten zwei Legionäre beim Billardspiel um die nächste Runde. Die Barfrau gab zotige Kommentare dazu; immer wieder brachen die beiden darüber in kurzes, derbes Gelächter aus.

Bei einem Bier genoß ich die Atmosphäre und betrachtete, in Gedanken vertieft, das Treiben auf der Promenade. Ein junges Paar am Nebentisch warf gelegentlich scheue Blicke herüber und sah unsicher in die Runde, sobald es in der Kneipe lauter wurde. Wortfetzen in deutscher Sprache drangen durch, als sie sich diskret miteinander unterhielten. Beide machten den Eindruck, als seien sie nicht sehr glücklich über diesen künstlichen, auf Profit bedacht Rummel. Je länger ich sie betrachtete, umso mehr war deutlich, daß die zwei auf einer Rucksack-Tour durch Indien besser aufgehoben gewesen wären.

Für ein weiteres Bier erhob ich mich von meinem Tisch. Vor dem Pärchen blieb ich stehen: »Soll ich euch 'was mitbringen?« Beide sahen mich mit großen Augen an. »Wollt ihr auch was trinken?« *Trinken* betonte ich überdeutlich. Es schien ihnen unmöglich, ausgerechnet hier von einem Deutschen, zudem in Uniform, angesprochen zu werden. »Ähh... Wasser! Ja, Wasser bitte«.

Ich kam zurück, verteilte die Getränke auf dem Tisch und setzte mich wieder auf meinen Platz. Der junge Mann brach schließlich das Schweigen; er stellte einige belanglose Fragen. Ich gab kurze Antworten zurück: was ich tat, wo ich herkam und Ähnliches...

Hunderte von Themen gingen mir durch den Kopf, aber ich fand nicht die Worte für eine Konversation – wir schwiegen wieder. Nach minutenlanger Ruhe ergriff er plötzlich das Wort. Es klang beinahe vorwurfsvoll: »Und du...« Ich sah ihn fragend an. Fast so, als hätte er sich die Frage widerwillig aufgespart, fuhr er fort: »...ich meine, du findest das gut so... hier so auf Leute zu ballern und so...?

Was für eine Frage! War das überhaupt eine Frage? Oder stellte ich für ihn – oder sogar für beide – die Verkörperung einer unkontrollierbaren, gewissenlosen Kriegsmaschine dar? Oder war es vielleicht eher an meine Uniform gerichtet – war ich vielleicht gar nicht *persönlich* gefragt worden? Brachte denn auch noch so viel Ausbildung wirklich eine fundamentale Änderung meiner Persönlichkeit mit sich? Wohl kaum.

Unter Umständen sprach er doch an erster Stelle die Fremdenlegion selbst an – und ich war jetzt, als ihr personifizierter Vertreter, nur der Prellbock seiner Voreingenommenheit.

Aber gegenüber welcher Sache sollte ich in dem Fall mehr Verachtung empfinden? Waren es die kleingeistigen Vorurteile, oder eher die Tatsache, daß er mich dabei als Mensch ignorierte? Um so perplexer war ich deshalb, weil ich mich doch weit davon entfernt fühlte, Angehöriger einer bewaffneten Horde zu sein, die mordend, plündernd und vergewaltigend über die Kriegsschauplätze der Dritten Welt zog. Schließlich vertraten wir französische Interessen, waren sogar ein Teil der französischen Armee – somit auch weitgehend in die NATO eingebunden.

Außerdem: Ausbildung und Verhaltenskodex der Legion boten heutzutage wenig Spielraum für Gewohnheitsverbrecher. Vielmehr hielten wir es für eine Profession, einen Beruf – der in seiner letzten Konsequenz sicherlich keine Belustigung war –, den es eben bestmöglich auszuführen galt. Ich habe niemand kennengelernt, der ein feierliches Bedürfnis gehabt hätte, Kriegsheld zu werden. Selbstverständlich bestand die Möglichkeit auf »scharfe« Einsätze. Aber dann würde es einen Auftrag zu einer nötigen Problemlösung geben. Und jeder wäre froh, danach wieder heil aus der Sache herauszukommen – fertig.

Möglicherweise kannte dieser Typ hier Geschichten über Einzelfälle krimineller *Ausrutscher*. Eventuell hatte er sogar – wie ich damals – eine zünftige Prügelei miterlebt, die ihn jetzt empfindlich beeinflußte. Vielleicht würde dort das Argument greifen, daß die verbrecherischen Elemente – im Verhältnis betrachtet – wohl auch unter Legionären kaum größer waren, als unter jeder anderen sozialen Gemeinschaft.

Falls die Frage jedoch an meine Person gerichtet war, so gäbe es auch noch eine außerdienstliche, ganz persönliche Ansicht zu erklären: in Bezug auf Kameraden und Freunde etwa.

Denn täglich war ich von extremen Charakteren der einen und der anderen Seite umgeben – und von der gesamten Mischpalette dazwischen. Und war der Dienst einmal um, konnte jeder tun, was immer er für richtig hielt. Es blieb zwar genügend Naturell im engmaschigen Sieb von Dienst und Verhaltensregeln hängen; war die Arbeit aber getan, versuchte niemand, seine wirkliche Persönlichkeit zu bemänteln.

Es gab den *Sergent,* der heute von vier Monaten Dienst in Afrika zurückkehrte und morgen auf Urlaub zu Kindern und Familie ging. Es gab Einzelgänger, die gedankenverloren am Strand spazierten. Es gab *Caporeau,* die sich nicht schnell genug in den Rummel von Calvi stürzen konnten, um Touristinnen aufzureißen. Es gab Legionäre, die sich bei jeder Gelegenheit bis zur Besinnungslosigkeit besoffen oder mit der Militärpolizei anlegten. Und es gab Köpfe wie Keller, der literweise nur Wasser trank, zum Zeitvertreib mit einem Rennrad herumkurvte oder sich an seine Staffelei setzte und beeindruckende Gemälde schuf. Es gab desillusionierte ehemalige Zuhälter und 17jährige Idealisten, die mit Einwilligung der Eltern hier waren; es gab gebildete Leute und solche, die kaum ihren Namen schreiben konnten.

Einige davon mochte ich trotz – oder gerade aufgrund – ihres Spleens; andere wiederum konnte ich nicht ausstehen. In ausnahmslos jedem dieser verschrobenen Typen hätte ich aber in bedrohlichen Situationen einen verläßlichen Kameraden gefunden.

Zum Vergleich kramte ich in Erinnerungen an meine Bundeswehrzeit. Etwa, wenn ehemalige *Kameraden* uns als Reservisten besuchten. Bis unmittelbar vor ihrer Entlassung hatten sie lauthals Schulterschläge in Sachen Kameradschaft verteilt. Und plötzlich – von einen Tag auf den anderen – taten sie dann

ganz normale Dinge, waren Installateure, Bauunternehmer oder Büroange-
stellte geworden. Sie schüttelten binnen kurzer Zeit ihre innerliche Einstellung
zu allen militärischen Dingen ab und schufen sich eine neue, eine passende
Einstellung fürs Zivilleben.

In meiner jetzigen Umgebung popularisierte indes kein einziger die großar-
tige *Durch-dick-und-dünn-Eintracht.* Nichts war rosa gepinselt, denn jeder
stellte nur das dar, von dem er in der Lage war, es auch zu beweisen. Da blieb
kein Raum für Schwätzer, die sich ihre Anerkennung zusammenlogen.

Möglicherweise sollte ich dem Touristenpaar etwas davon erzählen, wie
diese Ungeschminktheit die Augen für so manche Scheinheiligkeit der zivilen
Gesellschaft öffnete. Ebenso möglich, daß mein Gesprächspartner nicht verstand, warum ich freien Willens dieses anspruchslose und oft entbehrungs-
reiche Leben führte. Vielleicht verstünde er aber, daß es auch die Wertschät-
zung für viele, auch ihm so selbstverständlich gewordene Bequemlichkeiten
weckte. Denn einen solchermaßen befreiten Blick für bescheidenen Komfort
empfand ich als beispiellose Bereicherung.

Als Außenstehender mochte er einen Legionär – mich – lediglich als
Schachfigur zur Durchsetzung militärischer Ziele betrachten, denn die Ausbildung war von jeher auf Befehl und aufopferndem Gehorsam ausgerichtet.

Der hohe Einsatzwert dieser Truppe könnte hingegen nie bestehen, würde
der Einzelne nur als Marionette betrachtet. Entbehrungen, bedingungsloser
Gehorsam, Uniformität, Befehlsempfänger-Dasein und ein sich ständig unter
Beweis stellen müssen, waren zur Zeit meines Eintritts in die Fremdenlegion
nicht unbedingt erstrebenswerte Ziele – wenn nicht sogar gesellschaftlich ver-
achtet. Und dennoch glaubte ich, in dieser kurzen Zeit mehr über mich selbst
herausgefunden zu haben als in den 25 Jahren zuvor.

Womöglich aber schreckte schon mein Äußeres Menschen, wie meinen
Freund hier, ab. Mein Aufzug gehörte schließlich zur Selbstdarstellung dieser
Armee – und hier scheint die Fremdenlegion gemeinhin kantig und uniform.
Von innen betrachtet, empfand ich den Dienst in mancher Hinsicht aber weit-
aus ungezwungener – auch, oder gerade gegenüber anderen Armeen . . .

Seine Frage, die eigentlich keine war, überraschte mich nachhaltig mindestens ebenso wie ihn meine direkte Reaktion überrascht haben mußte. Dem
hatte ich außer einem mitleidigen Lächeln nichts entgegenzusetzen. Ich stand
auf und verabschiedete mich. Die Antwort blieb ich schuldig.

Sonntags um acht Uhr trat die Kompanie an. Die meisten erschienen im
Sportzeug, einige wenige waren gerade erst vom nächtlichen Ausgang
zurückgekehrt und trugen noch ihren sandfarbenen Ausgehanzug. Manche
wurden sogar von Kameraden gestützt. Es ging offensichtlich nur darum, an-
wesend zu sein, in welchem Zustand, schien egal. Die Vollzähligkeit wurde
festgestellt und der *Sergent* der Woche teilte einige Dienste ein.

Für Material und Waffen der Kompanie war heute eine Revision angesetzt.
Grund für die Inspektion war, daß wir in sechs Wochen nach Afrika verlegt werden sollten, wie ich von irgend jemand am Rande erfuhr. Überhaupt sei es sehr
selten, daß – so wie momentan – das Regiment vollzählig am Standort prä-

sent war. Denn im Rahmen der *Compagnie tournante* begegneten sich die jeweiligen Kompanien kaum. Das Regiment verteilte sich des öfteren ganzjährig über den Erdball, von Guayana bis Ostafrika.

Ich war überraschenderweise von allen Diensten ausgenommen und erhielt so Gelegenheit, einige private Dinge zu regeln. Mein *Tenue de sortie* – der Ausgehanzug, den ich am Vorabend getragen hatte – mußte immerhin für den nächsten Ausgang vorbereitet werden. Das hieß, mindestens zwei bis drei Stunden Waschen und Bügeln, Trockenzeit nicht einberechnet. Hierzu gehörte natürlich auch eine gründliche Reinigung des *Képi*. Ich hatte Knöpfe anzunähen, meinen Spind zu organisieren und wollte im Foyer noch den einen oder anderen nützlichen Kleinkram erstehen. Eventuell würde ich es am Nachmittag noch schaffen, einen Brief zu schreiben, ihn vielleicht sogar noch abschicken können.

Bevor ich jedoch den Tag richtig begann, wollte ich hinüber zur Krankenstation, um Mollnar einen Besuch abzustatten.

Im vorderen Teil des Sanitätsgebäudes traf ich Collins. Beim Appell war er mir heute morgen aufgefallen, weil er – völlig besoffen – von den Kameraden rechts und links mehrmals aufgerichtet werden mußte. Aus mehreren Platzwunden am Kopf strömten feine rote Rinnsale über die Augen, um sich weiter unten über Gesicht und Uniformrock zu verteilen. Über Stirn und Nase zog sich, teilweise von getrocknetem Blut bedeckt, ein gerader dunkler Streifen, an dessen oberen Ende ein Riß klaffte.

Ein Arzt kam ihm entgegen und fragte nach der Ursache, wollte wissen, wie und wo er sich verletzt hätte. Collins schien noch wie benebelt. Er antwortete mit Verzögerungen und ließ sich von einem *Caporal* erst einmal eine Kompresse auf die Wunde drücken, um die Blutung zu stillen, die ihm die Sicht nahm.

Der Doktor entfernte sich kurz, auch der *Caporal* verschwand wieder und überließ Collins der Obhut der Sanitäter. Für den Moment waren wir allein in dem Raum. »Sieht nicht so gut aus. Wie hast du das hingekriegt?« Jetzt erkannte er mich als einen der Neuen in der vierten Kompanie, Collins gehörte zu meinem Nachbarzug. »*That fuckin' Sergent...*« fluchte er. Der Schmerz verzerrte kurz seine Miene, bevor er von neuem begann: »Ich sollte die Inspektion für die Handwaffen mit vorbereiten, heute morgen. Hab' ich natürlich nich'. Bin erst um sieben 'reingekommen – war noch voll besoffen«.

Seine Kameraden hätten ihm dann gesagt, er solle sich hinlegen, sie würden die Angelegenheit schon vertuschen. Er solle sich nur nicht blicken lassen, er solle auf jeden Fall die Tür abschließen. »Hab' mich dann auch aufs Bett gelegt. So wie ich war, im Anzug. Mit *Képi* und allem«.

Nur die Tür, die habe er nicht abgeschlossen. Er sei einfach so eingeschlafen. »Der *Sergent* sucht natürlich nach mir... der kommt also 'rein und greift sich den Besenstiel... Und haut mir das Ding voll auf den Schädel. Einmal. Und nochmal. Das scheiß Ding bricht durch... und wieder... *that fuckin' Sergent!*«

167

Der Arzt kam herein. »Lassen sie mich 'mal sehen – wie haben sie das gemacht?« Collins verzog sein mit Blut verklebtes Gesicht, als der Doktor die Kompresse langsam von der Wunde löste, um diese zu begutachten. »Bin die Treppe 'runtergefallen.« »Aha – die Treppe also.« »Ja, in der Kompanie.« Der Mediziner ließ kurz von ihm ab – sah ihn etwas bedauernd an –, als wisse er, daß er Collins keinen Gefallen täte, würde er ihn zu einer anderen Aussage drängen. Damit ließ man es bewenden. Collins wurde nach hinten geführt.

Allgemein war die Stimmung gelöst, es war ja Sonntag. Abends saß ich mit Eddi Souchon bei einem Bier im *Foyer* und berichtete ihm von der Sache. Auch Eddi wußte über einen ähnlichen Fall zu berichten. Für zwei Legionäre seiner Kompanie hatte die nächtliche Tour einen ähnlich unschönen Ausklang gefunden.

Vorher erzählte Eddi noch, daß er einen Australier – eben den, um welchen sich die Geschichte drehte – kennengelernt hatte. Recht sympathisch hatte Eddi ihn gefunden, ein feiner Kerl wäre das gewesen. Und vor allen Dingen – und das betonte Eddi sehr –, sei er *keiner von der Sorte Schlägertyp* gewesen.

Am Sonnabend sei dieser *Aussi* dann in die Stadt gezogen und hätte sich dort wohl ziemlich abgefüllt. Seine gesamte Kohle sei dabei draufgegangen, und am Ende fehlten sogar die paar Franc für das Taxi zur Kaserne. Also sei er losmarschiert, an der Küstenstraße entlang. Und das war, wie wir alle wußten, strikt verboten: Legionäre, die wie *Clochards* an der Landstraße entlangschlurften – so etwas gab es nicht!

Den Australier habe dann irgendwie der Frust gepackt, denn er begann – ganz in der Nähe der Kaserne – mit seinem *Képi* Fußball zu spielen. Just in dem Moment fiel er wohl einer Streife der *Police Militaire* auf.

Eddi konnte sich beim besten Willen nicht vorstellen, was die Jungs letzten Endes so gereizt haben mochte. Auf jeden Fall hatte man den Australier später in ganz üblem Zustand eingeliefert. Eddi sprach von drei gebrochenen Rippen, einem ausgeschlagenen Zahn und einem blauen Auge. Obendrein säße er jetzt in Arrest. Und daß der Knast kein Spaß war, wußten wir alle spätestens seit dem Mittagessen ...

Dagegen erschien der »Außendienst« recht harmlos. Gefangene waren mir in der Kaserne bisher an ihren leuchtend orangen Westen aufgefallen. Sie pflegten den Rasen oder verrichteten grüppchenweise andere Arbeiten; nichts Besonderes also.

Plötzlich ebbte das halblaute Gemurmel im Speiseraum ab. Zwei *Sergenten* mit vier Gefangenen kamen herein. Die sechs gingen zügig an der Schlange vorbei, welche sich vor dem Ausgabetresen gebildet hatte. Einer der *Sergenten* kommandierte die Wartenden zur Seite, der zweite folgte mit grantigem Gesichtsausdruck nach. Die Gesichter der Gefangenen wirkten gehetzt. Die vier schienen darauf bedacht, nicht den geringsten Fehler zu machen und ließen sich gehorsam leiten.

Einer der beiden bulligen Aufseher befahl die Gruppe an den Tisch, kaum fünf Meter von uns entfernt. Es war still geworden. Niemand der Umstehenden wagte einen dauerhaften Blick. »Was glotzt du so?« Der Bulle fauchte einen Legionär an, der das Schauspiel neugierig vom Nebentisch beäugte. »Willst du dich dazu setzen – oder was?«

Die Gefangenen verteilten sich um den Tisch, einer von ihnen setzte sich. Wir waren bemüht, nicht allzu neugierig zu wirken. *»Oh boy!«* Eddi blickte mich vielsagend über den Tisch hinweg an. Ein Stuhl fiel mit lautem Knall zu Boden. Der Bulle schrie und fluchte auf den Gefangenen ein, der sich gesetzt hatte und jetzt wieder stramm vor ihm stand. Die fleischige Faust des *Sergenten* knallte ihm ins Gesicht. Ein Glas ging zu Bruch. Es hagelte Flüche. Ein zweites und ein drittes Mal schlug der *Sergent* zu – es klatschte dumpf.

Danach konnten sich die vier sich setzen. Unter den ungeduldigen Augen der Aufpasser schlangen sie das Essen hinunter. Sie standen auf, räumten hektisch ab und verschwanden so schnell wie sie gekommen waren. Das Gemurmel im Speisesaal nahm wieder zu. *»Oh boy«,* kommentierte Eddi kopfschüttelnd.

Auf Abwegen

Der *Caporal* trat in die Stube. »Holt eure Rucksäcke vom Schrank – die Helme auch!« Er stellte eine Dose mit grauer Farbe auf den Tisch, griff sich einen Helm und legte eine dreieckige Schablone auf die Rückseite des ausgeblichenen grünen Überzugs. »Jeder zeichnet jetzt so ein Dreieck auf seinen Helm und dann genauso auf den Rucksack. Wenn die Farbe trocken ist, kommt dort hinein mit schwarzer Farbe die Nummer der *Section* – klar?«

Keine besonders schwere Aufgabe. Es dauerte allerdings eine ganze Zeit, bis wir alle unsere Helme so bepinselt hatten. Wer fertig war, widmete sich wieder seiner Ausrüstung, denn die Kompanie rückte morgen für fünf Tage ins Gebirge ab.

Auch Eddi erzählte mir von ähnlichen Vorhaben der Dritten – das Regiment bereitete sich auf den viermonatigen Afrika-Aufenthalt vor.

Der Rest des Tages verstrich ereignislos. Am Abend trafen wir uns auf ein Bier in der Kantine und tauschten Nachrichten aus. Souchon berichtet von allerhand Tips, die ihm sein *Caporal* gegeben hatte, um die Tage im Gebirge aufzuhellen. Dazu gehörten auch Fertiggerichte, wie es sie im Foyer zu kaufen gab. Als ich danach suchte, waren Instant-Suppen bereits zur Mangelware geworden. Offenbar hegte mein *Caporal* nicht die Absicht, mir die kommende Woche erträglicher zu machen. Er schien mich wirklich ins Herz geschlossen zu haben.

Dies bestätigte sich auch am folgenden Tag. Zur Waffenausgabe scheuchte er uns ordentlich umher und führte sich auf, als sei er völlig fassungslos darüber, daß die Neuen noch nicht wüßten, wie es hier so liefe.

Es wurde einfach erwartet, daß die Aktion nicht ins Stocken geriet. Alles sollte wie ein Uhrwerk ablaufen; die Vorgesetzten ahndeten selbst kleinste Verzögerungen. Daß wir noch nicht einmal wußten, wo sich die Waffenkammer befand, war allein unser Problem.

Ob ich denn nicht wisse, daß ich das Zug-Funkgerät empfangen solle, blaffte der *Caporal* mich auf dem Flur an. Das hieß, ich mußte den Rucksack noch einmal ausräumen, um für den schweren Kasten Platz zu schaffen. Die Zeit rannte mir davon.

Ob ich bereits meine Verpflegung abgeholt hätte – wieder umräumen. Daß der Rucksack in wenigen Minuten proper auszusehen hatte, das war ganz allein mein Problem. Zur Abfahrt war ich gebührend bepackt. Ein deutscher *Caporal* verwunderte sich darüber, was man mir alles aufgeladen hatte: »Mann, Schumascher! Du mit Funkgerät und dem ganzen Zeug – kann der *Lieutenant* dich etwa nicht leiden?« »Wird schon irgendwie laufen«, gab ich zurück, scheinbar wenig überzeugend. »Na, warte mal ab. 25 Kilo der Sack; 13 Kilo das scheiß Funkgerät; dein FAMAS mit fast vier kg; Munition dazu und, und... Du kennst die Berge hier noch nicht!«

Da hatte er Recht. Wie sollte ich auch. Die Insel war 83 km lang und 183 km breit. Und ich sollte sie gleich auf herbe Weise kennenlernen. Von der fast 1000 Kilometer langen Küste Calvis stiegen die Berge auf, steil und sehr hoch. Es gab ein halbes Dutzend Zweitausender, der höchste davon mit über 2700 m Zipfelhöhe. Zwischem dem Gebirg eine wilde Landschaft: Wälder, von monströsem Farnkraut durchflochten, dorniges Gestrüpp, Wildbäche mit üppigem, urwaldähnlichen Uferdickicht, das alles verschlang.

Wie steil und unvermittelt die Berge aufstiegen, bekam ich gleich auf den ersten Kilometern zu spüren. Das Tempo, das der Oberleutnant vorlegte, konnte ich unmöglich mithalten. Der schlanke Kerl rannte förmlich die schmalen Serpentinen hinauf, die sich scheinbar endlos durch den Wald zogen. Nach kaum einer Stunde verteilte sich unsere *Section* bereits über eine weite Strecke. Jeder überholte jeden – ich war scheinbar der Einzige, der dieses Tempo nicht gewohnt war. Meine Beine drohten den Dienst zu versagen. In den Oberschenkeln kündigten sich Krämpfe an. Ich legte zu, was der Körper hergab.

Nach Stunden erreichten wir eine Anhöhe, auf der die *Section* eine Pause einlegen sollte. Schon nach dieser kurzen Etappe fühlte ich mich völlig erschlagen. Was war bloß los mit mir? Der Oberleutnant pflaumte mich an – schließlich war ich der Funker des Zuges. Ich ließ die Predigt über mich ergehen, suchte mir danach einen Platz, an dem ich den Rucksack endlich abstellen konnte. Jetzt nahm sich der *Caporal* meiner an: Was mir denn einfiele... Daß ich ab sofort derjenige war, der den *Chef de section* in den Pausen mit heißem Kaffee zu versorgen hatte, nein, daß war mir wirklich noch nicht eingefallen. Ich räumte meinen Rucksack aus. Das dauerte ihm alles viel zu lange. »Sac à dos!« befahl er. Bevor ich den Rucksack überhaupt aufsetzen konnte, mußte all der Kram erst irgendwie wieder dort hinein. An eine sinnvolle Packweise war in diesem Moment gar nicht erst zu denken. Zwei Stunden waren vergangen, zehn hatten wir heute noch vor uns – dann waren es nur noch vier Tage.

Nach dem steilen Aufstieg ging es nun etwas flacher voran. Die Wege führten auf und am Grat entlang. Das grüne Laubdach der Täler wirkte von hier oben betrachtet undurchdringlich. Unser Pfad führte durch abschüssige Geröllfelder, dann wieder entlang steiler Schluchten; das Terrain verlangte ständige Konzentration, für genießerische Blicke in die Landschaft blieb keine Zeit.

Es war 5 Uhr 30, Abmarsch sollte um sieben sein. Die *Section* lagerte an einem breiten Bach. Im klaren Gebirgswasser hatten wir uns am Abend waschen und erfrischen können. Ich nutzte die Gelegenheit, um meine Wechselwäsche und das Eßbesteck gründlich zu reinigen ...

Bis zehn Uhr unterbrachen wir die Wanderung zweimal für eine zehnminütige Pause. Das bewaldete Gelände lag weit unter uns und die heiße Sonne trieb mir jetzt beißenden Schweiß in die Augen. Die Ärmel der Jacke hatte ich bis über die Ellenbogen hochgeschlagen – meine Haut glühte. Regelmäßig nahm ich das Barett vom Kopf und befreite es vom Schweiß. Meine Füße schwollen an und litten unter dem ewigen Auf und Ab. Erste Blasen kündigten sich an. Noch vor Mittag stiegen wir ins Tal hinab. Die Sonne hielt sich über dem Laubdach. Verschwitzt wie ich war, wurde es angenehm kühl. Regenwasser wickelte sich durch das Unterholz, überschwemmte auch den Waldweg; hier drinnen wurde alles zu einer schlammigen, kräftezehrenden Angelegenheit. Um auf dem ansteigenden Gelände voranzukommen, hangelte ich mich von einem Baum zum anderen. Die Stiefel sogen sich Schritt für Schritt weiter mit Wasser voll.

Der Wald lichtete sich und gab den Blick auf ein Gesteinsmassiv frei, das steil in den Himmel wuchs. Für den Aufstieg nutzten wir einen schroffen Einschnitt im Fels, der ohne die Hilfe beider Hände schon nicht mehr begehbar war. In der Wand ließ sich die Spitze der *Section* nicht mehr ausmachen. Ich hoffte nur, daß mein Vordermann den Anschluß nicht verlor, da es keine Kennzeichnung gab, die auf die Route hinwies. Plötzlich – Geschrei von oben. Alle zögerten erst, hielten dann inne. Wir lauschten. Noch einmal drang ein Ruf durch, der Berg schluckte die Laute dumpf. Die Verständigung lief von einem Mann zum Nächsten. Es klang für mich wie *Hierher...*

Gemeint war aber *Pierre* – Stein. Steinschlag! Mein Vordermann warf sich mit dem Rücken dicht hinter einen Vorsprung in der Wand links. Ich hatte keinen Schimmer, was vorging, ließ mich aber fallen, als ich das bedrohliche Gepolter herannahen hörte. Ein Satz hinter einen mannshohen Findling rettete mich vor den ersten Brocken.

Den Warnruf gab ich nur klanglich nach unten weiter. Ich hatte keine Ahnung, was ich rief, doch der Rest schien gewarnt: Alle hinter mir schmissen ihre bepackten Körper jetzt auch irgendwie in Deckung. Das Geröll stürzte über uns hinweg, niemand schien verletzt. Ich hob mein Barett vom Boden auf und setzte den mühsamen Aufstieg fort. Die Sonne glomm jetzt noch heißer als am Vormittag – wozu mußten wir da noch dichter heran?

Am Folgetag spürte ich meine Blasen schon deutlicher. Besonders wenn der Abstieg über langgezogene steinige Felder führte, wurde mein Schritt zunehmend unsicherer. Die Füße schmerzten. Das anfängliche Kribbeln wuchs sich langsam in ein Brennen aus.

Wir nahmen die nächste Steigung in Angriff. Der Grat war weniger steil, zog sich aber unendlich in die Länge. Der *Lieutenant* wollte heute noch zwei solcher Höhen nehmen, er war der *Section* weit vorausgeeilt – wie hielt er bloß dieses Tempo? Schummeln war hier nicht möglich. Als wir nach Stunden die Spitze erreichten, saß der lange Kerl schon geschlagene 20 Minuten dort…

Weiter unten, auf halber Strecke, hatte ich mich mit einem englischen *Sergent* vom Nachbarzug unterhalten. Er schien den *Lieutenant* nicht zu mögen und pflichtete mir bei, daß ich durch meine Versetzung – in ausgerechnet diesen Zug – nicht gerade das große Los gezogen hätte. Auch der *Sergent* schien so seine Erfahrungen mit dem einzigen Offizierszug zu haben. Er hätte mich gern in seiner *Section* gesehen, meinte er. Vielleicht wäre dann manches anders gelaufen. Wie Recht er hatte, ahnte ich an diesem Tag noch nicht.

Bei der Betrachtung des hinter mir liegenden Stück Weges überkam mich eine ungemeine Erleichterung. Dort unten, wo ich einige Worte mit dem englischen *Sergent* gewechselt hatte, rackerten sich derzeit noch winzige Gestalten unter der sengenden Sonne ab. Hier oben hatte ich schon meine fellgefütterte Jacke überziehen müssen, um nicht zu frösteln. Der *Lieutenant* suchte auf der Karte sein nächstes Ziel, deutete danach mit dem Arm auf den entsprechenden Berg. Dieser war von Dunst umgeben, die Kuppe ließ sich kaum ausmachen. Die Täler dazwischen lagen unter dichtem Grün verborgen.

»Ihr wartet hier noch auf den nächsten *Caporal,* dann geht es weiter – verstanden?« Der Oberleutnant schickte sich an, seine Tour fortzusetzen. Ich sollte mit. »Nimm deinen Rucksack auf, Schumascher. Du kommst mit mir«. Während ich meinen Anorak verstaute, trafen weitere Nachzügler ein. Der Rest würde noch etwas länger brauchen, unten hatte es einen Ausfall gegeben.

Am Abend erfuhr ich, daß ein Legionär durch Hitzschlag sein Bewußtsein verloren hatte und vier Meter vom Felsen gepurzelt war. Da man ihn für einen Simulanten hielt, hagelte es zunächst einige Ohrfeigen. Weil ihn dies jedoch nicht wieder auf die Beine brachte, kam man zum Schluß, er wäre tatsächlich der Hitze zum Opfer gefallen. Einige Kameraden spannten einen Poncho über den Gestrauchelten, um ihn vor der Sonne zu schützen. Nachdem er sich 45 Minuten im Schatten erholt hatte, war er wieder marschfähig. Irgend jemand übernahm sein Gepäck, und es konnte weitergehen.

Ich bekam jetzt ernsthafte Probleme mit den Füßen. Nachdem ich mich am Abend meiner Rangers entledigt hatte schien es, als hätten meine Socken Feuer gefangen. Immerhin marschierten wir diesen Tag schon 13 Stunden, abzüglich der kurzen Pausen. Wie sollte ich mit meinen geschwollenen Tretern bloß morgen in die Stiefel steigen?

Meiner Erfahrung nach war es nach so langer Marschzeit völlig normal, daß die Sohlen schmerzten. Noch hoffte ich, daß die Füße keinen wirklichen Schaden genommen hätten, sondern einfach nur erholungsbedürftig waren.

Ich entledigte mich einer Socke – genauer gesagt: löste diese vom Fuß – und betrachtete das Elend. Die Sohlen brannten nicht ohne Grund wie Feuer: In der Senke zwischen Hacken und Zehenballen wuchs auf ganzer Breite eine

Wasserblase. Die äußeren Zehen färbten sich bedenklich dunkel und ein Fuß-
nagel ließ sich problemlos mit dem Finger anheben.

Wie erwartet, stellte es sich am nächsten Morgen als äußerst unange-
nehme Angelegenheit heraus, die geschundenen Füße wieder in die *Rangers*
zu bringen. Ich erduldete einiges, bis ich die stumpfen Socken endlich in das
naßkalte Leder gequält hatte. Auch nachdem wir aufbrachen, weigerten sich
meine Stiefel scheinbar, zu ihrer ursprünglichen Flexibilität zurückzukehren. Ich
lief wie auf einem Nagelbrett... Wenn ich nur irgendwie den heutigen Tag hinter mich brächte – aber dann lagen immer noch zwei vor mir.

Ich hatte diesen Tag noch irgendwie mit Anstand hinter mich gebracht. Die
nachfolgenden tappte ich jedoch lediglich hinterher, versuchte verbissen den
Tritt zu halten. Irgendwann funktionierte ich nur noch. In der gesamten *Section* war die ursprünglich gelöste Stimmung einem energischen Schritthalten
gewichen. Der *Chef de section* – diese Schrittmaschine – preschte vorweg,
gab ein unmenschliches Tempo vor. Er rannte förmlich die Berge hinauf und
hinunter – zwölf Stunden täglich, fünf Tage lang. Jeder Talmarsch artete von
Tag zu Tag in eine größeren Qual aus. In der unwirschen Landschaft war ein
sicherer Tritt gefordert – denn ebenso konnte ein falscher Tritt ernste Folgen
haben.

Als wir von einem Gipfel abstiegen, gerieten wir unvermittelt in eine dichte
Nebelwand, die im Nu den Vordermann verschluckte. Wenn ich den Blick-
kontakt jetzt verlöre, würde der weitere Weg zu einem noch größeren Wagnis,
als er angesichts meines unsicheren Schrittes ohnehin schon war. Auch ohne
solche Eskapaden ging ich schon wie auf Eiern. Nach einer mühseligen
Stunde lichtete sich schließlich der Dunst.

Auf dem Weg zum zweiten Gipfel dieses Tages überquerte unsere Kolonne
mittags eine kilometerlange Weide. Wir begegneten einer Unmenge Touristen,
die sich in einem nahegelegenen Gasthaus einen luxuriösen Imbiß gegönnt
hatten, bevor sie ihren Ausflug fortsetzten. Viele lümmelten sich auch einfach
nur auf der Alm herum; sie schienen zu warten, bis die Bullenhitze nachließ.

Ein Wanderer kreuzte unseren Pulk und blieb neugierig stehen, während
wir vorbeizogen. Der Mann trug einen kleinen bunten Rucksack geschultert,
welchen er bei dem Anblick der unsrigen etwas verlegen zurechtrückte.
»Guten Tag!« begrüßte ich ihn auf deutsch – er grüßte deutsch zurück. Er er-
kundigte sich nach unserem Marschziel. Ich zeigte ihm unsere geplante Ta-
gesleistung. Das schien er jedoch nicht so recht glauben zu wollen, denn der
Berg lag auch in seiner Richtung: erst morgen rechnete er damit sein Ziel zu
erreichen, wie er erklärte – wenn er schnell ginge.

Die letzte Teilstrecke wurde zur Nagelprobe. Ausgerechnet jetzt, zum
Schluß, zog sich die Route kilometerlang durch eckigen Gesteinsschutt. Ich
rutschte auf dem Gefälle in meine Stiefelspitzen. Die Schmerzen trieben mir
die Tränen in die Augen. Auch die aufmunternden Worte eines deutschen *Capos* halfen da nichts. Nur eine irre Wut trieb mich an. Worauf? Es war ein Stück
weit Verbitterung gegenüber dieser großartigen Landschaft, die mir im
wahrsten Sinne des Wortes Steine in den Weg legte. Ebenso glomm heiße Wut

in mir über den Zugführer auf – diesen Oberleutnant, der ohne Rücksicht auf Verluste rannte, was die Beine hergaben. Und es war die Wut darüber, daß ich über keine Energiereserven mehr verfügte, mich selbst zu motivieren. Mein Inneres teilte mir mit jedem schmerzhaften Schritt mit, wie idiotisch ich gewesen war, mich dieser Sache aus freien Stücken zu verschreiben – was für ein Leben könnte ich in diesem Moment im Zivilleben haben . . .

Ich hatte sicherlich Recht.

Nachbereitung

Wir saßen zu fünft in lockerer Runde bei einem Bier im *Foyer*. Jeder gab seine Erlebnisse zum besten. Zeitweise erzählten alle durcheinander, dann wieder nahmen wir die Ruhe dieses Sommerabends auf, ohne ein Wort zu sprechen.

Nicolas verfiel mit seinem Tischnachbarn aufs neue in eine Unterhaltung, der nächste sprang ein, wenig später beteiligten sich alle daran – abgesehen von Eddi Souchon, der dich neben mir saß. Auch ich schwieg.

»Hey, Eddi!« Ich beugte mich unmerklich zu ihm hinüber, so daß es niemandem auffiel. Souchon war noch völlig auf die Diskussion konzentriert, bemerkte kaum, daß ich ihn ansprach. Er lächelte noch über eine Bemerkung von Nicolas, als er sich mir zuwandte.

»Ich werd' abhauen«, sagte ich, um Unauffälligkeit bemüht. »Jetzt schon, Walter?« Er schien nicht zu verstehen... »Ich werde türmen, desertieren – abhauen!«

Das Lächeln auf seinem Gesicht wich zweifelnden Zügen. Dieses veranlaßte nun wiederum mich zu einem flüchtigen Lächeln. »Du machst einen Witz Schumascher!« Er betrachtete mich konzentriert. Ich schwieg. Keiner in der Runde durchschaute unseren verschwörerischen Dialog.

»Du hast es also wirklich vor? Ich meine... Na ja, ausgerechnet du...« Eddi schien absolut baff, aber er zeigte ebenso Verständnis dafür. »Und wann soll es passieren?« »Gleich morgen, morgen Abend«. »Weißt du«, begann Eddi etwas gefaßter, »ich hätte, was dich betrifft, nie damit gerechnet – warum willst du weg?«

Die Antwort war in den Geschehnissen der letzten Tage zu suchen. Es begann, als wir von dem Marsch zurückkehrten...

Nachdem die Fahrzeuge entladen waren, saß unsere Gruppe auf der Stube und reinigte die Waffen. Der Caporal – mein spezieller Freund – kam laufend herein und brachte neues Gerät, mehr Arbeit: erst sein FAMAS, dann das leichte Maschinengewehr der Abteilung, dann dies, dann das. Etwas später betrat er den Raum abermals, um zu sehen wie wir vorankamen. Offenbar benötigten wir länger, als sein Zeitplan vorsah. Er trieb uns zur Eile.

Im Hinausgehen griff er die Schulterstütze meines FAMAS und drehte diese im Licht: »Du sollst nur kurz überreinigen – klar! Also beeil dich, damit...«

Er legte das Teil nicht auf den Tisch, sondern schlug es mir mit der Kante auf den Kopf: »Ist das klar?« Und noch einmal ließ der Arsch den Kunststoff auf meinem Schädel hüpfen. Ich gab nur widerwillig Antwort. Er verschwand wieder. Die Vorführung galt wohl weniger mir in Person als vielmehr allen. Es sollte der Stube klar werden, daß er nicht zum Spaßen aufgelegt war. Und wer eignete sich besser für ein Exempel, als ich – wo wir doch so dicke Freunde waren. Seine Visage war mir schon jetzt zuwider, und ich hatte sie Tag und Nacht um mich. Obendrein schlief er im gleichen Zimmer.

Und demnächst sollten wir mindestens vier Monate nach Afrika, dort würden sich noch weniger Möglichkeiten abzeichnen, ihm aus dem Wege zu gehen...

Das Reinigen der übrigen Ausrüstung dauerte bis zum Nachmittag. Am Abend war das Gröbste geschafft und wir konnten uns endlich den Dreck der Woche vom Körper waschen. Damit förderte ich gleichzeitig das ganze Ausmaß des Schadens zu Tage, welches meine Füße erfahren hatten. Ich hielt es für geboten, den Arzt einen Blick darauf werfen zu lassen. Er begutachtete wenig später mit besorgter Mine die großen Zehen. Daß ich am gleichen Tag noch zu ihm gekommen sei, hielt er für vernünftig. Gerade noch rechtzeitig vor einer Blutvergiftung. Die großen Blasen interessierten den Doktor weniger; diese waren sicherlich unangenehm, aber ansonsten – und das wußte auch ich – ungefährlich. Er inspizierte die hellen Stellen am Hacken, welche sich tief unter der Haut mit Wasser füllten. Auch das würde vergehen, wie er anmerkte. Nun widmete er sich den kleinen Zehen links und rechts: beide Nägel fehlten und das Nagelbett lag im Moment ungeschützt – dessen nahm er sich behutsam an. Einen dritten Nagel beließ er im jetzigen Zustand. Ein Pflaster sorgte dafür, daß der Zehnagel nicht fortwährend nach oben klappte.

Ich erhielt verschiedene Antibiotika und war alsbald entlassen. Es gab noch allerhand zu tun. Draußen traf ich auf Eddi, der mit seiner halben *Section* hier zu sein schien; wie bei allen anderen waren auch seine Unterarme bandagiert. Irgendwie, so sagte er, seien sie während des Marsches durch Gesträuch gerannt, welches ihnen alle bloßen Hautstellen förmlich verätzt hätte. Zunächst hatte ein Jucken eingesetzt, kurz darauf waren überall Blasen aufgetaucht – Souchons Arme waren übersät davon.

Die Haut, die unbedeckt blieb, hatte sich durch die Salbe bräunlich verfärbt. Durch die offenen Verletzungen gaben seine Unterarme selbst unter dem Verband ein scheußliches Bild ab. Wir gelangten zum übereinstimmenden Urteil, daß die Wanderung uns wohl doch etwas abseits touristischer Pfade geführt haben mußte. Und Eddi spöttelte darüber, daß er womöglich ohne Wissen eine noch unbekannte und besonders gehässige Pflanzenart entdeckt hatte.

Ich schmunzelte noch darüber, als ich wieder das Kompaniegebäude der Vierten betrat. Die Sportschuhe erleichterten das Gehen um einiges. So gut es ging, begab ich mich die Treppe hinauf, zurück ins Zimmer. Die nächste Überraschung wartete schon.

Der *Caporal* wollte wissen, ob ich morgen früh am Regimentsappell teilnehmen würde. Wie sollte ich das denn anstellen, auf Krücken etwa? Ihn interessierte das nicht sonderlich, ebenso wenig der Befund des Arztes – er wollte lediglich eine Antwort...

Ich dachte an mein zweites Paar Stiefel, welches für derartige Anlässe unbenutzt im Schrank stand und in die ich mich zwängen müßte. In der Marschordnung würde ich damit schwerlich selbst die 88 Schritt halten; ich würde mich bewegen wie Pinoccio – ganz zu schweigen von Stunden, die ich auf dem Appellplatz stünde. »Nein«, antwortete ich.

Als die Kompanie am nächsten Morgen vom Appell zurückkehrte, bereiteten wir, wie befohlen, die Ausgangsscheine für den Samstagabend vor. Sie berechtigten uns, die Kaserne bis Sonntagmorgen acht Uhr zu verlassen – das zweite Mal, seit einem dreiviertel Jahr. Mittags fand ich jedoch meine *Permission* zerrissen im Spind vor.

Ich hätte eben beim großen Antreten dabei sein sollen, bemerkte der *Caporal.*

Der nächtliche Ausgang fiel also flach, blieb noch die Zeit zwischen 14 und 22 Uhr. Das war nicht eben viel, aber diese Stunden wollte ich wenigstens nutzen, um irgendwo außerhalb der Kaserne Entspannung zu finden. An irgendeinem Ort, wo ich zumindest den Kretin von *Caporal* nicht träfe. Sowieso lungerte ich bereits viel zu lange hier herum. Der Dienst war beendet, das Gebäude fast leer – mir viel die Decke auf den Kopf. Also schlüpfte ich in den *Tenue de sortie* und schickte mich an, dem Arschgesicht auf Wiedersehen zu sagen.

»Sieh dir deine Hose an, du Penner«, mit dem Finger deutete er auf das rechte Bein, »so kommst du hier nicht weg!« Damit war für mich eindeutig, daß er – egal in welch einwandfreiem Zustand meine Uniform war – auf die eine oder andere Art einen Grund fände, mich zu piesacken. Zwei Stunden hatte ich allein nur darin investiert, den Anzug zu bügeln – und nun dies.

Ich war nicht bereit, das *Nein* des Caporals nachgiebig hinzunehmen, also wechselte ich die Montur. Für den Strand gab es eine besondere Kleidung, ähnlich einem Tennis-Dress. Es bestand aus einem weißen Polohemd und einer gleichfarbigen Hose. Vorteilhaft daran war, daß es an dieser Kleidung nichts zu bügeln gab. Der *Caporal* schien nicht glauben zu wollen, was er sah – der ungläubige Ausdruck hielt sich für Sekunden auf seinem häßlichen Gesicht – dann schlug er zu. Sein zweiter Schlag riß mir die Lippe auf, der dritte traf mich in den Magen. »An den Strand willst du Arschloch? Ich werd' dir schon zeigen, wie das hier läuft – im *R.E.P.*«

Erbost stapfte er zu meinem Spind: »Gehört der dir?« Ich bejahte. »Mach auf!« Die Dinge waren penibel übereinander gestapelt; in den Hemden lag Papier, das die Kanten noch schärfer gefaltet aussehen ließ. Alles war in stundenlanger Arbeit gereinigt und geordnet, wie es hätte nicht ordentlicher nicht sein können...

»Hol deinen Poncho heraus«, befahl er. Nachdem die gummierte Plane vor dem Schrank ausgebreitet lag, schaufelte er den Inhalt aus den Fächern – die Kleidung bedeckte am Ende den ganzen Poncho.

»So, du nimmst jetzt den ganzen Kram und bringst ihn mir in die Dusche«.

Dort warf er den Sack in das Brausebecken und ließ reichlich Wasser darüber laufen, so lange, bis er jedes Teil auch tatsächlich durchgeweicht glaubte. »Jetzt hör gut zu, du Penner«, drohte er, »um 20 Uhr mache ich bei dir eine Spindkontrolle – klar?«

Eddi glitt ein leiser Pfiff durch die Lippen: »*Oh boy*, das ist harter Tobak. Sieht aus, als würde dich tatsächlich jemand nicht mögen«. Ich nickte.

Noch immer hatte niemand bemerkt, daß ich soeben Eddi zum Komplizen meiner Flucht machte. Lediglich ein aus Deutschland stammender Türke, ebenfalls aus der Vierten, beobachtete unsere Heimlichtuerei aufmerksamer. Er sah Eddi über die Schulter, blickte mir ins Gesicht: »Sag mal, Schumascher, hast du schon einmal ans Durchbrennen gedacht?«

Eddi schien dem Gesagten keine Aufmerksamkeit zu schenken; er verhüllte seine Überraschung perfekt. Mein türkischer Kamerad machte einen recht nie-

DerCaporal schien nicht glauben zu wollen, was er sah.

dergeschlagenen Eindruck, was er auch gleich darauf bestätigte. Es war der Selbstmord eines jungen Burschen unserer Kompanie, der ihm die letzte Motivation genommen hatte. Irgendwer hatte den Bengel heute früh hinter einer verschlossenen Toilettentür entdeckt: Er saß dort, bleich und tot, mit einem Müllsack über dem Kopf. Das Gas des Campingkochers hatte ihm wahrscheinlich das Bewußtsein genommen, bevor er endgültig hinübergewechselt war.

Die Nachricht hatte uns alle, etwas aufgerüttelt. Seitens der Vorgesetzten schwieg man sich im großen und ganzen aus; einige *Capos* aber konnten mit sarkastischen Sprüchen nicht hinter dem Berg halten...

Außerdem berichtete der junge Türke von ähnlichen Schwierigkeiten, wie ich sie hatte. Er wollte weg. Und er nötigte mich zum Versprechen, daß wenn ich solche Pläne hegen sollte, ich ihn unbedingt mitnehmen müßte. Mitnehmen? Ich behielt meine Pläne für mich, es schien mir momentan das sicherste zu sein.

Mein Plan weihte zwar Eddi Souchon als Komplizen ein, jedoch war es für das Gelingen nicht bestimmend, ob er als Helfer funktionierte. Nicht, daß es Eddi an Zuverlässigkeit gefehlt hätte, aber alles, was ich nicht selbst zu überschauen vermochte, erachtete ich als unkalkulierbar. Und bei diesem Vorhaben nahm ich es mir zum festen Ziel, nicht tags darauf in die Fänge der Militärpolizei zu geraten.

Souchon bat ich lediglich, meine Sporttasche für eine Nacht unterzustellen; Einzelheiten des Ablaufes verschwieg ich. Damit war sichergestellt, daß er sich nicht über Tage mit einem Geheimnis trug, welches womöglich später Tischgespräch würde.

Eddi fragte nicht nach Details; erstaunlicherweise wollte er hingegen wissen, ob ich später – auch er rechnete offenbar mit dem Gelingen – zu jenen gehören würde, die überall erzählen, welch ein scheiß Verein die Legion doch sei.

»Ich werde sicherlich darüber erzählen«, sagte ich, »aber nur so, wie es wirklich war«. Dies mußte ich ihm versprechen.

10 Flucht von Korsika

Einseitiger Vertragsbruch

Noch am selben Abend brachte ich Eddi die Tasche, gefüllt mit einigen Dingen, die ich nicht zurücklassen wollte. Dazu gehörten einige private Utensilien, die ich für die Flucht benötigte, aber auch mein *Képis* war darunter. Am folgenden Tag sollte es losgehen.

Der nächste Tag verlief ohne Höhepunkte. Ich hatte Küchendienst, wie schon die Tage zuvor. Diese Befreiung vom Kompaniedienst schuf günstige Grundlagen für meine Vorbereitungen...

Was weder Souchon noch sonst irgendjemand ahnen konnte, war die heutige Ankunft einer Freundin. Bereits in der vergangenen Woche hatte ich mit ihr am Telefon abgesprochen, was mitzubringen war. Wir hatten gleich einen Treffpunkt vereinbart; wer wußte schon, ob ich so bald noch einmal die Gelegenheit zu einem Telefonat bekäme.

In der Kompanie wurde der Zapfenstreich ausgerufen. Minuten später führte der *Sergent* seinen Rundgang durch: er vergewisserte sich in unserer Stube von der Vollzähligkeit der Anwesenden und wechselte danach das Stockwerk. Auch ich verließ das Zimmer.

Eine Etage tiefer war der Ausgang jetzt unbewacht, der Raum des Diensthabenden war leer. Mit gespielter Routine verließ ich das Gebäude. Fast wie jeden Abend. *Schumascher,* so würde man später rätseln, *den habe ich zuletzt in Richtung Telefon gehen sehen*. Mein Verhalten entsprach dem gewohnten Bild. Nichts deutete auf eine mögliche Flucht hin, eben dies war die Absicht.

Dieses Mal aber änderte ich kurz vor der Kantine meinen Weg. Ich ging wieder zurück und bewegte mich auf die Gebäude der dritten Kompanie zu. Wer mich so sah, mochte annehmen, ich käme als Nachzügler von der Kantine – ein alltägliches Bild.

Souchon erwartete mich schon, zwischen 22 und 23 Uhr, wie abgesprochen. Wir redeten nicht viel. »Ich muß gehen«, so verabschiedete ich mich.

Langsam setzte die Dämmerung ein. Wie selbstverständlich ging ich mit scheinbar bestimmtem Ziel in den Kasernenbereich, in dem wir einst während der Sprungausbildung untergebracht waren. Bis zuletzt verhielt ich mich wie jemand, der hierher gehörte – bis zu dem kleinen Buschwerk wenige Meter vom Zaun. Ab hier war die Schauspielerei vorüber.

Nun hockte ich an einem Ort, wo ich ganz gewiß nichts zu suchen hatte. Jetzt war ich ganz Soldat, offenkundig ein Deserteur. Drückende Schwüle hing über dem offenen Feld vor mir. Alles schien ruhig. Streifenposten waren keine zu sehen.

Ich rannte los, schmiß mich seitlich vor den Zaun auf den staubigen Boden. Der in die Jahre gekommenen Maschendraht bot kaum Widerstand. Ich hob ihn an und rollte drunter durch, ich war draußen!

200 Meter etwa noch. Zunächst über das Feld, dann war ich an der Straße. Ein Auto würde dort hoffentlich auf mich warten. Ich hielt mich weiter rechts, wollte in den Schutz der Baumreihe gelangen, welche die Straße säumte. Da brach das Hundegebell los. Der verfluchte Hundezwinger! Ich hatte nie einen Köter darin gesehen, jetzt tobten gleich mehrere Kläffer wie wild. Mir schien, als müsse es selbst in Calvi noch zu hören sein. Ich sprintete zum Ende der Baumreihe. Von hier aus war bald schon der Parkstreifen zu sehen, wo mein Taxi in die Freiheit hätte warten sollen.

Was aber, wenn ich es nicht deutlich genug beschrieben hatte? Was, wenn sie etwas später kommt? Weiß sie, wie wichtig es dieses Mal ist, pünktlich zu sein? Dort stand der Wagen. Ich dachte an Williams und Bradley. Nein, ich steige in das richtige Fahrzeug! Die Innenbeleuchtung erhellte die Umrisse des Fahrers, so hatte ich es beabsichtigt. Schnellen Schrittes überquerte ich die Straße und begab mich auf die Beifahrerseite. Andrea sah mich nicht kommen. Sie erschrak, als ich die Tür öffnete und mich hastig neben ihr in den Sitz fallen ließ.

Es war lange her, seit wir uns das letzte Mal gesehen hatten. Ich schaltete die kleine Leuchte aus und sagte: »Fahr los!«

»Hast du alle Sachen dabei, die ich wollte?« »Ja, hinten im Kofferraum liegt ein Rucksack«. »Gut. Ihr seid hoffentlich nicht auf irgend einem Campingplatz hier in Calvi – oder?«

Noch immer war ich mir nicht sicher, ob sie den Anlaß für meine Unruhe richtig einzuschätzen vermochte.

»Nein. Du sagtest doch, wir sollen außerhalb etwas suchen. Wir Campen auf einem Platz in Lumio – etwa zehn Kilometer entfernt«.

Aus dem Rucksack kramte ich eine Perücke, die ich mir aufsetzte, als wir auf das Gelände fuhren: Möglicherweise verdiente sich der Platzwart einige Franc nebenbei, wenn er späte und kurz geschorene Neuzugänge an die Militärpolizei meldete. Schließlich wollte ich nicht am ersten Tag in Freiheit von einem Gummiknüppel geweckt werden...

Vogelgezwitscher ließ mich wach werden. Gegen sechs Uhr begann ich den Tag mit einem ausgiebigen Frühstück. Die beiden Frauen brachten wenig Begeisterung für die frühe Störung auf.

Ich nahm unterdessen meine nächsten Schritte in Angriff: »Hast du an den Fahrplan für die Fähre gedacht?« Sie hatte.

Meine Absicht war es, vom entfernten Bastia nach Italien überzusetzen – nach Möglichkeit mit einem italienischen Schiff.

»Bevor wir nach Bastia fahren, müssen wir noch einmal nach Calvi rein. Ich habe noch über 100 Dias in einem Fotogeschäft entwickeln lassen, ohne die fahre ich nicht«.

»Dort ist es – fahr hier auf den Parkplatz!« Der Laden lag dicht an der Küstensraße, unweit der Kaserne. »Dreh den Wagen zur Straße«. Wir hielten auf dem staubigen Platz vor dem Geschäft. Sie nahm meine Abholscheine entgegen. »Ich warte im Wagen, laß den Schlüssel stecken«, wies ich sie an.

Das Fahrzeuginnere heizte sich enorm auf. Unter der Perücke begann ich zu schwitzten. Es dauerte unendlich lange, schien mir.

Mein Verschwinden war sicherlich kein Geheimnis mehr – wem war wohl bekannt, daß ich meine Bilder hier in Auftrag gegeben hatte? Nahezu jedem, den ich kannte!

Im selben Augenblick bog ein Jeep der *Police Militaire* von der Straße. Er steuerte direkt auf den Wagen zu. Der Geländewagen wendete. Bevor er in die entgegengesetzte Richtung davonfuhr, blieb er einige Meter entfernt vor unserem Wagen stehen. Die beiden Typen musterten mich verdrießlich. Gelangweilt zündete ich eine Zigarette an und blickte aus dem Fenster. Das Wasser lief nur so unter der Perücke hervor und mein Kopf juckte ohnegleichen. Der Jeep fädelte sich in den Straßenverkehr ein und verschwand aus meinem Blickfeld – Andrea kam aus dem Laden.

»Verflucht«, zischte ich entnervt, »wo warst du so lange?«

»Fliegen kann ich auch nicht. Außerdem haben wir doch Zeit, die Fähre geht erst heute Nachmittag. Das schaffen wir spielend«. Ihre Worte wirkten wenig beruhigend. Es war nicht die Zeit, um die ich besorgt war.

Zum Kauf der Fahrkarte empfand ich es als sicherer, daß Andrea in dem Bistro wartete. »Wann geht das Schiff?« »In zwei Stunden«. Ich trug keine Perücke mehr und wollte vermeiden, daß Andrea hineingezogen wurde, wenn mich jemand erkannte. »Und, hast du ein Ticket bekommen?« »Ja, leider nur für eine französische Fähre«.

Es durfte jetzt bloß niemand erfahren, wo ich herkam – schließlich befand ich mich bis zur Landung noch immer auf französischem Hoheitsgebiet.

Mit dem zivilen Rucksack und der bunten Kleidung verschmolz ich mit der Touristenmenge. Jetzt hoffte ich nur, daß am Kai kein Militärpolizist stand, der die Reisenden unter die Lupe nahm.

Der weißgekleidete Offizier warf lediglich einen flüchtigen Blick auf den Reisepaß, den ich ihm hinhielt. Aus seiner Sicht betrat ein weiterer Reisender freudestrahlend das Schiff. Einer, für den es offensichtlich ein aufregendes Erlebnis war, seiner Schiffsbesatzung bei der Arbeit zuzusehen.

Offenbar trug meine Schauspielerei dazu bei, daß ich exakt das kindische Reisefieber signalisierte, welches die Schiffsbesatzung täglich unzählige Male freundlich belächelte.

Auf dem Sonnendeck stellte ich mir einen Liegestuhl an die Reling, ließ mir die Sonne auf das Gesicht scheinen und genoß für Stunden die unendliche Weite der ruhigen See. Mein Walkman lief während der Überfahrt ohne Pause. Jimmy Hendrix übertönte die Geräuschkulisse der Urlauber völlig – ich hatte ohnehin kein Interesse an Bekanntschaften.

Neugierig verfolgte ich am Abend, wie der mächtige Kahn sein Heck präzise an den Pier des italienischen Hafens manövrierte. Mir fiel auf, wie hoch das Aussichtsdeck war: gut und gern 15 bis 20 Meter waren es bis dort unten, wo das schmutzige Hafenwasser von den Schiffsschrauben aufgewühlt wurde.

Mir fielen auch die italienischen Polizisten auf, die sich nun am Pier versammelten. Für mich war klar, *die sind wegen dir hier*! Jetzt saß ich in der Falle. Springen? Das Schiff hatte bereits angelegt. Nein – ich würde auf dem Beton zerplatzen wie reifes Obst... Geiseln! Irgendwie mußte ich hier herauskommen. So einfach jedenfalls würden die mich nicht erwischen. Die Uniformierten beäugten aufmerksam jedes Fahrzeug, das die Rampe verließ. Ich ging mit einer Gruppe Touristen von Bord, dicht neben meiner nichtsahnenden *Geisel* – die Beamten würdigten mich keines Blickes.

Mittlerweile war es Abend geworden. Der schnellste Weg, hier wegzukommen, schien mir die Bahn zu sein. Auf einem Parkplatz in Hafennähe wartete eine Gruppe Motorradfahrer auf ihre Verschiffung. Ich sprach einen an: »Sag mal, wo ist denn hier der Bahnhof?« Er beschrieb den Weg. Ich dankte und schickte mich an zu gehen, »*Interrail* – was?« fragte er lachend.

»Nee, Fremdenlegion«, gab ich zurück und ging, ohne mich noch einmal umzudrehen.

Besagten Bahnhof erreichte ich gegen 23 Uhr. Ausreichend Geld besaß ich wohl, aber dies schien auf den Kerl am Nachtschalter keinen Eindruck zu machen. Und überhaupt, heute ginge ohnehin kein Zug mehr. Ich saß also mitten in der Nacht in Italien fest, mit jeder Menge Geld, das niemand akzeptierte.

Aber was machte das schon – der Rest würde jetzt nur noch ein Klacks sein...

Anlage 1

Die Regimenter der Fremdenlegion

Aufgaben und Standorte

Die Kommandobehörde (Aubagne/Frankreich)
Die Kommandobehörde der Fremdenlegion in Aubagne wird von einem General geführt. Sie umfaßt einen Führungsstab, das Erste Regiment der Fremdenlegion, in dem die gemeinsamen Dienststellen zusammengefaßt sind; außerdem untersteht ihr das Vierte (Ausbildungs-)Regiment der Fremdenlegion in Castelnaudary.

Le 1er Régiment Étranger (Aubagne/Frankreich)
Das Erste Fremdenregiment in Aubagne erfüllt mit drei Kompanien vorrangig administrative Aufgaben. Ihm unterstehen die Verwaltung, die Musik, die Druckerei, die zentrale Instandsetzung und die Bauvorhaben der Legion. Die Kompanien können jedoch auch schnell zur Eingreiftruppe verwandelt werden.

Le 1er Régiment Étranger de Cavalerie (Orange/Frankreich)
Das Erste Kavallerie-Fremdenregiment ist eine Panzeraufklärungseinheit mit einer Stabs- und Versorgungskompanie, einer Panzerabwehrkompanie und drei Panzeraufklärungskompanien, ausgerüstet mit Spähpanzern vom Typ AMX 10. Die Mehrzahl der Soldaten werden als Panzerbesatzungen, Mechaniker oder Funker ausgebildet.

Le 2ème Régiment Étranger de Parachutistes (Calvi/Korsika)
Das Zweite Fallschirmjäger-Fremdenregiment ist eine Kommandoeinheit mit ausgesprochen sportlichem Einschlag. Es setzt sich zusammen aus einer Stabs- und Versorgungskompanie, einer Aufklärungs- und Unterstützungskompanie und vier Kampfkompanien. Neben dem Fallschirmspringen als Grundvoraussetzung bilden sich die Kampfkompanien in unterschiedlichen Spezialisierungen aus, wie Panzerabwehr und Nachtkampf, Gebirgskampf, Sabotage, Scharfschützenwesen, Tauchen etc.

Le 2ème Régiment Étranger d'Infanterie (Nîmes/Frankreich)
Das Zweite Infanterie-Fremdenregiment hat die Aufgabe, Alarmeinheiten zu stellen, um im Bedarfsfall überall und jederzeit eingreifen zu können. Die Einheiten nehmen auch an Übersee-Aufenthalten teil. Das Regiment gliedert sich in eine Stabs- und Versorgungskompanie, zwei Aufklärungs- und Unterstützungskompanien, vier Kampfkompanien und eine Fach-Ausbildungskompanie.

Le 4ème Régiment Étranger (Castelnaudary/Frankreich)
Hier werden Mannschaften und Unteroffiziere der Fremdenlegion ausgebildet. Am 1. September 1977 wurde es als Ausbildungsregiment aufgestellt und am 1. Juni 1980 in Viertes Regiment umbenannt. In mehreren Ausbildungskompanien werden die in Aubagne ausgewählten Freiwilligen zu Legionären gemacht, Unteroffiziere auf militärische Fachprüfungen vorbereitet und Lehrgänge für Gefreite und Unteroffizieranwärter durchgeführt.

Le 6ème Régiment Étranger de Génie (L'Ardoise/Frankreich)

Das Sechste Pionier-Fremdenregiment ist in der Nähe von Avignon stationiert. Die Kampfpionier-Einheit wurde am 1. Juli 1984 aufgestellt und trat damit das Erbe des 1939 in Syrien gegründeten Sechsten Regiments der Fremdenlegion an. Es gehört zur 6. Leichten Panzerdivision und setzt sich zusammen aus einer Stabs-, Unterstützungs- und Versorgungskompanie und drei Pionierkompanien.

Le 5ème Régiment Étranger (Mururoa/Pazifik)

Das Fünfte Fremdenregiment verfügt neben den Einheiten auf dem Atoll und Tahiti über zusätzliche Außenposten in Tureia, Totegegie, Tematangi und Reao. Es setzt sich mit Mehrheit aus Pionieren zusammen und führt vorrangig Arbeiten im Rahmen der militärischen Erprobungsstelle im Pazifik durch. Hierzu gehören die Wasser- und Elektrizitätsversorgung, Transport- und Instandsetzungsaufgaben, die Errichtung von Gebäuden und der Straßenbau. Auf Tahiti befindet sich eine Durchgangsstation und ein Elektrizitätswerk mit einer Stabs- und Versorgungskompanie. Auf Mururoa liegen eine Pionierkompanie für Bauarbeiten, eine Pionierkompanie für Infrastruktur und Bahngeräte, eine Wasser- und Strom-Versorgungskompanie und eine Transport- und Instandsetzungskompanie.

Le 3ème Régiment Étranger d'Infanterie (Kourou/Französisch-Guayana)

Das Dritte Infanterie-Fremdenregiment besteht aus einer Stabs- und Versorgungskompanie und zwei Kampfkompanien. Eine zusaätzliche Pionierkompanie ist in Regina stationiert. Zu den Hauptaufgaben gehören die Sicherung des Raumfahrtzentrums, die Überwachung des *Rio Oiapoque* – und damit der Grenze nach Brasilien –, bzw. der Straßenbau durch den Urwald. Auch das Dschungelkampf-Ausbildungszentrum betreut das Regiment.

La 13ème Demi-Brigade de la Légion Étrangère (Djibouti/Afrika)

Die 13. Halbbrigade der Fremdenlegion nimmt Aufgaben im Rahmen französischer Präsenz wahr und führt unter anderem Bauarbeiten durch. Zwischen Gabode, dem Posten Oueah und Djibouti sind eine Stabs- und Versorgungskompanie, eine motorisierte Kompanie, eine Panzeraufklärungskompanie und eine Pionierkompanie stationiert. Verstärkt wird das Regiment von einer zeitweise in Arta stationierten Kompanie des *2ème R.E.P.*

Le Détachement de la Légion Étrangère de Mayotte (Komoren/Indischer Ozean)

Die rund 60 Legionäre in Dzaoudzi auf den Komoren nehmen vorrangig logistische, pioniertechnische und repräsentative Aufgaben wahr. Zeitweise wird die Truppe von einer Kompanie des *1er R.E.C.* oder des *2ème R.E.I.* unterstützt, die alle sechs Monate abgelöst wird *(Compagnie tournante).*

Anlage 2

Le 2ème Régiment Étranger de Parachutistes

Das *2ème R.E.P.* ist Teil der französischen 11. Luftlandedivision, grundsätzlich kann es daher in alle Aufträge dieser übergeordneten Einheit eingebunden werden. Hierzu steht entsprechend leichte und schwere Ausrüstung zur Verfügung, die vom Scharfschützengewehr FR F2 über die Panzerabwehr-Lenkwaffe Milan bis zu 20-mm-Maschinenkanonen reicht.

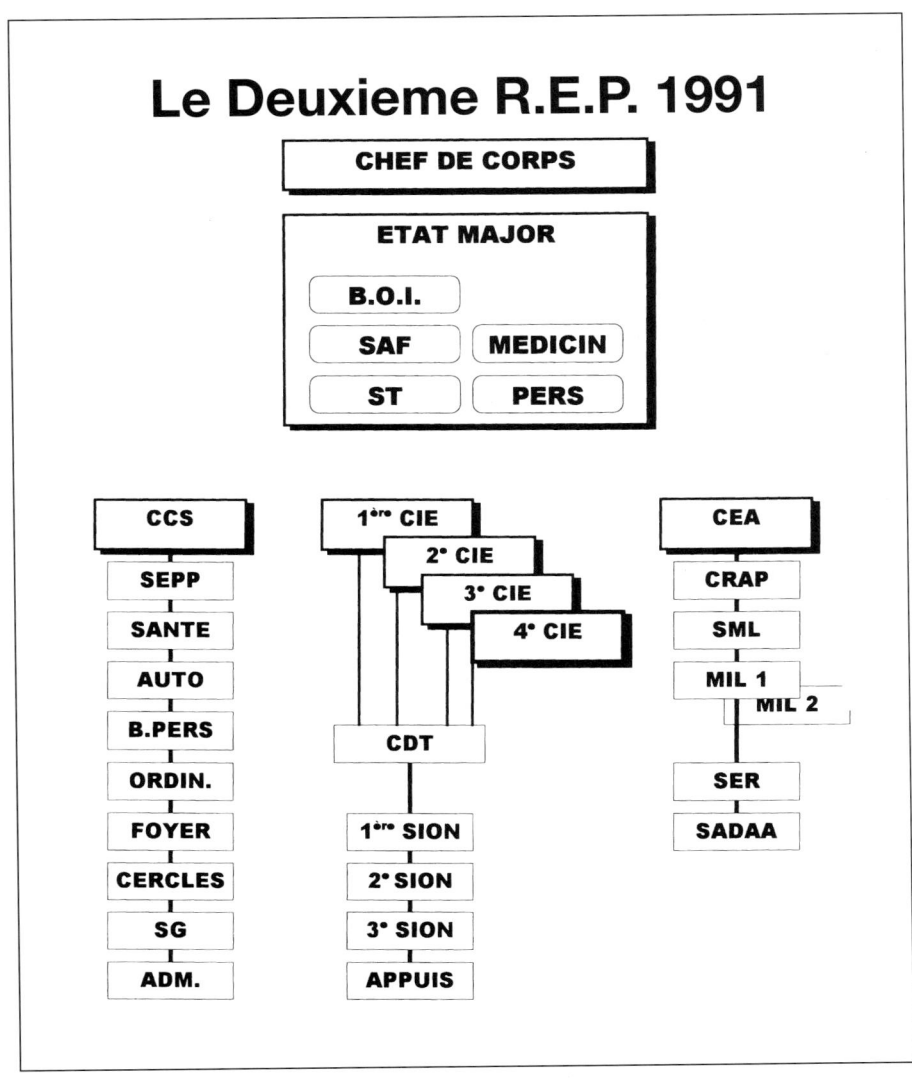

CHEF DE CORPS		Regimentskommandeur	
ETAT-MAJOR		Stab	
B.O.I.	Bureau Opération et Instruction		Operations- und Ausbildungsbüro
SAF	Service Administrativ Formation		Computerbereich
ST	Service Technique		Technischer Dienst
MEDICIN		Verantwortlicher Offizier für medizinische Fragen	
PERS	Personel		Personalbüro
CCS	Compagnie de Commandement et de Services		Führungs- und Verwaltungskompanie
SEPP	Section d'Entretien et Pliage des Parachutes		Fallschirm-Packzug
SANTE		Sanitätsbereich	
AUTO		Fahrzeugwartung	
B.PERS	Bureau Personel		Personalbüro
ORDIN	Ordinaire		Verpflegungsdienst
FOYER		Verkaufsstelle / Kantine	
CERCLES	Kasino		Offiziers- und Unteroffiziersmesse
SG	Service Générale		Allgemeiner Dienst für Wache, Ordnung und Sauberkeit (Militärpolizei)
ADM	Administration		Verwaltung
1er CIE	1er Compagnie		1. Kompanie
CDT	Commandement		Kompanieführung
1er SION	1er Section		1. Zug
2ème SION	2ème Section		2. Zug
3ème SION	3ème Section		3. Zug
4ème SION	4ème Section		4. Zug
APPUIS		Unterstützungskompanie	
2ème CIE	2ème Compagnie		2. Kompanie
3ème CIE	3ème Compagnie		3. Kompanie
4ème CIE	4ème Compagnie		4. Kompanie
CEA	Compagnie d'∏clairage et d'Appui		Aufklärungs- und Unterstützungskompanie
CRAP	Commandos de Recherche et d'Actions dans la Profondeur		Kommandos für Aufklärung und Unternehmen hinter den feindlichen Linien
SML	Section Mortiers lourds		Schwerer Mörserzug
MIL 1	Milan 1		Milanzug 1
MIL 2	Milan 2		Milanzug 2
SER	Section d'Enseignement et de Réconnaissance		Ausbildungs- und Aufklärungszug
SADAA	Section d'Auto-défense Antiaèrienne		Luftabwehrzug

CHEF DE CORPS
An der Spitze des Regiments steht der Kommandeur, unterstützt durch seinen Stab.

ETAT-MAJOR
Dem *Chef de Corps* unterstehen die einzelnen Führungs- und Verwaltungsabteilungen der insgesamt 1300 Soldaten des Verbandes.

Nachfolgend ist das Regiment in sechs Kompanien aufgeteilt. Hierzu zählen eine Führungs- und Verwaltungskompanie *(CCS)*, eine Kompanie zur Aufklärung und Unterstützung *(CEA)* und die vier Kampfkompanien.

1er Compagnie – 4ème Compagnie
Diese vier Kampfkompanien setzen sich zunächst aus Fallschirm-Infanteristen zusammen. Sie sind untergliedert in die Kompanieführung, drei Infanterie- und einen Unterstützungszug.

Jede Kompanie übernimmt die Führungsrolle auf einem bestimmten militärischen Fachgebiet. Die Teileinheiten züchten hierbei jedoch keine *Fachidioten* heran, sondern erwerben durch eine Spezialisierung fundierte Erkenntnisse über Material und Techniken. Diese neuen Ergebnisse werden ständig ausgebaut und im Verbandsrahmen weitergereicht. Somit heben sich allgemeiner Ausbildungsstand und Einsatzwert der Einheit.

Für bestimmte Aufgaben im Einsatz werden die Schwerpunkte der Kompanien grundsätzlich berücksichtigt:

Die Erste Kompanie übernimmt hierbei Aufgaben der Panzerabwehr und des Nachtkampfes, aber auch den Kampf in Ortschaften und gegen Scharfschützen.

Die Zweite Kompanie übernimmt eine Vorreiterrolle im Gebirgs- und Winterkampf und befaßt sich mit Problemen der Überwindung von Hindernissen.

Die Dritte Kompanie ist spezialisiert auf amphibische Techniken. Sie stellt auch die Kampftaucher und schult häufig in Einrichtungen der französischen Marine.

Die Vierte Kompanie bildet die Scharfschützen und Saboteure des Regiments aus.

Compagnie d'Éclairage et d'Appui
Das Fallschirmjägerregiment hat seine kampfunterstützenden Teile in der *CEA* zusammengefaßt:

Dazu gehören ein motorisierter Aufklärungszug (Jeeps) und die Kommandos für Aufklärung und Unternehmen hinter den feindlichen Linien *(C.R.A.P.)*.

Die Panzerbekämpfung übernehmen zwei Milan-Züge. Für die Flugabwehr steht ein Zug 20-mm-Kanonen zur Verfügung. Für die artilleristische Unterstützung des Regiments sorgt ein Schwerer Mörserzug (120 mm).

Compagnie de Commandement et de Services
In der *CCS* vereinigen sich die Führungs- und Verwaltungsabteilungen. Hier werden die Fahrzeuge gewartet, Verpflegungsdienste gestellt, personelle Angelegenheiten geregelt oder auch allgemeine Dienste im Rahmen von Ordnung und Sauberkeit zusammengefaßt. Die angeschlossene Fallschirm-Packgruppe *(SEPP)* wartet und verpackt jährlich mehr als 20.000 Fallschirme.

Das derzeitig einzige Fallschirmjägerregiment der Fremdenlegion stellt einen flexiblen und zeitgemäßen Kommando-Verband dar. Die Einheit verfügt durch ihre auf unabhänige Einsätze ausgerichtete Gliederung über eine verhältnismäßige hohe

Schlagkraft. Sie sieht sich als Speerspitze der Fremdenlegion und verfolgt die konstante Politik, Schmiede erstklassiger Legionäre und Fallschirmjäger zu sein.

Der Anspruch ständiger Einsatzbereitschaft ist mit hohen Anforderungen an Disziplin, Leistung und Können behaftet, die rigoros auf jeden einzelnen Legionär übertragen werden.

Anlage 3
Operation Leopard –
der Einsatz in Kolwezi

Der letzte größere operative Einsatz im Regimentsrahmen liegt zwar schon beinahe zwei Jahrzehnte zurück; er gilt nichtsdestotrotz nach wie vor als Musterbeispiel für ein erfolgreiches Übersee-Luftlandeunternehmen, das innerhalb kürzester Zeit bewerkstelligt und abgeschlossen wurde.

Anhand der einzelnen Reaktionsschritte soll der Kolwezi-Einsatz deshalb in Kürze vorgestellt werden.

13. Mai 1978
Zentralafrika. Der Staat Zaire wird abermalig Schauplatz blutiger Unruhen, letztlich Szene eines Massakers. Mehr als 4000 gut bewaffnete marxistisch-angolanische *Tiger*-Rebellen fallen von der Republik Kongo aus in die reiche Provinz Katanga ein. Europäische Geschäftsleute und Arbeiter werden als Geiseln genommen. Als Vertreter westlich-kapitalistischer Gesellschaften ziehen belgische und französische Minenarbeiter die Aggression der Invasoren auf sich. Der französische Geheimdienst meldet eine unmittelbare Bedrohung der Eingeschlossenen. Zaires Präsident Mobutu verfügt über keine schlagkräftige Armee.

Die Ereignisse überschlagen sich. Mobutu ersucht um Hilfe bei westlichen Regierungen. In den USA, in Belgien und in England werden Eingreiftruppen in Alarmbereitschaft versetzt.

Die unübersichtlichen Umstände drängen auf eine schnelle Lösung; eine Intervention Frankreichs wird erwogen. General Mery erteilt erste Befehle an französische Interventionstruppen.

17. Mai
Der Alarmierungsbefehl ergeht an die 11. Luftlandedivision.

10.00 Uhr
Das Zweite Fallschirmjägerregiment der Fremdenlegion ist als Bestandteil der 11. Luftlandedivision – der schnellen Eingreiftruppe Frankreichs – für derartige Einsätze bestens vorbereitet. Sein Kommandeur, *Colonel* Erulin, wird in den Morgenstunden über einen eventuellen Einsatz in Zaire benachrichtigt. Im *Camp Raffalli* bei Calvi wird unverzüglich mit den Vorbereitungen begonnen. Alle Urlauber werden zusammengerufen; Lehrgangsteilnehmer, die sich zur Weiterbildung in Castelnaudary befinden, werden zurückbeordert. Stunden später erscheinen sie in Calvi. Die Militärpolizei sammelt im Ort Legionäre ein, die Ausgang haben. Waffen werden ausgegeben. In ständiger Verbindung nach Paris werden Lösungen für die Zusammensetzung der Einheiten, der Ausrüstung und deren Transport gesucht. Im Camp konzentriert sich alles auf ein Ziel: In sechs

Stunden will Erulin Abmarschbereitschaft für das *gesamte* Regiment melden können.

Noch am Nachmittag wird der Form halber Einsatzbereitschaft gemeldet. Kein Legionär will fehlen, oder fast keiner. Natürlich ist man bereit. Man könnte sogar sagen, daß jeder auf einen Einsatz brennt: Seit Monaten gab es kaum Aufenthalte in Übersee. Lediglich im Tschad befinden sich etwa 20 Legionäre des *Deuxième R.E.P.*. Namhafte Einheiten der regulären Armee sind hingegen im Libanon eingesetzt – diese Regimenter schienen bevorzugt zu werden.

Erst vor kurzem hatte der ehrgeizige Oberst Erulin verlautbart, sein Regiment wäre jederzeit einsatzbereit – egal wann, egal wo. Anläßlich einer Parade in Calvi hatte Erulin gegenüber Regierungsvertretern erklärt, daß er durch gründliche Ausbildung und intensives Training eine äußerst schlagkräftige Elitetruppe geformt hätte. Er hob in diesem Zusammenhang deutlich die aktuellen Probleme in Afrika hervor und hoffte darauf, daß diese ihre Chancen auf eine Bewährungsprobe erhöhen würden.

Seine Legionäre waren zu diszipliniert, um sich der Führung gegenüber skeptisch zu zeigen. Aber sie besaßen auch hinreichend Erfahrung, um wirklich an einen Einsatz zu glauben.

18. Mai – 1.30 Uhr

In den frühen Morgenstunden trifft der Marschbefehl ein. Die *Operation Leopard* beginnt. Schlaf würde es diese Nacht nicht geben.

4.00 Uhr

Zweieinhalb Stunden später verläßt die Spitze des Konvois bereits das Lager, sammelt die Einheiten in Solenzara, im Südosten Korsikas, um dort unter strengster Geheimhaltung den Abflug vorzubereiten.

8.00 Uhr

Gegen 8 Uhr wird die vollständige Ankunft auf dem Flughafen in Solenzara gemeldet. Von Korsika aus soll es zunächst nach Kinshasa gehen. Große Entfernungen müssen zurückgelegt werden; der Flug wird etwa acht Stunden beanspruchen. Das tatsächliche Einsatzgebiet, Kolwezi, liegt nochmals mehrere Flugstunden von Kinshasa entfernt (entspricht in etwa der Entfernung Paris-Warschau).

Technische Probleme werden vor Ort gelöst und den Einsatzbedingungen in Kolwezi angepaßt. Eine erste Welle ist für den Fallschirmsprung über Kolwezi vorgesehen und wird daher sofort in fünf bereitstehende DC 8 verladen. Hierzu zählen unter anderem die Stabskompanie, die Aufklärungs- und Mörserzüge. Eine schwere Staffel, mit mehr als einhundert Fahrzeugen, wird am nächsten Tag mit Hilfe amerikanischer Maschinen nach Lumbumbashi verfrachtet.

Der Vormittag neigt sich dem Ende zu, Oberst Erulin präsentiert sein Regiment einer inzwischen eingetroffenen Delegation aus Toulouse und Paris. Er bestätigt die ihm vom Staatspräsidenten anvertraute Mission: Es geht ausschließlich um eine humanitäre Aktion zur Rettung mehrerer hundert Geiseln verschiedener Nationalität in größter Lebensgefahr. Darunter befinden sich auch zahlreiche französische Staatsbürger.

Die verbleibende Zeit für Planung und Organisation des Einsatzes ist knapp bemessen.

21.30 Uhr

Die Maschinen mit dem 2ème R.E.P. an Bord starten in Richtung Kinshasa. In Kinshasa wartet unterdessen schon der französische Botschafter auf die Ankunft der Eingreiftruppe, ihn begleiten zwei überzeugte Fallschirmjäger – Oberst Gras und Oberst Larzul.

189

Bereits seit fünf Tagen erleben sie die schreckliche Situation vor Ort; ein grober Angriffsplan wird indes ausgearbeitet. In Zaire selbst sieht es tatsächlich schlimmer aus als erwartet: gut ausgerüstete Rebellen besetzen die Stadt Kolwezi, sie nehmen zahllose Geiseln, begehen Morde und legen jegliche Kommunikation mit der Außenwelt lahm. Informationen aus dem Kampfgebiet sickern nur kärglich durch, diese aber erschüttern die Weltbevölkerung – mit jedem Tag wächst die Angst über das Schicksal der Eingeschlossenen.

In Kinshasa versucht ein Krisenstab, die aktuelle Situation zu analysieren. Nur sechs Kilometer von Kolwezi entfernt, unweit des Flughafenbereiches, haben sich Regierungstruppen verschanzt. Sie halten dem Ansturm der Rebellen stand. Im Krisenstab wird die Nachricht mit Erleichterung aufgenommen – aber wie lange können sie sich noch halten?

Die Lage bleibt beängstigend. Die Rebellen plündern, foltern, veranstalten Hinrichtungen und terrorisieren die Stadt. General Mobutu verlangt sofortige internationale Hilfe, richtet sich insbesondere an die französische Regierung. Auch dort verfolgt man die Ereignisse mit Besorgnis. Es bleibt nur noch wenig Zeit.

Die Meldungen aus Kinshasa – vom französischen Botschafter und den militärischen Beratern – tragen dazu bei, Paris zu überzeugen. Ein sofortiges Eingreifen französischer Elitetruppen muß endlich beschlossen werden, um dem Gemetzel ein Ende zu machen

23.30 Uhr

Oberst Erulin landet auf dem Flughafen Kinshasas. Die Lage ist kritisch. Erulin erfährt, daß die Offensive gleich am nächsten Morgen beginnen muß. Funksprüche der Rebellen wurden abgefangen: Sie wollen ihr Vorhaben beschleunigen: Umfangreiche Sabotageakte im Bergbaubereich durchführen und – noch schlimmer – Geiseln in großer Zahl hinzurichten.

Nur ein überraschender Schlag kann dies verhindern – ein Absprung unmittelbar bei Kolwezi muß deshalb erwogen werden. Man rechnet damit, daß die Freischärler – zunächst um ihre eigene Sicherheit besorgt – so von den Geiseln abgelenkt würden.

Oberst Erulin arbeitet mit seinen Offizieren zielstrebig an der bestmöglichen Taktik für einen Absprung. Sie pokern mit hohem Einsatz. Erulin rechnet mit einer zeitweiligen Verunsicherung der Rebellen. Aber wie lange wird diese anhalten? Gleichzeitig will er eine Einkesselung vermeiden. Wenn die Aufständischen sich eingeschlossen sähen, bliebe ihnen vielleicht keine andere Möglichkeit, als sich inmitten ihrer Geiseln zu verteidigen. Ein unnützes Blutbad muß verhindert werden.

Ein unglaublicher Wettlauf gegen die Zeit beginnt: es gibt noch technische Probleme zu klären; die Legionäre sind noch immer nicht in die Lage eingewiesen, das Vorgehen nach dem Absprung muß genauestes einstudiert werden. Auch in dieser zweiten Nacht ist an Schlaf nicht zu denken.

19. Mai – 7.00 Uhr

Gegen 7 Uhr meldet Oberst Erulin Gefechtsbereitschaft. Organisatorische Unzulänglichkeiten verschärfen sich. Der Verband bekommt nicht die gewohnten französischen Fallschirme. Findige Köpfe müssen in letzter Minute ein taugliches System erfinden, um die französischen Sprunggepäcke den zugewiesenen amerikanischen T-10 Schirmen anzupassen. Es gibt technische Pannen bei zwei Transportflugzeugen. Die geplante Sprungreihenfolge muß nochmals umorganisiert werden.

Verläßliche Zahlen über den Gegner gibt es kaum; vielleicht eine dreifache Übermacht, vielleicht eine sechsfache. Die Geiseln sollen möglichst schnell befreit werden

– nur wo genau sind sie denn? Erulin mangelt es an Transportraum für das gesamte Regiment; wenigstens für diesen ersten Angriff muß er auf Fahrzeuge und schweres Gerät verzichten.

Zwei Wellen sollen unmittelbar hintereinander nahe der Stadt abgesetzt werden. Erulin baut jetzt auf das Engagement der disziplinierten und vor allem einsatzhungrigen Legionäre. Zaires Luftwaffe stellt vier Transportmaschinen vom Typ Hercules C 130, zwei weitere französische C 160 *Transall* sorgen dafür, daß möglichst wenige Teile zurückbleiben. Die 400 Fallschirmjäger werden, ungeachtet der Sicherheitsvorschriften, in die Maschinen gepfercht; die Beladung der Flugzeuge übersteigt bei weitem die Norm – jeder Mann wird schließlich gebraucht!

11.00 Uhr
Die Erste Welle hebt in Kinshasa ab.

15.30 Uhr
Gegen 15.30 Uhr überfliegen die Maschinen die Sprungzone in 200 Metern Höhe. Unten bläst der Wind mit sechs Metern pro Sekunde. Noch bevor die Legionäre überhaupt den Boden erreichen, ist erstes Maschinengewehr-Feuer zu hören, gar nicht weit von der Absprungzone. Die Landung in unbekanntem Gelände verläuft zufriedenstellend, zwei Meter hohes Elefantengras schränkt jedoch die Sicht am Boden ein. Es dauert etwa 15 Minuten, dann melden die Einheiten Gefechtsbereitschaft.

15.45 Uhr
Die Kompanien gehen in Richtung der zugewiesenen Objekte vor. Die Maschinengewehr-Nester an der Sprungzone werden ausgehoben. Die Berichte von mutmaßlichen Greueltaten bestätigen sich, man findet überall die makaberen Anzeichen von Massakern. Der Gegner ist zahlenmäßig weit überlegen und gut bewaffnet. Aber durch den Überraschungseffekt und das dynamische Vorgehen des *Deuxième R.E.P.* reagieren die Rebellen desorientiert und hektisch.

Trotz der Feuerkraft der Rebellen rücken die Legionäre schnell weiter vor. Überall liegen Leichen. Eigensicherung wird zweitrangig – man will nicht zu spät kommen.

18.30 Uhr
Am Abend halten Erulins Kompanien inzwischen die Altstadt unter Kontrolle, für Hunderte von Europäern und Einwohnern ist der Alptraum beendet. Etwa zehn Geiseln waren, in der hektischen Lage zuvor, auf fast wundersame Weise ihrem tragischen Schicksal gerade noch entkommen.

Größere Schwierigkeiten bereitet zunächst der Angriff auf die Neustadt im Bereich der Siedlung Manika, kommt aber ins Rollen.

Es wird Nacht; die Voraussetzungen für die weite Welle sind geschaffen. Überzeugt, daß die Situation soweit unter Kontrolle gebracht ist, beschließt Oberst Erulin, den vorgesehenen Absprung auf den kommenden Morgen zu verschieben. Die Kämpfe gehen unterdessen weiter, die Rebellen sollen an einer Neugruppierung gehindert werden.

20. Mai
Bei Anbruch des Morgens ist die Lage allgemein unter Kontrolle. Zahllose Geiseln sind schon befreit.

Die Siedlung Manika wird eingenommen und das Regiment erreicht die Bergbauanlagen; die dort vorgefundenen Fahrzeuge können die Befreier für ihre Zwecke nutzen. Immer noch leisten versplitterte Rebellengruppen Widerstand.

6.30 Uhr

Im Morgengrauen springen 250 Legionäre der zweiten Welle über Kolwezi ab und unterstützen schlagkräftig die letzten Befreiungsaktionen.

Zur gleichen Zeit landen belgische Soldaten auf dem Flughafen. Sie organisieren die Versorgung und den Abtransport der Europäer.

Währenddessen läuft die Säuberung von Manika weiter. Das *R.E.P.* unternimmt zwei offensive Aufklärungen in Richtung der Fabrik Metal Shaba, etwa fünf Kilometer nordöstlich der Neustadt. Dort entbrennen schwere Gefechte. Eine starke Einheit der Tiger hat sich mit einer Unmenge von Waffenmaterial verschanzt und leistet hinhaltend Widerstand. Die *CEA* zwingt die Rebellen mit schwerem Mörserfeuer zur Flucht. Ein erneuter Erfolg kann verzeichnet werden; die Legionäre – seit Tagen ohne Schlaf - brauchten dringend eine Atempause.

21. Mai.

Die Siedlungen der Neustadt werden weiträumig durchkämmt und die Rebellen sind nun endgültig in die Flucht geschlagen.

22. bis 27. Mai.

Mit Ankunft der Fahrzeuge des Regiments können die Räume Luilo, Kamoto und Karat großräumig durchkämmt werden. Die Sicherheitszone um Kolwezi wird ausgedehnt. Hier und da flackert noch Widerstand auf, wird aber schnell gebrochen. Weitere Geiseln werden befreit und medizinisch versorgt.

28. Mai bis 16. Juni.

Erulin formiert das Regiment zwischen Kolwezi, der strategisch wichtigen Brücke von Lualaba und Lumbumbashi neu. In Lumbumbashi richtet er seinen Regiments-Gefechtsstand ein.

7. bis 8. Juni

Die Lage hat sich entspannt. Multinationale afrikanische Truppen treffen ein, um die Sicherheit für die Bevölkerung auch weiterhin zu gewährleisten. Das *Deuxième R.E.P.* kann nun herausgelöst werden. Bis zum 16. Juni kehren die Legionäre vollständig nach Calvi zurück.

Bilanz

Die *Operation Leopard* kostete das Regiment fünf Gefallene: Einen Offizier, einen Unteroffizier und drei Legionäre. 25 Legionäre wurden verwundet.
Beim Gegner zählte man über 200 Tote.

650 Legionäre hatten mehr als 4000 Rebellen zurückgeschlagen, dabei über 150 Gefangene gemacht, zudem zahlreiche Fahrzeuge, leichte und schwere Waffen erbeutet.

Die Fallschirm-Legionäre besaßen wenig Kampferfahrung. Aber wie Erulin es vorausgesagt hatte, verhielten sich seine Männer nach dem ersten Schuß wie erprobte Veteranen.